나는 월급쟁이
배당 부자가
되었다

나는 월급쟁이 배당 부자가 되었다

초판 1쇄 발행 · 2025년 6월 10일
초판 2쇄 발행 · 2025년 6월 20일

지은이 · 환상감자(이은호)
발행인 · 이종원
발행처 · (주)도서출판 길벗
출판사 등록일 · 1990년 12월 24일
주소 · 서울시 마포구 월드컵로 10길 56(서교동)
대표 전화 · 02)332-0931 | **팩스** · 02)323-0586
홈페이지 · www.gilbut.co.kr | **이메일** · gilbut@gilbut.co.kr

기획 및 책임 편집 · 박윤경(yoon@gilbut.co.kr)
제작 · 이준호, 손일순, 이진혁 | **마케팅** · 정경원, 김진영, 조아현, 류효정
유통혁신 · 한준희 | **영업관리** · 김명자, 심선숙, 정경화 | **독자지원** · 윤정아

교정교열 · 김동화 | **디자인** · 바이텍스트 | **전산편집** · 김정미
CTP 출력 및 인쇄 · 예림인쇄 | **제본** · 예림바인딩

ISBN 979-11-407-1455-1 13320
(길벗도서번호 070549)

정가 22,000원

독자의 1초를 아껴주는 정성 길벗출판사

(주)도서출판 길벗 | IT단행본, 성인어학, 교과서, 수험서, 경제경영, 교양, 자녀교육, 취미실용
www.gilbut.co.kr
길벗스쿨 | 국어학습, 수학학습, 주니어어학, 어린이단행본, 학습단행본
www.gilbutschool.co.kr

나는 월급쟁이 배당 부자가 되었다

Investment law

Dividend investment

Rebalancing

Risk

Dividend Yield

Return on equity

Rate of return

환상감자(이은호) 지음

연령대별 투자법부터 성장주와 배당주 선택법, 리스크와 수익률 관리, 리밸런싱 기술, 자동화 시스템까지!

길벗

치킨집 사장으로
인생을 마무리하고 싶지 않았다

회사를 떠난 미래는 어떤 모습일까

저는 조직에서 주어진 일을 하며 보람을 느끼는 사람입니다. 게임 회사에서 3D 애니메이터로 근무하면서 캐릭터의 움직임에 생동감을 불어넣고, 사람들에게 즐거움을 주는 일이 너무나 좋았죠. 그러나 게임업계특성상 정년이 보장되지 않고, 퇴직 시점이 빠르다는 사실이 늘 불안했습니다. 50대 이전에 상급 관리자로 승진하지 않으면 눈치를 봐야 하는일이 비일비재했으니까요. 그래서 제 주위에는 퇴사 후 치킨집이나 카페처럼 전혀 다른 진로를 택하는 분이 많았습니다.

저 역시 오랜 시간 애니메이터로 일하다 생소한 업종에 뛰어들면 잘해낼 수 있을지 걱정이 많았습니다. '치킨집을 열면 돈을 많이 벌 수 있을

4

까? 투자 비용은 얼마나 될까? 진상 손님은 어떻게 대응해야 하지?'와 같은 고민이 머릿속에 맴돌았습니다.

아무리 생각해봐도 치킨집을 운영하는 건 저와 어울리지 않았습니다. 저는 내향적인 성격이라 제 페이스대로 꾸준히 업무를 처리하는 것을 좋아하는데, 치킨집 사장님이 되면 주말도 없이 분주히 움직여야 하고, 늘 웃으며 손님을 맞이해야 하니까요. 치킨집에 앉아 있는 제 모습이 도무지 머릿속에 그려지지 않았습니다.

회사를 떠나 식당이나 카페를 차리는 분들 중에 자영업이 얼마나 험난한지 몸으로 배운 사람도 적지 않습니다. 가령 유명 프랜차이즈 치킨집을 열려면 가맹비, 교육비, 보증금, 인테리어, 장비 마련 등에 1억 5,000만 원 정도가 들고, 상가 보증금과 권리금까지 합치면 3억 원 가까이 필요합니다. 한 달 동안 5,000만 원을 번다 해도 재료비 50%, 배달수수료 14%, 인건비 10%, 임차료 5%, 세금과 공과금 5% 등을 빼고 나면 손에 쥘 수 있는 돈은 500~750만 원 정도입니다. 가게가 잘되면 몸이 혹사당하고, 그렇지 않으면 마음이 무너집니다. 쉬는 날이 거의 없으니 워라밸은 물론 장기적인 안전망도 부족하죠.

그렇다면 부동산투자는 어떨까요? 이 역시 규제가 심해 쉽지 않습니다. 부동산투자는 당장의 현금 흐름과 연결되지 않습니다. 무주택자나

1주택투자는 실거주용이기에 현금 흐름이 확보되지 않고, 2주택부터는 추가 매수를 할 때 정부 규제 등 걸림돌이 많습니다.

월급처럼 꾸준히 돈이 들어오는 흐름이 필요하다

이런 녹록치 않은 세상에서 월급처럼 꾸준히 들어오는 현금 흐름을 만드는 현실적인 대안이 있습니다. 바로 배당투자입니다. 주식을 사놓으면 배당일마다 계좌에 돈이 들어오는데, 이는 두 번째 월급과도 같습니다. 대부분의 사람이 노동력과 시간을 갈아 돈을 법니다. 그런데 일하지 않고도 돈이 벌리는 모습을, 가족에게 안정적인 생활을 선물해주는 모습을 상상해보세요. 치킨집 사장님이 되지 않아도 가족에게 마음 편히 치킨 한 마리 사줄 여유를 가질 수 있습니다.

뜬구름 잡는 소리 같다고요? 그렇지 않습니다. 제가 바로 그 증거입니다. 이 책은 이론만 설명하지 않습니다. 제 경험을 바탕으로 여러분께 배당투자를 제안합니다. 저는 배당을 통해 새로운 길을 찾았고, 여러분께 제 경험을 나누어 드리고자 이 책을 집필했습니다. 이 책에는 제가 주식투자를 하면서 겪은 실패와 성공 스토리가 담겨 있습니다. 제 이야기를 통해 많은 분들이 자신만의 길을 발견할 수 있기를 바랍니다.

환상감자(이은호)

1장

나는
월급쟁이에서
배당 부자가
되었다

01 내가 배당투자를 시작한 이유

나는 첫 배당을 받았던 순간을 아직도 생생하게 기억한다. 2019년 8월 12일 처음으로 배당투자를 시작했고, 한 달 뒤에 카카오톡 알림이 울렸다. 메시지를 확인하니 이렇게 적혀 있었다.

'첫 배당이 들어왔습니다.'

나는 너무나 기쁜 마음에 거실에 있던 아내에게 달려가 자랑했다.

나 나 배당금 들어왔어!

아내 오, 얼마나 들어왔는데?

나 0.5달러!

아내 그게 얼마야?

나 500원.

아내와 나는 0.5달러가 적힌 메시지를 보며 한참을 웃었다. 하지만 이 작은 배당금은 내가 경제적 자유를 향해 나아가는 첫걸음이었다. 시간이 흘러 2024년에는 월 예상 배당금 300만 원을 달성했다.

14년 동안 평범하게 직장생활을 했던 나는 30대에 반퇴(반만 퇴사하는 개념으로, 시간적 자유와 일의 자유를 동시에 누리는 은퇴 형태)를 결심했다. 지금은 1인 법인을 운영하며, 미국 스타트업에서 좋아하는 일을 이어가고 있다. 그리고 한국에서 재택 근무를 하며, 유튜브 '환상감자'를 통해 배당투자 성장 과정을 구독자들과 공유하고 있다.

반퇴를 결심한 이유: 배당이 만든 변화

내가 반퇴를 결심할 수 있었던 건 배당금 덕분이다. 배당금이 월 300만 원을 넘어섰을 때, 더 이상 월급에 의존하지 않아도 된다는 확신이 들었다. 나는 단순한 월급쟁이가 아니라 프로 N잡러였다. 많은 사람이 그렇듯 나 역시 '게으르게 돈 벌기'를 원했다. 하지만 현실은 그 반대였다. 직장을 다니면서 바쁘게, 치열하게 다양한 부업을 시도했다. 그중 성공한 것도 있었지만, 대부분은 실패의 쓴맛을 보았다. 그러나 이 모든 경험을 통해 배운 것이 있었다. 수많은 부업 중에서 가장 안정적인 수익원은 바로 '배당'이었다.

배당금은 순도 100%의 패시브인컴(Passive Income)이다. 패시브인컴이란, 계속 일하지 않아도 꾸준히 들어오는 수익원을 의미한다. 나는 '게으르게 돈 벌기'의 진정한 해답을 배당에서 찾았다. 지금부터 6년 가까이 미국 주식에 투자하며 경험했던 이야기를 솔직하게 풀어보도록 하겠다.

배당투자로 가는 길: 시행착오를 줄이는 법

미국 주식투자를 처음 시작했을 때, 수많은 시행착오를 겪었다. 지름길을 찾다 오히려 먼 길을 돌아가기도 했고, 테마주에 혹해 돈을 잃기도 했다. 하지만 다행히 그런 상황에서도 배운 것들이 있었다.

- 불확실한 종목을 피하고 검증된 배당주에 투자하는 법
- 한순간의 유행이 아닌, 장기적인 배당성장을 고려하는 법
- 주식시장에서 감정이 아닌 원칙을 지키는 법

자, 그럼 지금부터 배당투자가 왜 내가 바라던 미래였는지, 어떤 사람에게 적합한지, 어떻게 시작하고 유지할 수 있는지 하나하나 이야기해보도록 하겠다.

배당소득을 내기까지의 과정: 빛투에서 배당성장주까지

주식투자를 처음 시작한 2019년부터 월 300만 원의 배당금 흐름을 완성한 2024년까지의 여정을 초기(혼돈기), 중기(실패기), 말기(정착기)로 나누어보았다.

초기: 혼돈기(2019년 10월~2020년 초)

부업에 한계를 느끼던 중 미국 배당주를 접하게 되었다. 나는 주식투자를 시작하자마자 AT&T, 리얼티인컴, 코카콜라 등 유명 배당주를 모았다. 그러나 제대로 된 기준을 세우지 않고 배당률과 이름만 보고 주식을 샀고, 수가 점점 늘어나더니 어느새 '주식 백화점'이 되었다. 나중에는 배당률이 아닌 유망하다고 생각한 종목들을 샀다. 페이팔, AMD, 나이키,

삼성전자까지 50종목이 넘었다. 분산투자라 생각했지만, 실제로는 아무런 전략이 없는 무작위 투자였다.

게다가 주식투자를 시작한 지 두 달 만에 신용대출(빚투)에 손을 대 KT&G를 샀다가 고점에 물리기도 했다. 단순히 '대출금리보다 높은 배당률'만 보고 투자했다가 배당락일 후 하락해 어쩔 수 없이 3년 동안 보유해야 하는 고통을 경험했다.

하지만 다행히 테슬라로 첫 1,000% 수익을 맛보았다. 50만 원의 소액투자였기에 오히려 변동성을 견딜 수 있었고, 수익이 나자 원금을 회수해 무한수익률(투자 후 원금을 회수해 이익분만으로 주식 성장을 꾀하는 방식. 원금을 모두 회수했기에 수익률은 기하급수적으로 커진다) 개념을 활용하는 법도 배웠다. 하지만 이후 리비안, 루시드 같은 '제2의 테슬라'에 도전했다가 투자금을 허공에 날려버렸다. 이 일로 시장은 1등만을 기억한다는 사실을 뼈저리게 배웠다.

중기: 실패기(2020년 중반~2022년 말)

1년 정도 지나고 나니 자신감이 붙었다. 하지만 안타깝게도 더 큰 실패들이 기다리고 있었다. 나는 유행을 따라 레이 달리오(Ray Dalio)의 올웨더 포트폴리오를 만들었다. 그러나 원자재(BCI)와 금(GLD), 글로벌 ETF(AOR, VT)는 예상만큼 성과가 없었고, 답답한 마음에 손절해버렸다. 나는 이 일을 통해 유명하다고 해서 나에게 맞는 건 아니라는 교훈을 얻었다.

이후에는 중국 주식으로 큰 실패를 경험했다. 나는 중국의 빅테크가 생각보다 어마어마한 자본력과 스피드로 부상하는 모습을 보고 KWEB 와 CWEB ETF에 투자했다. KWEB는 중국판 QQQ(미국의 대표적인 기술주들을 모아놓은 ETF로 애플, 마이크로소프트, 테슬라, 메타 등이 여기에 포함된다)이고, CWEB는 KEWB 2배 레버리지 ETF다. 처음에는 3개월 만에 70% 수익이 났지만, 미중 무역전쟁과 중국 정부의 규제로 급락을 반복했고, 결국 90%에 가까운 손실을 보고 손절해버렸다.

심지어 중국 주식(알리바바)과 고배당주(QYLD)를 신용대출로 매수하는 최악의 선택까지 했다. QYLD의 배당률이 높아 이것으로 신용대출 이자를 갚고, 동시에 알리바바에 공짜로 투자할 수 있다고 생각했는데, 결과는 너무나 암울했다. 중국의 기술주 규제로 알리바바의 주가는 급락했고, QYLD 역시 하락장에서는 같이 하락하고 상승장에서는 힘을 쓰지 못했다.

나는 투자 초기인 2021년부터 본격적으로 QYLD를 모았다. QYLD는 매월 배당금을 주는 커버드콜을 기반으로 한 고배당 ETF다. 커버드콜 전략이란, 내가 보유한 주식(또는 주식 ETF)을 담보로 콜옵션을 판매해 옵션 프리미엄(수수료)을 받는 방식이다. 주가가 크게 오르면 초과 이익이 제한되지만, 매달 '옵션 프리미엄'이 생겨 배당처럼 수익을 받을 수 있다는 장점이 있다. 월배당이자 12%에 가까운 배당률이 굉장히 매력적이었다. 시장이 폭락해도 매월 배당금을 받았기에 안도감이 들었다.

그러나 보유한 지 3년이 지났을 무렵, QYLD를 바라보는 나의 시각이 달라졌다. QYLD 같은 커버드콜은 상승장일 때는 같이 상승하지 못하지만, 하락장일 때는 같이 하락하는 특징이 있다. 코로나19, 미중 무역 갈등으로 주가가 하락했을 때는 같이 내려갔지만, 올라갈 때는 S&P500이나 나스닥에 비해 힘을 쓰지 못했다.

특히나 2019년부터 지금까지는 대세상승장이었기에 횡보장에서 유리한 커버드콜은 아무리 배당 재투자를 해도 기술적인 한계로 상승하지 못했다. 나는 상대적 박탈감을 느꼈다. 게다가 12%의 배당률은 10년, 20년이 지나도 제자리에 머물러 있을 것이라고 생각하니 마음이 답답했다. 뭔가 변화가 필요했다. 인플레이션으로 10년 뒤에 물가가 2배로 뛴다면 12%의 배당률은 구매력 기준으로 6%가 될 것이다. QYLD에는 배당 성장이 없기 때문이다. 그로 인해 나는 월 300만 원의 배당을 달성한 뒤 QYLD의 비중을 조금씩 줄였고, 2024년에는 모두 정리했다.

나는 원금의 절반을 잃고, 아내와 갈등까지 겪으며 주식투자의 무서움을 제대로 경험했다. 이 시기에 AT&T, 디즈니 같은 개별배당주의 배당컷도 경험했다. 겉으로 보이는 배당률만 믿고 기업의 비즈니스 모델과 경쟁 환경을 고려하지 않은 것이 문제였다. 핀테크 혁신 기업 페이팔도 경쟁 기업의 등장과 기술 변화로 주가가 급격히 하락해 47% 손실을 안겨주었다.

성장하는 미래를 기다리는 투자는 내 인내심의 한계를 넘어섰다. 미래는 오지만, 언제 올지 모른다는 것을 이때 깨달았다. 성장주의 성장 가능성은 때로는 미래 성장분까지 포함한다. 그러나 시장에서는 미래 성장분을 좋게 보다가도 시장 분위기가 나빠지면 평가 절하한다.

실패를 경험하며 유명 기업이든 배당주든 결국 중요한 건 튼튼한 재무와 지속 가능한 비즈니스 모델이라는 사실을 깨달았다. 또한 테마주투자(로블록스, 메타버스 등)는 타이밍을 맞추는 것이 어렵고, 이미 유명해진 주식은 먹을 게 없다는 냉정한 현실도 배웠다.

게임업계에 오래 몸담았기에 로블록스가 한국에 상륙하기 2~3년 전에 북미 쪽에서 저연령층을 중심으로 지속적으로 유저가 유입되고 있다는 사실을 알고 있었다. 또한 개발자들이 유니티나 언리얼엔진과 게임 제작 방식이 전혀 다른데도 적극적으로 로블록스 시장에 뛰어드는 이유가 분명히 있을 것이라고 생각했다. 로블록스의 1인 개발로 몇 억 원씩 버는 개발자도 있었고, 심지어는 1년에 수십억 원을 버는 개발자도 있었다. 그런 사람들은 아예 스튜디오를 차려 본격적으로 개발에 나섰다.

저연령층의 지속적인 유입과 개발자, 스튜디오의 유입을 보며 로블록스의 경제 생태계가 생각보다 잘 구축되어 있다고 생각했다. 그러다 2021년 메타버스의 시대가 열렸다. 모든 것이 메타버스로 통했다. 메타버스의 수혜주로 유니티와 페이스북(현 메타)이 떠올랐다. 덩달아 로블록스의 주가도 130달러까지 치솟았다.

로블록스는 한국에서도 유행하기 시작했다. 게임 매출 상위권에 이름을 올리더니 주가도 빠른 속도로 올랐다. 나는 '그동안 계속 지켜만 보고 왜 적극적으로 투자를 하지 않았지?'라고 후회하며 뒤늦게 더 많은 자금을 투입했다.

투자 이유는 많았다. 저연령층 유저는 친구들이 어떤 게임을 하면 같이 그 게임을 한다. 나는 로블록스가 기존 유저의 탄탄한 충성심과 글로벌 진출로 신규 유저가 더욱 늘어날 것이라고 생각했다. 그리고 메타버스의 수혜를 입는다면 좋은 성과를 거둘 것이라 믿어 의심치 않았다. 하지만 행복한 상상은 오래가지 못했다. 투자를 하기 전에 재무제표의 마이너스를 보지 않은 것이 문제였다.

로블록스는 많은 매출을 일으켰지만 부채 비율이 높고, 기대감과 꿈들은 이미 주가에 다 반영되어 있었다. 얼마 후, 성장성이 정체되고 메타버스의 함정에 갇힌 로블록스는 서서히 우하향했다. 일부 매도로 수익을 얻긴 했지만, 결국 20%대 손실로 마무리되었다. 이 일로 나는 초기에 많은 돈을 넣지 않은 건 확신이 없는 것과 다름없다는 사실을, 현재 유명한 종목은 투자를 해도 먹을 것이 별로 없다는 사실을 알게 되었다.

말기: 정착기(2023년~현재)

나는 뼈아픈 실패를 경험하며 배당투자가 가장 현실적인 답이라는 결론에 도달했다. 그래서 2022년부터 SCHD를 중심으로 배당성장 ETF 투자를 시작했다. SCHD는 배당수익률이 높을 뿐 아니라, 매년 배당금이 증가하고 주가 상승도 기대할 수 있었다. 단, SCHD만으로는 시장 평균에 미치지 못하는 부분을 보완하기 위해 QQQ를 추가했고, 이로써 배당금과 성장성을 동시에 잡는 현실적인 포트폴리오가 완성되었다.

또한 연금투자의 중요성을 깨닫고 직장생활 7년 차에 원리금보장형 퇴직연금을 정리했다. 처음에는 다양한 ETF에 분산했으나 성과가 좋지 않아 결국 나스닥100, S&P500 ETF 위주로 다시 구성했다. 퇴직연금과 개인연금은 배당주나 채권보다 성장성이 높은 지수 추종 ETF의 비중을 최대한 높여 복리 효과를 극대화했다.

정리하면, 초기에는 초심자의 운으로 돈을 벌기도 했지만 충동적인 판단으로 손실을 반복했고, 중기에는 욕심과 잘못된 판단으로 큰 실패를 경험했다. 하지만 이 실패들이 현실을 깨닫게 했고, 결국 말기에는 배당성장 ETF(SCHD)와 성장 ETF(QQQ)를 중심으로 현실적인 투자법에 정착했다.

현재 나는 확실한 현금 흐름과 함께 지속적으로 성장 가능한, 현실적인 전략을 추구하는 방향으로 투자를 해나가고 있다. 결국 투자를 할 때는 단순하고 명확한 기준을 가지고, 시장의 유행을 따르기보다 자신에게 맞는 전략을 찾는 것이 중요하다.

돌아보니 지난 5년의 투자는 '완벽한 전략'을 세운 것이 아니라, '실패를 줄여나가는 과정'이었다. 덕분에 월급쟁이에서 배당투자자로 현실적인 성장을 할 수 있었다. 여러분도 나의 실패를 본보기 삼아 시행착오를 줄이며 현명하게 투자하길 바란다.

퇴직연금과
개인연금 점검하기

안전하게 부를 축적하는 방법으로 배당소득을 선택하면서, 연금투자에 대한 공부도 필요하다는 생각이 들었다. 연금은 그저 나라에서 운용하는 국민연금과 회사에서 운용하는 퇴직연금 정도만 알고 있었는데, 배당투자를 시작하면서 연금도 투자 개념으로 바라보니 투자 포트폴리오의 변화가 필요할 것 같았다.

생각해보면 직장생활을 시작하면서 연금투자를 시작한 것인데, 나는 직장생활 7년 차가 되어서야 DB형과 DC형의 개념을 명확하게 알게 되었고, 내 퇴직연금이 원리금보장형에 투자되어 있다는 사실을 알았다. 주인은 열심히 일하고 있는데 내 퇴직연금은 마음 편히 쿨쿨 숙면 중이었던 것이다.

DB형과 DC형 이해하기

퇴직연금은 크게 DB형과 DC형으로 나뉜다. 둘 다 회사에서 퇴직할 때 받는 돈을 관리하는 방식이지만, 운용 방법과 장단점이 분명히 다르다. 다음은 DB형과 DC형의 내용을 정리한 표다.

DB형과 DC형

	DB형	DC형
방식	확정급여형. 정해진 금액을 회사가 책임지고 지급한다.	확정기여형. 회사가 매년 연봉의 12분의 1씩 개인의 퇴직연금 계좌에 넣어준다.
운용 방법	퇴직 직전 3개월 평균 월급×근속 연수	개인이 선택한 상품의 수익률에 따라 다르다.
장점	회사가 퇴직금을 운용하니 신경 쓰지 않아도 된다.	• 자신이 직접 수익률이 높은 금융 상품을 선택해 운용할 수 있다. • 회사의 파산 여부와 상관 없이 안전하다. • 중간에 이직해도 계좌에 계속 퇴직금이 모여 관리가 용이하다.
단점	회사가 도산하거나 경영이 악화되면 위험할 수 있다. 임금 인상률이 낮거나 근무 연수가 짧으면 적은 금액을 받는다.	• 잘못 운용하면 원금 손실 위험이 있다. • 직접 운용해야 해 번거롭다.
대상	장기 근속 예정이거나 월급이 높고, 임금 상승이 확실한 안정적인 직장에 다니는 사람	높은 수익률을 원하는 사람

참고로 한국인의 퇴직연금 수익률은 2%대다. 대부분 원리금보장형에 가입하고 신경을 쓰지 않기 때문에 은행 금리보다 못한 처참한 수익률을

내고 있는 실정이다. 2%는 당신의 계좌수익률일 수도 있다. 인플레이션이 3%라면, 2%의 수익률은 실질적으로 마이너스와 같다. 퇴직연금도 당신의 소중한 돈이니 이 책을 읽고 있는 독자라면 반드시 한 번 더 자신의 퇴직연금을 살펴보기 바란다.

주식형 ETF나 펀드 활용하기

무조건 원리금보장형만 선택하기보다는, 장기적으로 수익률이 좋은 주식형 ETF나 펀드를 적극적으로 활용하는 것이 좋다. 예를 들어, S&P500이나 나스닥 ETF에 장기적으로 분산투자하거나, 주식형과 채권형을 적절히 섞어 포트폴리오를 만드는 것도 현명한 방법이다.

그래서 나는 몇 권의 책을 읽고 정보를 취합한 뒤 2020년에 PLUS신흥국MSCI(합성H), TIGER 미국다우존스30, KOSEF 국고채10년, TIGER 단기통안채, TIGER 차이나항셍테크 등 다양한 곳에 분산투자를 시작했다. 그러나 수익이 나지 않고, 정적으로 운용되는 포트폴리오였기에 내게 맞지 않았다. 그 와중에 TIGER 차이나항셍테크는 '중국 빅테크 때리기' 정책으로 인해 지속적으로 손실을 보았다. 결국 나는 조금씩 정리하고, 2023년에 ACE미국배당다우존스, TIGER 미국나스닥100TR(H), SOL미국배당다우존스(H), KODEX 미국S&P500TR을 매수했다(TR은 2025년에 없어졌다).

그리고 지금은 미국배당다우존스는 모두 정리하고, 미국나스닥100, 미국나스닥100(H), 미국S&P500을 중심으로 하여 주식 70%, 채권 30% 비중으로 가져가면서 안전자산 30%룰을 지키며 최대 92%까지 주식 비중을 극대화할 수 있는 TDF2050액티브에 투자했다. 연금투자는 안정적인 분산투자에서 배당투자로, 배당투자에서 지수 추종 ETF로 정리하고, 주식 비중을 최대한 많이 늘리는 방식으로 포트폴리오를 구성했다. 연금투자는 일반 투자보다 장기적으로 투자할 수 있어 채권의 안전성보다는 변동성이 있지만, 성장성이 좋은 주식 비중을 최대한 살렸다. 2025년에 연금 계좌의 배당소득세 부과 방식이 변경되어 일반적인 배당주보다는 지수 추종 ETF의 복리수익률이 낫다.

변경 전 연금 포트폴리오

종목명	특징	수익률 변화
원리금보장형	명목상 원금 보장 인플레이션 헷지 못함	2% 수준

변경 후 연금 포트폴리오

종목명	특징	수익률 변화
KODEX 미국나스닥100 KODEX 미국나스닥100(H) KODEX골드선물(H) KODEX 미국S&P500 ACE KRX금현물 KODEX TDF2050액티브	원금 보장 × 인플레이션 헷지 가능 배당률 적음 금은 인플레이션 헷지용 안전자산	연평균 10% 이상

* 수익률 변화는 최근 2~3년 평균임

04

월 예상 배당금
300만 원 달성하기

2019년 10월부터 시작한 배당투자는 내게 매달 배당금 300만 원 이상의 배당금을 안겨주고 있다. 월급과 부업, 법인 소득으로 또 다른 안정적인 현금 흐름인 배당소득을 만들었다. 고배당주, 배당성장주, 개별배당주, 배당 ETF 등에 투자하며 돌고 돌아왔다. 그리고 결국에는 내가 원하는 방향의 배당과 배당성장을 고려한 포트폴리오를 만들었다.

나의 투자는 개별 주식에서 시작해 ETF 및 배당주로의 분산투자로 전환되었고, 최근에는 보다 안정적으로 자산 관리를 하는 방향으로 변화했다.

6년 동안의 투자 복기

　과거의 투자 기록을 되돌아보며 크게 위험했던 경험과 괜찮았던 경험으로 나누어보았다. 헤맬 만큼 헤매며 6년 가까이 주식투자를 했다. 많은 사람이 주식시장에서 처음 3년 정도는 돈을 잃으면서 자신만의 투자 스타일을 찾는 시기라고 이야기한다. 나 역시 그 과정을 제대로 겪었다.

　투자 초기에는 인덱스펀드와 개별 주식의 차이를 머리로는 잘 알고 있었다. 하지만 디즈니와 AT&T 같은 개별 주식에서 배당이 끊기고('배당컷을 당했다'라는 표현을 많이 사용한다), 알리바바와 텐센트 같은 회사에서 원금 손실을 경험하기 전까지는 그 차이를 실감하지 못했다. 이 과정을 거치고 나서야 지수 추종 ETF가 생각보다 훨씬 강력하다는 사실을 깨달았다. 그런 시간들을 통해 자산의 상당 부분을 지수 추종 ETF에 담아도 충분히 든든하겠다는 결론을 얻었다.

　그렇지만 '내 본능을 잠재울 무언가'가 필요하다는 점도 느꼈다. 투자를 할 때마다 긴장감이나 욕심 같은 본능이 나를 따라 다닐 가능성이 크기에 어떠한 가이드라인이나 울타리가 필요하다고 생각했다. 그런 준비가 되어 있으면 그 안에서 마음껏 움직여도 괜찮겠다 싶었다. 이를 위해서는 지수 추종과는 별개로, 내가 매력적이라고 생각한 종목을 소액이라도 사두거나, 단기간에 접근할 수 있는 기회를 만들어 본능이 포트폴리오의 큰 비중을 차지하는 지수 추종 자산 영역을 건드리지 못하게 했다.

　30대에 주식투자를 시작한 건 정말로 다행이라고 생각한다. 덕분에

'주식=위험'이라는 극단적인 사고에서 벗어날 수 있었다. 우리 주변에는 "주식투자를 하면 패가망신한다"라고 말하는 사람이 많다. 하지만 위험한 주식도 있고, 비교적 안전한 주식도 있다. 나는 적은 금액씩 모아갈 주식, 단기적으로 접근할 수 있는 주식 등 그 종류가 다양하다는 사실을 직접 경험했다. 그 과정에서 단기, 중기, 장기로 투자 접근 방법이 달라야 한다는 것도 자연스럽게 배웠다.

단기, 중기, 장기 전략이 왜 다른지 그리고 자산 배분이 얼마나 중요한지도 뼈저리게 느꼈다. 주식투자를 하다 보면 수익을 낼 수도 있고, 손실을 볼 수도 있다. 혹여 손실을 보더라도 삶이 회복되지 못할 정도로 망가지지 않는 안전장치를 마련해두어야 한다. 단기적인 고통 때문에 생계나 미래가 무너지는 일은 없어야 한다. 신용대출투자, 이른바 빚투가 좋지 않은 이유도 이 때문이다. 신용대출은 시간이 내 편이 아니다. 시간이 내 편이 아닌 투자 방식은 불확실성이 더욱 커지고, 그 위험을 온전히 자신이 떠안아야 한다.

결국 나의 투자에서 마지막까지 남은 건 배당이었다. 배당은 참 중요하지만, 합당한 평가를 받지 못하고 있는 것 같다. 배당은 머리로 믿기 쉽지 않다. 배당성장이 눈에 보이기 전까지는 '믿고 기다리는 인내' 말고는 통제할 수 있는 부분이 없기 때문이다. 그래서 많은 사람이 쉽게 의심을 거두지 못한다. 하지만 나는 6년 가까이 미국 주식시장에 꾸준히 투자하면서 배당주를 놓지 않았다. 배당주의 성장을 지켜봤고, 배당이 생각보다 훨씬 강력하다는 사실을 확인했다.

나는 월급쟁이 배당 부자가 되었다

현재 포트폴리오

　현재 나의 직접투자 계좌는 SCHD와 QQQ 중심이고, 고배당주, 개별주, 채권이 있다. 연금 계좌에서는 나스닥100과 S&P500에 집중하고 있다.

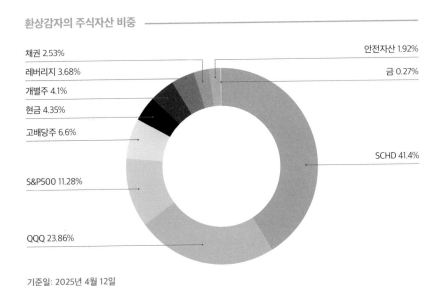

환상감자의 주식자산 비중

- 채권 2.53%
- 레버리지 3.68%
- 개별주 4.1%
- 현금 4.35%
- 고배당주 6.6%
- S&P500 11.28%
- QQQ 23.86%
- 안전자산 1.92%
- 금 0.27%
- SCHD 41.4%

기준일: 2025년 4월 12일

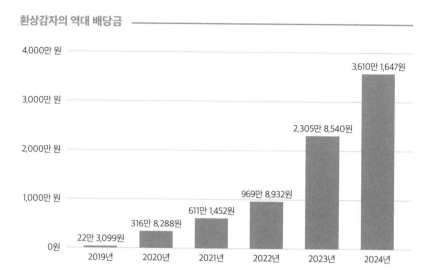

환상감자의 역대 배당금

- 4,000만 원
- 3,000만 원
- 2,000만 원
- 1,000만 원
- 0원

2019년	2020년	2021년	2022년	2023년	2024년
22만 3,099원	316만 8,288원	611만 1,452원	969만 8,932원	2,305만 8,540원	3,610만 1,647원

내가 2024년에 받은 배당금은 약 3,610만 원이다. 주가는 상승과 하락을 거듭하지만, 내 배당은 지속적으로 아름다운 우상향 그래프를 그리고 있다. 배당투자는 내게 희망이었고, 여러분에게도 희망이 될 수 있다.

환상감자의 현재 포트폴리오

종목명	특징	수익률
SCHD	대표적인 배당 ETF, 배당률 3.5%, 연배당성장 10%	3.94%(TR)
QQQM	나스닥100 지수 추종 ETF	-1.31%
KODEX 미국S&P500	S&P500 지수 추종 국내상장 해외 ETF	19.03%
KODEX 미국나스닥100	나스닥100 지수 추종 국내상장 해외 ETF	3.5%
SGOV	미국 단기 국채(1년 이하)에 투자하는 ETF, 분배금 4~5%	0%
JEPI	변동성이 적은 고배당주(7%대 배당률)	12%(TR)
JEPQ	나스닥100 추종 고배당주(8%대 배당률)	5.09%
NVDA	개별주: 엔비디아, AI	200% 이상
PLTR	개별주: 팔란티어, AI, 방산주	33.76%
ACE KRX금현물	금현물 ETF(국내상장)	24.02%
KODEX골드선물(H)	금선물 환헷지 ETF(국내상장)	57.67%
SOL 미국배당미국채혼합	미국배당다우존스+미국채혼합 5:5 안전자산 ETF(국내상장)	-1.98%(TR)
KODEX TDF2050액티브	안전자산에서 주식 비중을 늘리기 좋은 ETF(국내상장)	9.4%(TR)
TLT	20년 이상 장기 미국국채, 금리 하락 시 가격 상승	3.84%(TR)

* 수익률 변화는 최근 3~4년 평균임

환상감자의 실제 계좌

법인 계좌

개인 계좌

나는 월급쟁이 배당 부자가 되었다

일꾼을 뽑으면 이긴다

스타크래프트라는 게임을 아는가? 이 게임에서는 종족을 발전시켜 상대방을 전멸시키면 승리한다. 적절하게 적군을 정찰하고 대규모 병력으로 압도하거나 게릴라전으로 상대를 공략할 수 있다. 그런데 그보다 더 중요한 것이 있다. 병력을 만들기 위해 미네랄과 베스핀 가스 같은 '자원'을 잘 채취하는 것이다.

그 첫걸음은 SCV라는 일꾼을 뽑는 것이다. 50 미네랄로 건물을 짓기보다는, 먼저 SCV를 뽑아 자원을 채취해 현금 흐름을 원활하게 만드는 것이 중요하다. SCV를 뽑으면 자원을 캐 다시 50, 100, 150 미네랄을 모을 수 있고, 더 강력한 유닛들을 만들 수 있다. 궁극의 유닛인 배틀크루저를 뽑거나 핵을 쏠 수도 있다.

이 원리는 현실에서도 비슷하게 적용된다. 우리에게도 일꾼이 있다. 바로 노동자인 '나'다. 그리고 배당금 역시 일꾼이 될 수 있다. 리얼티인컴을 예로 들어보도록 하겠다. 8만 3,000원 정도면 리얼티인컴 주식을 한 주 살 수 있다. 그리고 이 리얼티인컴이라는 일꾼은 1년에 4,125원을 벌어다준다. 10년이면 4만 1,250원, 20년이면 8만 2,500원이 되어 다시 한 주를 매수할 수 있다. 이제 조금 감이 오는가?

만약 리얼티인컴의 배당금으로 매달 한 주씩 사려면, 한 달에 8만 3,000원의 배당금이 필요하다. 즉, 242주를 보유한다면 가능하다. 이를 위해서는 대략 2,008만 6,000원이 필요하다. 배당금은 SCV처럼 시간이 지나면서 스스로 더 많은 자산을 벌어들이는 일꾼이 될 수 있다.

리얼티인컴이 아니어도 좋다. 다른 배당주도 상관없다. 다만, 여러분만 미네랄을 캐지 않길 바란다. 혼자 캔다면 그 게임은 좋지 않은 결과를 맞이할 것이다. 여러분의 일꾼은 리얼티인컴인가? 혹은 본인밖에 없는가? 어느 쪽이 더 나은 인생을 선물해줄지 잘 생각해보기 바란다.

2장

자산 증식의 새로운 시대: 예적금에서 벗어나기

내가 예적금을 하지 않는 이유

예금과 적금은 오랫동안 많은 사람에게 안정적인 재산 관리 방법으로 여겨져왔다. 그러나 나는 예적금을 하지 않는다. 그보다는 주식투자가 더 나은 선택이라고 확신한다. 그렇게 생각하는 이유는 2가지다.

첫째, 예적금으로는 인플레이션을 헷지하기 어렵다. 인플레이션은 물가상승률을 의미한다. 예를 들어, 1,000원이었던 과자가 다음 해에 1,200원이 되면 같은 1,000원으로 더 이상 그 과자를 살 수 없다. 이때 돈의 가치를 보호하는 것이 바로 '인플레이션 헷지'다.

사람들은 인플레이션으로 돈의 가치가 떨어지는 것을 막기 위해 인플레이션 헷지를 한다. 헷지는 우산이다. 막아준다고 생각하라. 인플레이션 헷지는 돈의 가치를 막아주는 우산이다. 금, 부동산, 주식 같은 자산에 투자하면 물가가 오르더라도(인플레이션이 생겨도) 가치가 보존되거나 증가할 가능성이 높다. 오늘 1,000원의 가치를 유지해 다음 해에 내가 좋아하는 과자가 1,000원에서 1,200원으로 올라도 사먹을 수 있게 만드는 우산이 바로 인플레이션 헷지다.

둘째, 은행 예적금과 주식투자는 본질적으로 기업에 돈을 맡기는 행위다. 그러나 돈은 계속해서 찍어낼 수 있다. 돈이 계속 찍혀 시장에 많이 풀리면 은행에 맡긴 돈의 가치는 점점 약해진다. 그에 반해 주식시장에서는 주식을 가지고 있는 투자자들이 동의해야 주식을 더 늘릴 수 있으며, 특수한 경우를 제외하고는 주식 수량이 늘어나지 않는다. 주식은 돈과 다르게 계속해서 찍어낼 수 없어 희귀성이 있다. 돈이 계속 찍혀 시장에 많이 풀리면 은행에 맡긴 돈의 가치는 점점 약해지는 반면, 주식가치는 유지된다. 결과적으로 예적금으로는 인플레이션을 막기 어렵다. 즉, 인플레이션 헷지가 안 된다.

이제 예적금이 인플레이션 헷지가 안 된다는 말을 이해했을 것이다. 그렇다면 은행은 우리가 맡긴 예적금을 어떻게 활용할까? 은행의 기본 수익 구조는 예대마진이다. 예금과 대출의 차이를 이용해 돈을 번다는 의미다. 예를 들어, 내가 은행에 4% 이자를 받는 조건으로 예금하면, 은행은 내 돈을 기업이나 다른 개인에게 6~7% 금리로 대출을 제공한다. 이 과정에서 은행은 나에게 4% 이자를 주고도 2~3%의 이익을 남긴다.

돈의 흐름을 따라가보자. 내가 은행에 돈을 맡기면 은행은 그 돈을 기업에 대출해준다. 결국 내 돈이 은행을 거쳐 기업으로 흘러간다. 여기서 은행은 단지 중개 역할을 하며, 중간에서 이익을 챙긴다. 이것이 바로 예대마진이고, 은행이 돈을 버는 구조다.

　여기까지 이해됐다면, 이제 예적금과 주식을 비교해보자. 예적금은 내 손에서 은행으로, 다시 기업으로 투자되는 구조다. 간접투자 방식이다. 반면 주식은 중개자를 거치지 않고 내가 직접 기업에 투자하는 구조다. 이렇게 하면 은행이 가져가던 예대마진을 내가 챙길 수 있다. 은행 수익이 내 수익으로 바뀌는 것이다.

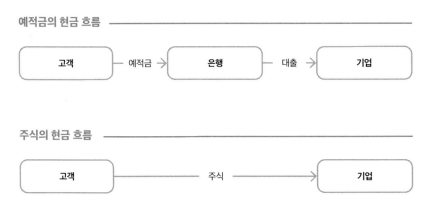

이 구조는 기회인 동시에 위험을 내포한다. 내가 은행에 돈을 맡기든, 주식투자로 직접 기업에 투자하든 결국 모든 경제 시스템은 대출로 연결된다. 한 부분이 무너지면 다른 부분도 타격을 받는다.

　예적금을 선호하는 사람들은 "예적금은 5,000만 원까지 법적으로 원금을 보장해주잖아요"라고 말한다. 맞는 말이다. 하지만 인플레이션으로 돈의 가치가 떨어진다면, 원금 보장이 의미가 있을까? 차라리 현금을 그대로 보유하는 대신, 변동성은 있더라도 더 나은 '인플레이션 헷지' 자산에 투자하는 편이 낫지 않을까?

지금까지 예적금의 치명적인 한계를 이야기했다. 예적금은 '현금 형태의 자산 저장 행위'이므로 돈을 끊임없이 찍어내는 현대 사회에서 인플레이션을 막지는 못한다. 그렇다면 은행이 챙기는 예대마진을 내가 가져갈 수 있는 방법을 선택하는 것이 더욱 유리하다.

나는 지금 예적금이 필요하지 않다고 말하는 것이 아니다. 예적금은 결혼이나 이사, 아파트 잔금 등 단기적인 보관용으로는 사용할 만하다. 3년 안에 쓸 돈은 예적금에 놔두는 편이 심리적·경제적으로 안정적이다. 하지만 이 효과만으로 가치가 있을 뿐이다. 자산은 최소한 인플레이션을 막아야 가치가 유지된다는 점을 기억하기 바란다. 그래야 자산으로 불릴 만한 자격이 있다.

월급은 언젠가 끝난다

월급은 무시할 수 없는 무기다. 월급은 정기적인 현금 흐름을 제공해 미래를 계획할 수 있게 하므로 단발성 소득보다 미래를 준비하는 데 더욱 적합하다. 그러나 이 안정성 때문에 월급을 당연하게 생각하는 사람이 많다.

월급은 당연하지 않다. 월급은 끝이 있다. 20년간 직장에 다닌다고 가정하면 1년에 12번, 여기에 20년을 곱하면, 내가 받는 월급 횟수가 나온다. 총 240번의 월급을 받으면 끝이 난다. 월급이 300만 원이라고 가정해보자. 1년에 12번, 20년 동안 월 300만 원을 받으면 총 얼마일까? 총 7억 2,000만 원이다. 여기에서 세금과 생활비 등을 빼면 개인처분가능소득(실제로 내가 사용할 수 있는 돈)이 나온다. 2023년 기준 연평균 2,281만 원으로, 20년으로 계산하면 4억 5,000만 원이 나온다. 당신이 평생 마음대로

할 수 있는 돈이 4억 5,000만 원이라는 뜻이다. 한국의 평균 은퇴 나이는 49세로, 이후에는 일을 할 수 없거나 소득이 줄어든다. 정기적인 현금 흐름이 줄어들거나 끊긴다.

모든 사람에게는 은퇴 시기가 있고, 정기적인 현금 흐름이 끝나는 시기가 찾아온다. 그 시기가 오기 전에 안전망을 만들어야 한다. 그 누구도 나 대신 안전망을 만들어주지 않는다. 월급을 받을 때가 안전망을 만들기 가장 좋은 때다. 월급 240번이라는 제한된 자원 안에서 노동소득을 자본소득으로 전환해야 한다. 이렇게 하면 월급 의존성에서 벗어날 수 있을 뿐 아니라 복리 효과로 자산이 점점 불어난다.

안전망 구축하기: 시스템과 패턴

안전망은 2가지로 구축할 수 있다. 첫 번째 안전망은 '시스템'이다. 시스템이란, 내가 직접 일하지 않아도 돈이 계속 들어오는 구조를 말한다. 자동으로 돌아가는 사업, 관심 갖지 않아도 매월, 매분기 지급되는 배당금도 시스템의 형태를 띤다.

반면 직장에서 일하는 우리는 회사 CEO와 이사진, 주주들을 위해 일하는 시스템의 일부다. 이 구조에서 우리는 그들을 위한 아바타에 불과하다. 월급에만 의지하는 삶이 위험한 이유는 나만을 위한 시스템이 없기 때문이다. 아무리 높은 연봉을 받아도 일을 그만두는 순간, 수입은 정지된다. 그제야 시스템의 필요성을 절박하게 느껴도 아무 소용이 없다.

수입이 끊겼을 때 배당은 든든한 역할을 해준다. 심지어 직장인이면서 배당을 받는다면 더욱 좋다. 정기적인 현금 흐름이 월급과 배당금, 2개나 있는 것이다. 가성비가 좋고 생존 확률이 높은 시스템이다. 이때 뛰어난 능력을 가질 필요도 없다. 애플, 메타, 마이크로소프트 등 배당을 주는 기업의 유능한 인재들이 열심히 일해 얻은 성과가 나의 배당수익으로 돌아온다. 내가 일시적으로 어려움을 겪어 돈을 벌지 못하더라도, 내가 투자한 기업이 사업을 확대하고 배당을 늘린다면 삶의 질은 보다 안정적이고 풍요로워질 것이다.

두 번째 안전망은 '패턴'이다. 패턴은 내 행동 습관을 의미한다. 시스템은 외부 안전망, 패턴은 내부 안전망이다. 패턴은 내가 꾸준히 실천할 수 있는 습관에서 나온다. 예를 들어, 가계부 작성과 규칙적인 투자 습관이 이에 해당된다. (배당투자를 위한 행동 패턴은 이후에 자세히 다루도록 하겠다.) 기본적으로 중요한 건 지속 가능한 소비 습관, 정기적인 투자금 확보 행동 패턴, 장기적 관점으로 복리를 극대화하는 것이다.

03 주식투자를 할 때 지켜야 할 3가지 투자 원칙

주식은 기업의 소유권을 의미한다. 한 주를 매수하면 해당 기업의 일부를 소유하게 된다. 이를 통해 투자자는 배당금(기업의 이익 배분)과 주가 상승에 따른 수익을 얻을 수 있다. 주식은 기업이 사업 자금을 조달하기 위해 발행하며, 투자자는 해당 기업의 성장에 참여할 기회를 얻는다.

투자자는 애플, 엔비디아, 테슬라 같은 기업의 소유권을 주식으로 얻을 수 있으며, 그 기업의 수익 중 일부를 나눠 가질 수 있기에 주식투자는 좋은 자산 상승의 기회다. 다만, 주식투자를 처음 시작하는 사람은 어떻게 공부해야 할지 막막할 것이다. 나도 그랬다. 어떤 주식을 사야 하는지, 상승장과 횡보장, 하락장에서 어떤 전략을 취해야 하는지 전혀 몰랐다.

주식은 참 복잡하다. 단순히 숫자만 보고 결정할 수 없는 복잡한 구조를 가지고 있다. 기업은 수많은 요인에 의해 영향을 받는다. 수직적·수

평적인 체계로 연결된 것이 아니라, 거미줄처럼 얽히고설켜 있다.

예를 들어, 미국 중앙은행, 즉 연방준비제도(Federal Reserve System, 흔히 줄여서 'Fed'라고 부른다.)의 기구인 FOMC(연방공개시장위원회)에서 금리 인하를 결정하면 일반적으로 A주식이 수혜를 받는다고 가정하자. 그래서 부푼 기대를 안고 A주식을 매수했는데, 금리 인하 발표 직후 A주식이 급락하는 경우도 있다. 이런 일이 왜 일어나는 걸까? 금리 인하가 주가에 선반영되었을 수도 있고, 금리 인하 폭이 시장 기대치에 미치지 못했기 때문일 수도 있다. 혹은 금리가 인하되기 전에 다른 섹터의 주식이 급반등을 보여 투자자들이 A주식을 매도하고 그 섹터로 갈아탔기 때문일 수도 있다.

이처럼 단순히 하나의 요인만으로 주가 흐름을 예측할 수는 없다. 일반적인 흐름도 예외적인 상황, 시간적인 변화에 따라 그물처럼 얽혀 다수에게 영향을 미친다. 하지만 걱정할 것 없다. 기초 지식을 차근차근 쌓아간다면 시장 흐름을 읽고, 나아가 수익을 낼 기회를 잡을 수 있다.

그래서 어떻게 공부해야 할지 모르겠는 분들을 위해 기초 지식, 최소한의 지식부터 알려드리려고 한다. 이 지식들이 내게 좋은 영향을 미쳤던 것처럼 여러분의 투자에도 좋은 밑거름이 되길 바란다. 다만, 자세하게 설명하기보다는 이해에 초점을 맞출 것이다. 정의가 무엇인지 따지는 것보다 이해하는 게 투자에 더욱 도움이 되기 때문이다.

주식을 이해하기 위해 평생 기억해야 할 투자 원칙은 3가지다.

첫째, 투자 방식은 단순해야 한다. 투자 방식이 복잡하면 수익을 내기 힘들다. 이미 주가를 결정하는 요인들이 그물처럼 얽혀 있는데, 투자 방식이 복잡하면 혼란만 가중된다. 상승장, 횡보장, 하락장, 주가의 급등락, 차트의 복잡성 등에서 1:1로 대응하는 전략을 시도하면 투자가 더 복잡해지고, 감정적인 의사결정을 유도하거나 불필요한 거래 비용을 증가시킬 수 있다. 자신의 투자 방식을 테스트해보고, 자신에게 적합한 방식을 찾아라. 하지 말아야 할 것을 하지 않는 게 가장 현명할 수도 있다. 무언가를 추가하려 하지 말고, 부정적인 요소를 덜어내는 것이 효율을 높인다.

둘째, 시간을 친구로 만들어야 한다. 시간은 저장할 수 없다. '마법의 힘'을 가졌다는 복리는 시간을 먹고 자란다. 내가 가진 돈에 복리를 충분히 먹여야 부자가 될 수 있는데, 시간을 친구로 만들지 않는다면 복리도 없다는 뜻이다. 복리의 강력함은 이 책을 읽을수록 더욱 강하게 느낄 수 있을 것이다. 주식은 단기 등락은 있지만, 인플레이션과 신용 팽창으로 장기적으로는 우상향한다.

셋째, 투자에는 정답이 없다. '모로 가도 서울만 가면 된다'라는 말처럼 단타로 돈을 버는 사람도 있고, 장기투자로 수익을 내는 사람도 있다. 또한 개별 주식투자로 부를 쌓는 사람도 있고, 지수 추종 ETF에 투자해 성공적으로 든든한 노후를 만드는 사람도 있다.

같은 주식시장에 투자한다 해도 가지고 있는 자산이 어느 정도인지, 현금 흐름이 안정적인지, 위험을 얼마나 감당할 수 있는지, 해당 주식에 집중 투자한 금액이 얼마인지, 그 돈이 6개월 내에 쓸 돈인지, 여유 자금인지에 따라 다른 전략을 취해야 한다. 투자에 성공하려면 다른 사람의 방식은 참고하되, 자신만의 투자 패턴을 지켜야 한다.

주가 방향을 결정짓는 거시적인 3가지 요소

주식투자에 앞서 주가 방향을 결정짓는 3가지 거시적인 요소, 즉 금리, 환율, 석유에 대해 알아보자.

금리

금리는 은행에 돈을 맡기거나 빌릴 때 내는 돈이다. 예를 들어, 은행에 100만 원을 맡기면 은행은 그 돈을 사용하는 대신 보상을 해주어야 한다. 그 보상이 바로 '금리'다. 금리가 높으면 더 많은 이자를 받을 수 있지만, 반대로 금리가 낮으면 적은 이자를 받게 된다.

금리가 높으면 사람들은 은행에 돈을 더 많이 맡기려 하고, 소비를 줄인다. 상상해보자. 한 은행이 이자가 2%대인 예금상품만 판매하다가 7%

대인 예금상품을 판매한다면 어떻게 될까? 사람들이 그 예금상품에 가입하기 위해 새벽부터 은행 앞에 줄을 설 것이다. 그 돈들은 사회에서 소비되지 않고 은행에 고여 있게 된다. 그러면 경제가 느려지고 돈의 흐름이 경직될 수 있다. 반대로 금리가 낮으면 은행에서 돈을 쉽게 빌릴 수 있어 사람들이 돈을 많이 쓰고, 경제가 활발해지는 경향이 있다.

금리를 기업에 대입시켜보자. 금리가 내려가면 기업이 내야 하는 이자가 저렴해진다. 은행에서 빌리는 돈의 가격이 저렴해진다는 의미다. 그러면 기업은 기업 운영에 필요한 설비를 마련하거나, 직원 채용 자금을 저렴하게 얻을 수 있다. 즉, 금리가 내려가면 대출이자가 저렴해지고 투자하기 쉬워진다. 그 돈으로 투자하면 더 많은 돈을 벌 수 있다.

반대로 금리가 높아지면 대출이자가 비싸진다. 기업들은 은행에서 자금을 빌릴 때 더 높은 비용으로 빌려야 한다. 이전보다 높아진 대출이자는 기업 경영을 어렵게 만든다. 이미 받은 대출도 있을 텐데, 금리가 높아지면 기존 대출이자도 비싸진다. 기업들은 투자를 철회하고 비싸진 대출이자를 갚기 위해 기업 운영 비용을 줄이거나, 직원을 해고해 인건비를 줄이려 할 것이다.

이야기를 조금 더 이어가보자. 해고된 직원은 어떻게 될까? 당장 월급이 끊긴다. 그로 인해 사치품을 구매하거나 취미생활에 들이는 돈을 줄일 것이고, 모아둔 자금이 없다면 생활비도 줄일 것이다.

해고된 직원이 한두 명이 아니라 수천 명, 수만 명이 되면 어떤 일이 일어날까? 해고된 직원들은 돈이 없기 때문에 소비를 줄일 것이다. 소비자가 소비를 줄이면 기업의 제품이 이전보다 팔리지 않는다. 그러면 기업은 할인을 시작한다. 해고된 사람들은 할인된 제품을 구매하기도 버겁다. 할인으로 인해 기업 이익은 더 줄어든다. 게다가 할인을 해도 팔리지 않는다면 만들던 제품의 수를 더 줄여야 한다.

생산할 필요가 없으니 직원들은 더 해고될 것이고, 기업 매출이 떨어지니 은행에서 투자금을 빌리지도 않을 것이다. 그에 따라 은행 매출도 떨어진다. 실업자가 늘어나면 대출을 갚지 못하는 사람이 늘어난다. 결국 재무건전성이 악화되고, 은행이 파산할 수도 있다는 말이 퍼진다. 두려움은 점차 사람들을 지배하고, 뱅크런 우려가 커진다. 악순환의 연속인 것이다.

이때 중앙은행이 등장한다. 중앙은행의 첫 번째 임무는 물가 안정이다. 중앙은행은 사회 전반에 미치는 악순환의 사이클을 끊어내기 위해 금리 인하를 활용한다. 금리를 인하하면 돈을 빌리는 값이 낮아지니 기업이 내는 이자가 저렴해진다. 그러면 기업은 기업 운영에 필요한 설비를 마련하거나, 사람을 고용하는 자금을 저렴하게 얻을 수 있다. 즉, 금리가 낮아지면 대출이자가 싸지고, 투자하기 쉬워진다. 그 돈으로 투자하면 더 많은 돈을 벌 수 있고, 해고했던 사람들을 다시 고용할 수 있다. 사람들은 다시 고용되어 월급을 받으니 소비를 시작하고, 대출금을 갚아나간다. 상황이 이러하면 기업과 경제가 정상궤도로 올라간다. 그 결과 주가도 힘을 받고 올라간다.

환율

환율은 나라와 나라 간의 돈의 교환 비율이다. 예를 들어, 1달러가 1,000원이라면 1달러를 얻기 위해 1,000원이 필요하다는 뜻이다. 그런데 환율이 1,400원으로 오르면 어떻게 될까? 같은 1달러를 얻기 위해 1,400원이 필요해진다.

환율이 올라가면 해외에서 물건을 사는 것이, 여행을 떠나는 것이 더 비싸진다. 반대로 환율이 낮아지면 더 저렴한 가격에 해외에서 물건도 사고 여행도 떠날 수 있다. 환율은 경제에도 같은 방향으로 영향을 미친다. 한국은 해외에서 재료를 수입하여 완제품을 만들어 수출해 먹고사는 국가다. 그래서 나라 간 돈 교환 비율, 즉 환율에 민감하다. 이때 수출하려는 나라뿐 아니라 원재료를 수입하는 나라의 환율도 같이 고려해야 한다. 원재료도 환율에 영향을 받기 때문이다.

석유

석유는 자동차나 공장에서 많이 사용하는 자원이다. 석유가 비싸지면 제품 제작 비용이나 운송 비용이 높아져 물가가 올라갈 수 있다. 반대로 석유가 싸지면 물가가 안정될 가능성이 커지고 경제에 도움이 될 수 있다. 석유는 인류생활의 많은 부분을 차지한다. 자동차, 항공기 연료로 사용되기도 하고, 난방과 취사에 사용되기도 한다. 그리고 전기를 만들기 위해 발전소에서 활용되고, 제철소 및 공장에서도 필수적인 에너지원이다. 이뿐만이 아니다. 합성섬유, 플라스틱, 고무, 나일론에도, 비료 및 농약에도, 아스팔트를 만드는 데도 사용된다. 이처럼 석유는 영향력이 커 가격이 오르면 주변 물가가 오를 가능성이 높아진다. 즉, 인플레이션 상승 확률이 커진다.

　금리, 환율, 석유, 이 3가지는 역학적으로 움직인다. 이해를 돕고자 예를 들어보도록 하겠다. 밀 마을과 석유 마을이 교류를 한다고 가정해보자. 석유 상인이 밀 마을에 석유를 가져와 판매를 한다. 빵집 주인은 빵을 구울 때, 대장장이는 농기구를 만들 때 석유를 사용한다. 밀 마을은 밀코인이라는 화폐를, 석유 마을은 석유코인이라는 화폐를 사용한다. 석유를 구매하려면 밀코인을 석유코인으로 환전해야 한다. 이때 적용되는 비율이 환율이다. 석유 마을에서 석유 생산에 문제가 생겨 석유 가격이 상승하면 석유 상인은 더 비싼 가격에 석유를 판매하고, 빵집 주인과 대장장이는 더 많은 비용을 지불해야 한다. 그로 인해 빵집 주인은 빵 가격을, 대장장이는 농기구 가격을 올린다. 농부는 비싼 농기구와 빵을 사야 하므로 생활비가 증가해 결국 밀 가격을 올린다.

　밀 마을의 경제 상황이 좋아져 밀코인의 가치가 상승한다면 어떨까? 이전에는 1밀코인을 주면 2석유코인을 받았지만, 이제는 1밀코인을 주면 3석유코인을 받는다. 석유를 더 저렴하게 구입할 수 있는 것이다. 빵집 주인과 대장장이는 같은 밀코인으로 더 많은 석유코인을 얻어 석유를 저렴하게 구매할 수 있다. 생산비용이 줄어 빵과 농기구 가격을 내릴 수 있고, 농부도 더 저렴한 가격에 빵과 농기구를 구매할 수 있다.

다음 해에는 밀 마을의 경제 상황이 나빠져 밀코인의 가치가 하락해 밀코인과 석유코인의 교환 비율이 1:1이 된다. 즉, 이전에는 1밀코인을 주면 2석유코인을 받았지만, 이제는 1밀코인을 주면 1석유코인밖에 얻지 못한다. 상황이 이러하면 석유를 비싸게 구매해야 해 생산비용이 늘어난다. 빵과 농기구 가격이 상승하고, 전반적으로 물가가 오른다.

석유 가격의 변동은 마을 내 생산비용에 직접적인 영향을 미치고, 환율 변동은 외부에서 수입하는 상품의 가격을 좌우한다. 이 2가지 요인은 마을 경제의 물가 수준과 생활비에 큰 영향을 미친다.

이때 중앙은행이 등장한다. 밀 마을에는 중앙은행이 있어 금리를 조정한다. 금리를 인상하면 마을 사람들은 돈을 빌리는 데 더 많은 비용이 들기 때문에 식료품 등의 소비와 빵집 확장 등의 투자를 줄인다. 즉, 물가 상승이 억제된다. 반대로 금리를 인하하면 돈을 빌리기가 쉬워져 소비와 투자가 촉진된다. 경제활동이 활성화되지만, 물가가 상승한다.

이렇듯 마을 경제는 금리, 환율, 석유가 서로 복잡하게 얽혀 돌아간다. 하나의 요소가 변하면 다른 요소에 연쇄적인 영향을 미쳐 전체 경제에 파급 효과를 가져온다. 다른 마을과의 경제가 합쳐지면서 더 큰 연쇄작용이 일어나고, 서로 영향을 미치게 된다.

그렇기 때문에 우리는 경제 공부를 할 때 금리, 환율, 석유가 주식시장의 방향을 결정하는 3가지 핵심 요소라는 점을 염두에 두어야 한다. 주식시장은 기업 성장의 지표이며, 기업은 국가 경제와 밀접하게 연결되어 있다. 금리, 환율, 석유는 국가의 성장성과 안정성을 나타내며, 이는 결국 기업이 지속적으로 성장할 수 있는 기반이 된다.

인플레이션

다음으로 중요한 주제는 인플레이션이다. 앞서 언급했지만 조금 더 자세히 이야기해보도록 하겠다. 인플레이션은 경제 상태를 보여주는 중요한 지표다. 적당한 수준에서 물가가 오르면 정부, 기업, 개인 모두에게 이롭다. 정부는 세수를 더 확보할 수 있고, 기업은 이윤을 늘려 직원에게 월급이나 보너스를 더 줄 수 있다. 사람들은 소비를 확대하고, 그로 인해 기업 매출이 증가한다. 매출이 증가한 기업은 세금을 많이 내므로 정부 재정이 튼튼해지고, 계속해서 서로가 선순환을 일으킨다.

대부분의 나라는 2~3%의 물가 상승이 일어나도록 유도한다. 하지만 물가 상승 속도가 빠르면 문제가 생긴다. 어제까지만 해도 빵 2개를 살 수 있었던 돈으로 오늘은 1개만 살 수 있을 정도로 빠르게 물가 상승이 일어나면 어떤 일이 벌어질까? 물가 상승 속도가 지나치게 빠르면 모두가 화폐가치를 믿지 못하고, 필요한 물건을 먼저 확보하기 위해 사재기에 나선다. 그 결과 돈의 가치가 떨어지고, 시장에 물건이 부족해지고, 가격이 급등해 하이퍼인플레이션이 찾아오기도 한다.

인플레이션의 흐름 이해하기

인플레이션, 디플레이션, 디스인플레이션에 대한 예를 들어보도록 하겠다. 앞의 이야기와 중복되더라도 중요한 요소들은 개념이 잡힐 때까지 반복해서 익히는 것이 좋다. 밀 마을에 농부, 대장장이, 빵집 주인이 살고 있었다. 마을에 돈이 많아져 사람들의 소비가 늘었다. 빵 수요가 증가하자 빵집 주인은 더 많은 밀가루가 필요했다. 농부는 밀 수요가 늘어나자 밀 가격을 올렸다. 빵집 주인은 원가 상승으로 빵 가격을 인상했고, 대장장이는 생활비가 늘어나자 농기구 가격을 올렸다. 이렇게 전반적인 물가가 지속적으로 상승하는 현상이 인플레이션이다.

반대로 경제 상황이 나빠져 소비가 줄어들면 어떨까? 빵집 주인은 빵이 팔리지 않아 빵 가격을 내렸고, 밀을 더 구매하지도 않았다. 농부는 밀 수요가 감소하자 밀 가격을 내렸고, 밀을 재배하는 면적도 줄였다. 대장장이는 농기구가 팔리지 않아 가격을 내렸다. 이렇게 전반적인 물가가 지속적으로 하락하는 현상이 디플레이션이다.

디스인플레이션은 인플레이션이 지속되지만 그 상승률이 둔화되는 현상이다. 첫해에 물가상승률이 10%였다면, 다음 해에는 5%로 감소한다. 물가는 계속 오르지만 상승 속도가 느려져 경제가 안정화되는 것을 의미한다.

적당한 인플레이션은 경제에 긍정적인 영향을 미치지만, 지나친 인플레이션이나 디플레이션이 찾아오면 큰 혼란이 생긴다. 특별히 하이퍼인플레이션과 디플레이션은 반드시 피해야 한다.

하이퍼인플레이션은 물가가 통제 불가능할 정도로 폭등하는 현상을 일컫는다. 대표적인 사례로 1920년대 독일 바이마르 공화국, 2000년대 짐바브웨, 최근의 베네수엘라가 있다. 예를 들어, 과거 독일에서는 아침과 저녁의 빵 가격이 다를 정도로 물가가 급격히 올랐다. 화폐가치가 급락하면 사회가 제대로 운영되지 않을 정도로 혼란이 생긴다. 하이퍼인플레이션은 전쟁, 정치 불안, 잘못된 경제 정책 등이 겹칠 때 발생하는 매우 심한 현상이다.

그러나 일상에서 더 무서운 상황은 디플레이션일 수 있다. 중앙은행이 디플레이션을 가장 두려워하는 이유는 이 현상이 경제 순환을 교란해 침체를 길게 만들기 때문이다.

앞서 언급한 밀 마을에 적용해보도록 하겠다. 농부가 대풍년을 맞아 밀을 많이 생산하면 밀 가격이 떨어진다. 사람들은 '좀 더 기다리면 빵 가격이 떨어지겠지?'라고 생각하며 빵 구매를 미룬다. 결국 밀 가격은 저렴해졌지만 빵이 팔리지 않아 빵집 주인은 빵 가격을 낮추고, 농부와 대장장이는 수입이 줄어 소비를 하지 않는다. 세 사람이 소비를 줄이면 매출이 감소하고, 모두가 소득을 더 잃는 악순환에 빠진다.

이때 빚을 가지고 있으면 갚아야 할 금액의 실질 부담이 커진다. 빵 가격과 밀 가격은 점차 낮아지고, 돈의 가치는 오히려 올라간다. 오늘 빵 1개를 살 돈으로 내일이면 2개를 살 수 있기에 사람들이 현금을 보유하려고 하기 때문이다. 소비와 투자 모두 위축되어 결국 마을 전체가 활력을 잃고 침체된다.

나는 월급쟁이 배당 부자가 되었다

앞서 이야기했듯, 디플레이션은 물가가 지속적으로 하락하는 현상이다. 처음에는 물가 하락이 소비자에게 이로운 것처럼 보이지만, 예를 통해 알아보았듯 경제 전반에 부정적인 영향을 미친다. 디플레이션이 발생하면 매출 부진과 대량 해고로 이어질 가능성이 크다. 그러면 기업과 개인 모두 지갑을 닫아 경기가 더욱 얼어붙는 반면, 돈의 가치는 올라가기 때문에 실물경제가 점점 움츠러들고 회복이 어렵다. 그래서 정부와 중앙은행은 금리를 낮추거나 통화량을 늘려 적정한 물가 상승을 유지하기 위해 애쓴다.

정리하면, 인플레이션은 마치 네비게이션처럼 경제 흐름을 안내한다. 올라가는 속도가 온건하면 모두가 이득을 누리지만, 너무 빠르면 하이퍼인플레이션으로, 지나치게 느리면 디플레이션으로 치달아 나라 전체가 흔들린다.

투자도 최소한의 역사 공부가 필요하다

주식투자에 뛰어들기 전에 과거에 벌어진 사건을 살펴보면 현재 상황을 이해하기 쉽다. 무엇보다 역사는 반복되는 경향이 있기 때문에 과거 사례를 통해 다가올 흐름을 짐작할 수 있다. 꼭 알아야 할 역사적 사건들을 간략하게 살펴보자.

돈은 왜 늘어나는가? 신용과 대출

현대 경제에서는 은행의 신용 창출로 인해 돈의 양이 늘어난다. 조금 더 쉽게 표현해보도록 하겠다. 은행은 예금된 돈의 일부만 보유하고, 나머지는 기업 혹은 개인에게 대출 형태로 제공한다. 이를 통해 실제 현금보다 더 많은 돈이 시장에 유통된다. 이 시스템은 '부분준비금제도'라고 불리며, 경제 성장의 핵심 동력으로 작용한다.

신용과 대출은 기업의 투자와 개인 소비를 늘려 경제 성장을 촉진한다. 과도한 신용은 버블을 형성하고, 금융위기로 이어질 수 있다. 2008년 글로벌 금융위기가 대표적인 예다.

금태환 폐지와 브레튼우즈 체제

브레튼우즈 체제란 무엇일까? 브레튼우즈 체제는 제2차 세계대전이 끝나기 전인 1944년 7월, 미국 뉴햄프셔주 브레튼우즈에서 열린 국제통화금융회의에서 채택된 국제통화 시스템이다. 44개 연합국 대표가 참석해 전후 세계 경제의 질서를 구축하기 위한 방안을 논의했다.

브레튼우즈 체제의 주요 내용은 고정환율제도 채택이었다. 이때 미국 달러를 중심으로 한 고정환율제도가 도입되었다. 달러와 금의 교환 비율은 '1온스의 금=35달러'로 정해졌다. 세계대전으로 파괴된 유럽과 아시아의 경제를 재건하고 안정화하는 데 필요한 자금들이 불안정할 수 있었다. 그렇기에 고정환율을 채택함으로써 환율 변동으로 인한 무역과 투자 불확실성을 줄였다.

브레튼우즈 체제는 통화가치의 안정화를 중요하게 생각했다. 각국은 자국 통화의 가치를 달러에 고정시키고, 달러는 금과 교환 가능한 금본위제를 유지했다. 외환시장에서 환율이 고정환율에서 벗어나려 할 때, 중앙은행은 외환시장에 개입해 환율을 안정화시켰다. 이때부터 달러는 사실상 세계 기축통화로 자리매김하게 되었다.

브레튼우즈 체제는 1970년대 초까지 비교적 안정적으로 유지되었지만, 여러 요인으로 인해 결국 붕괴되고 말았다. 1960년대 후반 미국은 베트남 전쟁과 대내 복지 정책으로 재정적자가 증가했다.

금 보유량의 한계도 찾아왔다. 미국의 금 보유량은 제한적인데, 해외로 유출되는 달러는 급증했다. 미국은 전쟁 등으로 인해 발생한 자금 문제를 해결하기 위해 가지고 있던 금 보유량 이상으로 달러를 찍어냈다. 그러자 이를 수상히 여긴 몇몇 나라에서 달러를 금으로 교환하려는 움직임이 늘어나면서 미국의 금 보유량이 급감했다. 또한 세계 경제의 변화와 각국의 경제 상황 차이로 고정환율을 유지하는 것이 어려워졌다. 일부 국가는 경쟁력을 확보하기 위해 환율을 조정하고자 했다.

1971년 미국 대통령 리처드 닉슨(Richard Nixon)은 달러와 금의 교환을 중지하는 '닉슨 쇼크'를 발표했다. 이로써 달러는 더 이상 금으로 교환되지 않는 신용화폐(Fiat Money)가 되었고, 브레튼우즈 체제는 붕괴되었다. 금태환 폐지로 화폐의 가치는 금이 아닌 정부의 신뢰에 기반하게 되었다. 이때부터 통화 공급을 자유롭게 늘릴 수 있게 되어 인플레이션을 유발할 수 있게 되었다. 주요 선진국들은 변동환율제도로 전환했다.

페트로달러

페트로달러(Petrodollar)는 석유를 달러로 거래하는 관행을 말한다. 리처드 닉슨 대통령이 달러와 금의 교환을 중지하면서 브레튼우즈 체제가 붕괴되었고, 이로 인해 달러는 금으로부터 분리된 신용화폐가 되었다. 그 후 1973년에 제1차 오일 쇼크가 발생했다. OPEC(석유수출국기구)는 중동 전쟁으로 석유 생산을 감축하고 가격을 인상했다.

1974년 미국은 사우디아라비아와 비공식 협정을 맺어 석유를 거래할 때 달러로만 결제하도록 했다. 그 대가로 미국은 사우디아라비아의 안보를 보장했다. 그 후 다른 OPEC 산유국들도 달러 결제를 채택하면서 페트로달러 체제가 구축되었다. 결과적으로, 석유를 구매하려면 달러가 필요했다. 그로 인해 달러 수요가 급증해 달러의 국제적 지위와 가치가 상승했다.

1980년대 로널드 레이건(Ronald Reagan) 행정부는 감세와 규제 완화로 경제 성장을 촉진했다. 높은 금리 정책으로 달러가치가 상승했다. 또한 석유 수출국들은 석유 판매로 얻은 막대한 달러로 미국 채권과 자산에 투자했다. 이로 인해 미국 자본시장이 더 크게 성장했고, 달러의 힘은 더욱 강화되었다.

1990년대에는 글로벌화가 진행되었고, 달러는 계속해서 지배력을 유지했다. 소련 붕괴 이후 미국의 단극 체제가 강화되었고, 달러는 더욱 확고하게 기축통화로 자리매김했다. 1990대에 성장한 아시아와 라틴아메리카의 신흥 경제국들도 석유를 거래할 때 달러를 사용했다.

2000년대 초반에는 대체 통화의 부상과 도전이 이어졌다. 1999년 유로존 국가들이 단일 통화인 유로화를 도입했고, 일부 국가에서 석유를 거래할 때 유로화를 사용하려는 움직임이 나타났다. 이라크의 사담 후세인(Saddam Hussein) 정부는 석유 판매 대금을 유로화로 받기 시작했고, 미국은 무역적자와 재정적자까지 증가하면서 달러 신뢰가 감소했다.

2008년 글로벌 금융위기 이후 달러의 신뢰도가 일시적으로 하락했다. 중국과 러시아의 움직임도 있었다. 그들은 달러 의존도를 줄이기 위해 양국 간의 무역에서 자국 통화 사용을 확대했다. BRICS 국가들, 즉 브라질, 러시아, 인도, 중국, 남아프리카공화국은 달러 중심의 금융 시스템에 대한 대안을 모색했다.

최근에는 페트로달러에 변화가 생기고 있다. 가장 큰 이유로 미국이 셰일 오일 생산으로 세계 최대 석유 생산국 중 하나가 된 점을 들 수 있다. 이런 변화는 미국의 석유 수입 감소로 이어져 페트로달러의 순환에 변화를 가져왔다. 미국 내에서 석유를 생산하니 굳이 중동 지역의 지정학적 위기 등을 나서서 해결하지 않아도 되고, 미국의 청년들이 전쟁에 나가면 정치적 여론이 여당에 좋지 않은 영향을 줄 수 있다는 점을 미연에 방지할 수도 있다.

이란과 베네수엘라 등 일부 산유국은 중국, 러시아와의 거래에서 달러를 배제하고 있으며, 중국은 상하이국제에너지거래소를 통해 위안화 기반의 원유 선물거래를 시작했다. 디지털 화폐와 블록체인 기술의 부상도 영향을 주고 있다. 비트코인이나 중앙은행 디지털 화폐(CBDC)의 개발로 미래의 국제 결제 시스템이 변화할 수도 있다.

폴 볼커의 21% 금리 인상

1970년대 말부터 1980년대 초까지 미국은 오일 쇼크, 정부 지출 증가, 닉슨 쇼크 등으로 인플레이션이 폭등했다. 그 당시 연준 의장이었던 폴 볼커(Paul Volcker)는 그러한 상황을 바로잡기 위해 기준금리를 무려 21%까지 올렸다. 그로 인해 단기적으로는 경기침체와 실업이 급증했지만, 결국 물가 안정에 성공했다.

일본의 몰락, '잃어버린 20년'

1950년대 이후 일본은 전후 재건과 함께 경제 성장을 시작했다. 특히 1960년대부터 1980년대까지의 고도성장기에는 연평균 10%에 가까운 성장률을 기록했다. 일본 기업들은 자동차, 전자 제품 등 제조업 분야에서 세계적인 경쟁력을 확보했다.

그러나 1980년대 중반 미국은 막대한 무역 적자에 직면했다. 이를 해결하기 위해 1985년 플라자 합의가 이루어졌다. 미국, 일본, 독일, 영국, 프랑스 등 주요 5개국은 뉴욕의 플라자 호텔에 모여 달러가치를 낮추고 엔화와 마르크화를 절상하기로 합의했다.

플라자 합의 이후 엔화의 가치는 달러 대비 단기간에 약 50% 이상 상승했다. 이는 일본의 수출품 가격을 높여 수출 경쟁력을 약화시켰다. 일본 경제는 침체위기에 놓였고, 이를 극복하기 위해 일본 정부와 중앙은행은 금리를 인하하고 대규모 경기 부양책을 실시했다.

그로 인해 일본의 부동산 시장과 주식시장에 막대한 자금이 유입되었고, 자산 가격이 급등했다. 도쿄의 땅값이 천문학적으로 상승하는 등 거품 경제가 형성되었다. 그러다 1990년대 초에 이르러 버블이 붕괴되었고, 부동산과 주식 가격이 폭락했다. 바로 이것이 일본의 장기 불황인 '잃어버린 20년'의 시작이었다.

중국 경제의 불투명한 미래

시진핑이 국가 주석으로 취임한 이후 중국은 이전 지도자들의 도광양회(韜光養晦) 전략에서 벗어나 '분발유위(奮發有爲)'의 외교 정책을 채택했다. 이는 '분발하여 유의미한 행동을 한다'라는 뜻이다. 시진핑은 중국몽(中國夢)을 제시하며 중화민족의 위대한 부흥을 목표로 삼았다.

하지만 도광양회를 버리고 중국몽을 선택한 중국의 부상은 미국의 경계심을 자극했고, 미국은 자국 패권에 대한 도전으로 받아들였다. 미국은 2018년부터 중국에 대규모 관세를 부과하며 무역전쟁을 시작했다. 이 조치는 중국의 수출에 직접적인 타격을 주었고, 양국 간의 긴장을 고조시켜 글로벌 경제에도 부정적인 영향을 미쳤다.

또한 미국은 중국 기업에 대한 기술 이전과 투자 활동을 제한했다. 화웨이를 비롯한 중국 대표 기업들은 미국의 제재로 글로벌 시장에서 큰 어려움을 겪었다. 미국의 이러한 전략은 중국의 첨단 기술 발전을 의도적으로 저지하려는 움직임으로 해석된다.

중국 내부에서도 문제가 발생했다. 빠른 성장 속도로 부채 규모가 크게 늘어났고, 부동산 시장의 거품 위험이 심화됐다. 최근에는 대형 부동산 개발업체 에버그란데가 심각한 부채 문제를 드러내면서, 중국 부동산 시장의 불안정성이 본격적으로 수면 위로 올라왔다.

미국은 관세 부과와 기술 제재로 중국의 수출 주도형 경제 모델에 직접적인 도전장을 던졌다. 그 결과 중국 기업들의 수익성이 크게 악화됐고, 경제성장률도 점차 둔화되기 시작했다. 이런 변화는 중국 경제가 안고 있던 구조적 문제와 맞물리며, 현재의 경제적 도전에 정면으로 부딪히는 상황을 만들었다.

이런 갈등은 아직 끝나지 않았다. 2025년 1월 20일 도널드 트럼프(Donald Trump)가 제47대 미국 대통령으로 취임하며 '트럼프 2기'가 출범했다. 트럼프 2기는 1기(2017~2021년) 때와 마찬가지로 중국과의 강경 대립 정책을 이어갈 것이 분명하다. 트럼프는 취임 연설에서 "중국은 미국의 경제와 안보를 위협하는 최대 적대국이다"라고 말하며, 중국과의 디커플링(경제적 단절)을 더욱 가속화하겠다고 선언했다. 트럼프 정부는 2025년 초 중국산 수입품에 대해 추가 관세를 부과하며 무역전쟁을 재개했다.

이처럼 일본과 중국은 서로 다른 시기에 미국과 경제 갈등을 겪으며 성장에 제동이 걸렸다.

정리하면, 일본은 플라자 합의 이후 엔화 절상과 자산 버블 붕괴로 장기 불황에 빠졌고, 중국은 무역전쟁과 기술 제재로 경제적 압박을 강하게 받고 있다.

국제 경제에서 강대국 간의 경쟁과 환율 변화, 정치적 견제가 한 국가의 경제에 어떤 영향을 미치는지 이해하고 있어야 투자 판단이 흔들리지 않는다.

06 주식투자를 통해 배운 5가지 원칙

나는 주식투자를 하며 5가지 원칙을 배웠다. 여러분이 직접 겪지 않고 이 5가지 원칙을 터득한다면 단기적으로 손해를 덜 보며 주식시장에서 오래 살아남는 장기투자자가 될 수 있을 것이다.

첫 번째, 예측을 믿지 말라는 것이다. 다음 그래프는 글로벌 금융 정보 제공 기업 블룸버그가 2022년 말에 예측한 2023년 S&P500 인덱스의 예측치다. 점선으로 표시한 것이 평균 예측인데, 가뿐히 무시하고 신고가에 가까운 성과를 보였다.

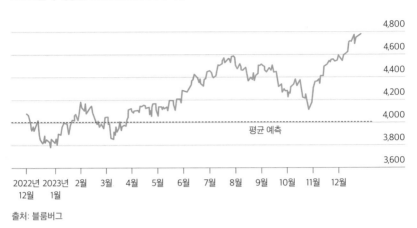

출처: 블룸버그

    사람의 예측은 편향적이다. 2022년에 주식시장이 어려웠기에 편향적으로 예측한 것이다. 논리적인 것도 있지만, 주식시장에선 보통 전쟁이라 불리는 지정학적 또는 정치적 이슈가 언제나 개입할 수 있으며, 꼬리가 몸통을 흔들 수도 있다.

    채권도 다르지 않았다. 뱅크오브아메리카의 예측치를 가뿐히 뛰어넘었다. 개인이 할 수 있는 것은 예측보다는 대응이다.

    두 번째, 주식투자는 반드시 여유 자금으로 해야 한다는 것이다. 이유는 간단하다. 부동산은 자금을 빼기 어렵지만, 주식은 쉽게 현금화할 수 있기 때문이다. 생활비가 부족할 때 집을 파는 것보다 주식을 파는 게 훨씬 쉽다.

10년 만기 국채 수익률

뱅크오브아메리카의 예측치

5.0%
4.5%
4.0%
3.5%
3.0%

2023년 2월 3월 4월 5월 6월 7월 8월 9월 10월 11월 12월
1월

출처: 블룸버그

생활비까지 투자하면 장기적인 시야를 갖기 어렵다. 사람은 돈을 목적별로 구분하는 심리가 있다. '이건 써도 되는 돈', '이건 쓰면 안 되는 돈'과 같이 말이다. 그래서 재테크를 잘하는 사람들은 통장을 나누어 관리한다. '생활비 통장', '용돈 통장', '투자 통장'을 따로 관리하면, 생활비를 함부로 쓰는 일을 방지할 수 있다.

투자 통장도 마찬가지다. 투자 목적 외에 쓰지 않도록 스스로 통제해야 한다. 만약 용돈 통장과 투자 통장을 같이 쓰면 어떻게 될까? 처음에는 용돈도 투자에 활용해 좋을 수 있지만, 궁극적으로 '투자 통장에 있는 돈은 소비하면 안 되는 돈'의 개념이 없어지기 때문에 용돈은 용돈대로 쓰고, 투자금도 소비할 가능성이 높아진다.

그래서 여유 자금으로 주식투자를 하고, 생활비나 용돈과 분리하는 것이 중요하다. 이 여유 자금은 생활비와 용돈을 제외한 돈을 의미한다. 우량한 종목을 산 뒤에도 지속적이고 안정적인 현금 흐름이 있어야 주식시장에서 오래 생존할 수 있다. 반드시 하락장에서도 버틸 만한 여유 자금과 안정적인 현금 흐름을 만들 필요가 있다.

세 번째, 누군가에게 추천받은 종목을 가장 빨리 판다는 것이다. 누군가에게 추천받은 종목을 산다는 건 자신의 투자 기준이 없다는 뜻이다. 다른 사람이 준 정보로 주식을 매수하면 '언제 팔아야 하지?'라는 고민이 계속 따라다닌다. 추천한 사람의 생각과 내 상황이 다르기 때문이다. 종목을 선택할 때는 내 포트폴리오나 투자 성향을 고려해 스스로 판단해야 한다. 투자의 귀재 워런 버핏(Warren Buffett)이 앞에 나타나 오를 만한 종목 Top 3를 추천해줘도 자신의 투자 체력이나 상황에 맞지 않으면 도중에 주식을 매도할 확률이 높다.

네 번째, 주식은 감정 노동이라는 것이다. 정보도 좋지만 투자자의 감정, 시장참여자들의 심리 상태를 이해해야 한다. 주식시장에서는 더 이상 정보값이 크게 중요하지 않다. 오늘 새벽 미국시장에서 어떠한 이벤트가 있었다면 뉴스, 유튜브, SNS 등을 통해 쉽고 빠르게 접근할 수 있다. 하지만 여전히 쓸 만한 정보는 내게 공짜로 오는 법이 없다.

반면 관심 있는 주식은 올라도 고민, 내려도 고민이다. 그리고 그 주식을 사면 더 고민이다. 주가가 내려가면 원금이 깎여 슬프고, 오르면 더 사지 못해 슬프다. 심지어는 팔고 나서도 고통이다. 예를 들어, 보유 종목이 10% 오르면 팔고 싶은 마음이 들 것이다. 팔까 말까 고민하는데 갑자기 주가가 2% 떨어져 수익률이 8%가 되었다면 어떨까? 분명 손해 보는 기분이 들 것이다. 그래서 조금 더 참는다. 참는 동안에도 고통이 따른다. 그러다 주가가 더 떨어져 수익률이 5%가 되면 '아, 10%에 팔 걸', '아, 7%에 팔 걸' 하고 후회하며 판다. 그런데 팔자마자 주가가 오른다면? 이제는 판 걸 후회할 것이다. 주식투자는 매수해도, 매도해도, 보유해도 감정 소모가 심하다. 주식투자를 해본 사람들은 분명 공감할 것이다.

주식시장에는 자비가 없다. 이런 상황에서 자신을 지키는 방법이 있다. 내면의 통제력을 키우는 것이 최선의 대응이다. 자신의 마인드를 조절하지 않으면 이 시장에서 살아남기 힘들다. 주식으로 좋은 성과를 내기 위해선 3가지가 필요하다. 좋은 종목을 사는 것, 심리를 다스리는 것, 장기적으로 보유하는 것이 바로 그것이다. 주식투자를 했다면 잠시 잊는 것이 좋다. 온종일 주가 흐름을 들여다보기보다 나의 생각과 집중력을 다른 곳에 쓰는 것이 더욱 효율적이다.

다섯 번째, 원금이 적을수록 주식보다는 노동소득에 집중해야 한다는 것이다. 네 번째와 연결해서 생각하면 쉽다. 내가 매수한 주식들의 수익률에 영향을 미치는 것에 신경 쓰지 말고, 근로소득이나 N잡으로 원금을 불리는 데 집중하는 것이 훨씬 수익률 높은 방법이다.

나는 적립식 투자를 추천한다. 여러분이 한 달에 30만 원 정도 주식투자를 할 수 있다면, 하루 1만 원씩 자동 매수를 걸어놓고 TV나 보기 바란다. 만약 더 많은 돈을 벌고 싶다면 부업을 찾아보라. 투자금이 적은 사람일수록 주식투자에 신경 쓰는 것보다 노동소득으로 시드를 불리는 것이 좋다.

예를 들어보도록 하겠다. A는 주식에 1,000만 원을 투자했다. 1,000만 원으로 1% 수익을 내면 10만 원이다. A는 주말마다 배달 알바를 하거나 파트타임으로 일해 50만 원을 벌었다. 50만 원이면 1,000만 원 기준 5%를 버는 것이다. 그렇게 A는 자본소득 10만 원, 노동소득 50만 원을 벌었다.

B는 1억 원을 투자했다. 1억 원으로 1% 수익을 내면 100만 원이다. B도 파트타임으로 일해 50만 원을 벌었다. 1억 원 기준으로 0.5%를 번 것이다. 그렇게 B는 자본소득 100만 원, 노동소득 50만 원을 벌었다.

시드가 적은 A의 노동소득은 투자금의 5%이고, 시드가 많은 B의 노동소득은 투자금의 0.5%다. 이것이 바로 시드가 적은 사람은 노동으로 더 빠르게 원금을 늘려야 하는 이유다.

내가 주식시장에서 배운 5가지 원칙을 정리하면 다음과 같다.

1. 예측을 믿으면 안 된다.

2. 주식투자는 여유 자금으로 시작해야 한다.

3. 누군가에게 추천받은 종목을 가장 빨리 팔게 된다.

4. 주식은 감정 노동이다.

5. 원금이 적을수록 주식보다는 노동소득에 집중해야 한다.

창업자의 열정과 비전이 주가에 미치는 영향

주식투자에서 창업자는 '기업의 영혼'이라고 할 수 있다. 그들의 열정과 비전은 기업의 방향을 결정하고, 난관을 극복하며, 결국 시장의 신뢰를 얻어 주가에까지 영향을 미친다. 몇몇 창업자를 소개하도록 하겠다.

1. 웨인 후이젠가(Wayne Huizenga): 웨이스트 매니지먼트(티커: WM)

1968년 웨인 후이젠가는 폐기물 관리 산업의 가능성을 보고 웨이스트 매니지먼트를 창업했다. 당시 폐기물 처리는 분산되고 비효율적이었지만, 그는 이 산업을 표준화하고 통합해 효율성을 높이겠다는 목표를 세웠다. 초기에는 작은 트럭 한 대로 시작했지만, 지역의 작은 폐기물 회사를 인수하고 통합하는 전략으로 규모를 키워나갔다. 환경 규제와 지역 사회의 반발 등 여러 어려움이 있었지만, 첨단 기술 도입과 규제 준수를 통해 신뢰를 쌓았다.

웨이스트 매니지먼트는 후이젠가의 리더십하에 미국 최대의 폐기물 관리 회사로 성장했다. 투명한 경영과 안정적인 수익 창출로 투자자들의 신뢰를 얻었고, 이는 주가 상승으로 이어졌다.

2. 레이 크록(Ray Kroc): 맥도날드(티커: MCD)

1954년 밀크셰이크 기계 판매원이었던 레이 크록은 캘리포니아에서 작은 햄버거 가게를 운영하던 맥도날드 형제를 만났다. 그는 패스트푸드의 잠재력을 깨닫고, 신속하고 일관된 서비스를 제공하는 프랜차이즈 시스템을 구축하겠다는 목표를 세웠다. 초기에는 맥도날드 형제와의 의견 차이로 어려움을 겪었지만, 결국 브랜드를 인수해 자신의 비전을 실행해나갔다. 그는 품질 관리, 직원 교육, 공급망 구축 등 여러 측면에서 혁신을 도입해 맥도날드를 글로벌 프랜차이즈로 성장시켰다.

맥도날드는 전 세계적으로 사랑받는 브랜드가 되었고, 투자자들에게 많은 관심을 받았다. 맥도날드는 크록의 열정과 비전을 바탕으로 지속적으로 성장했고, 주가는 꾸준히 상승했다.

3. 하워드 슐츠(Howard Schultz): 스타벅스(티커: SBUX)

1981년 하워드 슐츠는 스타벅스에 합류한 뒤 이탈리아의 카페 문화에서 영감을 받아 커피를 통해 사람들에게 특별한 경험을 제공하겠다는 목표를 세웠다. 그는 단순한 커피 판매가 아닌, 커뮤니티와 문화를 형성하는 공간을 만들고자 했다. 경영진을 설득하지 못해 한때 회사를 떠나기도 했지만, 이후 스타벅스를 인수해 자신의 비전을 실현해 나갔다.

물론 그 과정이 순탄하지만은 않았다. 스타벅스는 빠른 확장으로 재정적인 어려움에 빠지기도 했다. 하지만 품질과 고객 경험에 집중해 고객들의 충성도를 확보했고, 이후 스타벅스는 전 세계에 수천 개의 매장을 운영하는 글로벌 브랜드로 성장했다. 스타벅스는 고객들의 신뢰와 높은 브랜드 가치로 안정적인 매출을 올렸고, 이는 투자자들에게도 긍정적인 신호로 작용해 주가 상승에 기여했다.

4. 리처드 페어뱅크(Richard Fairbank): 캐피털 원 파이낸셜(티커: COF)

1988년 리처드 페어뱅크는 캐피털 원 파이낸셜을 창업해 신용카드 산업에 혁신을 가져왔다. 그는 데이터 분석을 통해 고객별로 맞춤형 금융상품을 제공하겠다는 비전을 제시했다. 초기에는 기존 금융기관들의 보수적인 관행과 경쟁해야 했다. 그러나 빅데이터와 기술을 활용해 고객의 니즈를 정확히 파악하고 리스크를 관리함으로써 경쟁력을 확보했다. 또한 금융위기와 같은 어려운 시기에도 탄탄하게 리스크를 관리해 회사를 안정적으로 이끌었다.

캐피털 원 파이낸셜은 혁신적인 비즈니스 모델과 지속적인 성장으로 투자자들의 신뢰를 얻었다. 이는 주가 상승과 시가총액 증가로 이어졌으며, 지금은 S&P500에 포함된 주요 금융 기업으로 자리매김했다. 페어뱅크의 열정과 비전이 기업의 성공과 주가 상승에 직접적으로 영향을 미친 것이다.

창업자의 열정과 비전은 '난관을 어떻게 돌파하느냐', '시장을 어떻게 개척하느냐'에서 빛이 난다. 그러다 보니 주주들은 그 창업자를 믿고 투자하게 되고, 주가는 자연스럽게 따라온다. 전문 경영인을 섭외해 안정적인 운영을 추구하는 기업도 있고, 창업자가 전면에서 지휘봉을 잡는 기업도 있다. CEO도 회사에 꼭 필요한 리더지만, 창업자는 조금 다른 결을 지닌다.

첫째, 창업자의 마인드는 '이 사업을 왜 시작했는가'라는 근원에 뿌리를 두고 있다. 그렇기에 본질을 파악하는 통찰력으로 어려울 때 과감하게 결단을 내린다.

둘째, 창업자는 '모든 책임은 내가 진다'라는 자세를 가지고 있다. 돈이 부족해도, 시장이 좋지 않아도 회사를 지키기 위해 고군분투한다.

셋째, 창업자는 시장의 단기 변동에 덜 흔들리는 경향이 있다. 그들은 '내 비전이 옳다면 결국 시장이 따라온다'라는 신념을 가지고 있다. 그것이 제대로 맞아떨어지면 폭발적인 성장으로 이어진다.

물론 모든 창업자가 회사를 훌륭하게 운영하는 것은 아니다. 지나친 독단이나 확장 욕심으로 회사를 위기로 몰고 간 사례도 있다. 메타(구 페이스북)의 창업자이자 CEO인 마크 저커버그(Mark Zuckerberg)는 '메타버스가 미래다'라는 비전으로 사명까지 바꿨지만, 이는 메타에 큰 손실을 입혔다. 다행히 주가는 회복되었지만, 독점 플랫폼에 대한 저커버그의 비전은 회사를 망하게 할 뻔했다.

그럼에도 주식투자를 할 때 현재 창업자가 운영하는 기업을 한 번 더 보는 것은 '이 회사가 장기적으로 어디까지 갈 수 있는가'를 더 명확하게 파악할 수 있는 요소이기 때문이다. 투자자 입장에서는 단기 성적보다 기업의 지속 성장이 더 중요하다. 창업자는 단기 수치에 일희일비하기보다 회사를 영속시키는 목표를 갖고 있는 경우가 많다. 그래서 장기투자자들은 투자하려는 회사의 창업자가 누구인지, 어떤 비전을 가지고 있는지를 중요하게 생각한다.

정리하면, 다음 3가지 이유로 창업자를 주목할 것을 추천한다.

- 기업 본질의 이해
- 강력한 동기
- 혁신 리더십

앞서 이야기했듯, 모든 창업자가 회사를 훌륭하게 운영하는 것은 아니다. 전문 경영인이 훨씬 능력이 있는 사례도 있다. 그럼에도 창업자가 일으킨 회사가 오랫동안 빛을 발하는 사례가 많으므로 투자 결정 시 반드시 확인해볼 가치가 있다.

3장

장기투자,
왜 해야 하고
어떻게
해야 할까

01 장기적으로 주식투자를 해야 하는 이유

많은 사람이 장기투자를 해야 한다고 말한다. 그런데 왜 해야 하는지, 어떻게 해야 하는지에 대해서는 명확하게 답을 하지 못한다. 지금부터 주식투자를 왜 해야 하는지, 왜 장기적으로 해야 하는지 알아보자.

나는 직장인이자 1인 기업가다. 나는 늘 이런 생각을 한다.

'내 사업이 내년, 5년 뒤, 10년 뒤에도 계속 수익을 창출할 수 있을까?'

사업은 생각보다 어렵다. 기술이 빠르게 발전하고 경쟁업체가 늘어나면 내 사업 수익이 언제 떨어질지 모른다. 그래서 늘 불안하다.

이런 불확실성을 마주할 때면 '나보다 돈을 잘 버는 회사에 투자하면 어떨까?'라는 생각이 뒤따른다. 이때 ROE(Return on Equity)는 중요한 지표다. ROE란, 자기자본이익률로, 내가 투자한 자본 대비 얼마나 이익을 내고 있는지를 보여주는 지표다. 예를 들어 설명해보도록 하겠다.

1,000만 원을 투자해 사업을 시작했다고 가정해보자. 1년 후에 100만 원의 순이익이 발생했다. 이 경우 ROE는 어떻게 계산할까? ROE를 구하는 공식은 다음과 같다.

ROE=(순이익/자기자본)×100

순이익 100만 원, 자기자본 1,000만 원으로 ROE를 계산하면 10%[(100만 원/1,000만 원)×100]다. 즉, 투자한 자본 대비 10%의 수익을 올렸다는 뜻이다.

이 수치는 내 사업이 얼마나 효율적으로 돈을 벌고 있는지를 보여준다. 은행 예금이자나 다른 투자 수단과 비교해보면 더욱 명확해진다. 내 사업의 ROE 10%는 매우 좋은 수익률이다. 그런데 다른 기업들의 ROE가 15%라면? 이는 내 사업의 수익성이 상대적으로 낮다는 것을 의미한다.

그렇다면 ROE는 왜 중요할까? 내가 투자한 돈이 얼마나 효율적으로 사용되고 있는지 알 수 있고, 다른 투자 기회나 기업의 수익성과 비교할 수 있기 때문이다. 내 사업에 더 투자할지 아니면 주식투자 등 다른 방법을 고려할지 판단하는 데 도움이 된다.

쉽게 말해, 내 사업에서 나온 수익으로 나보다 더 잘 버는 곳에 투자하는 것이 낫다. 나보다 돈을 더 잘 벌고 오래갈 것 같은 마이크로소프트에 투자하면 어떨까? 현재 마이크로소프트의 ROE는 37.1%다. 1,000만 원을 투자하면 1년에 370만 원의 이익을 내는 셈이니 내 사업과 큰 차이가 있다. 그래서 나보다 사업을 더 잘하는 기업에 돈을 맡기면 이익을 얻을 가능성이 높다.

장기적으로 주식투자를 해야 하는 이유는 간단하다. 내 사업의 지속 가능성과 수익성을 따져보면 분명 한계가 있다. 그러니 내 직장보다, 내 사업보다 오래갈 대형 우량주나 ROE가 높은 기업에 투자하면 어느 정도 한계를 만회할 수 있다.

장기적으로 주식투자를 해야 하는 이유는 또 있다. 주식시장은 길게 보면 오르는 기간이 더 오래 유지되기 때문이다. S&P500지수를 예로 들 어보겠다. 다음 차트는 S&P500지수의 TR(Total Return, 배당금 재투자를 포함한 총수익률)로, 1963년부터 60년 동안의 수익률을 보면 차이점이 드러난다. S&P500은 미국의 500대 기업을 포함하는 주가지수인데, 이 지수가 시간 이 지나면서 어떻게 움직였는지를 보여준다.

차트에서 초록색 부분은 '불 마켓'이라고 불리는 상승장을 나타내고, 회색 부분은 '베어 마켓'이라고 불리는 하락장을 나타낸다. 과거 60년 간 주가가 크게 떨어진 시기가 여러 번 있었지만, 결국에는 모든 하락 을 딛고 사상 최고치를 새로 써왔다. 예를 들어, 가장 큰 상승 기간 중에 582.1%까지 지수가 오르기도 했다. 시간이 흐르면 주식시장은 결국 회 복하고, 더 높은 수준에 도달한다.

하락이 일어나도 마찬가지다. 결국 회복한다. 차트를 보면 시장이 크 게 하락한 적이 여러 번 있었다. 예를 들어, 2008년 금융위기 동안 지수 는 51.9% 하락했다. 하지만 그 후 시장은 회복되어 400.5의 상승을 기

나는 월급쟁이 배당 부자가 되었다

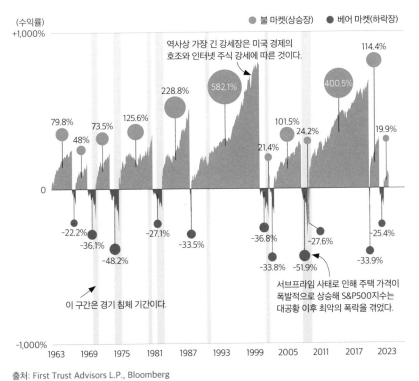

(수익률)

● 불 마켓(상승장)　● 베어 마켓(하락장)

역사상 가장 긴 강세장은 미국 경제의
호조와 인터넷 주식 강세에 따른 것이다.

+1,000%

114.4%

582.1%

400.5%

228.8%

125.6%

101.5%

79.8%

73.5%

48%

24.2%

19.9%

21.4%

0

-22.2%

-27.1%

-36.8%

-27.6%

-25.4%

-36.1%

-33.5%

-33.8%

-48.2%

-51.9%

-33.9%

서브프라임 사태로 인해 주택 가격이
폭발적으로 상승해 S&P500지수는
대공황 이후 최악의 폭락을 겪었다.

이 구간은 경기 침체 기간이다.

-1,000%

1963　1969　1975　1981　1987　1993　1999　2005　2011　2017　2023

출처: First Trust Advisors L.P., Bloomberg

록했다. 과거 데이터를 보면, 주식시장은 어려운 시기에도 결국에는 반

등해 더 높은 수익률을 제공하는 경우가 많다.

　하락장은 모두를 불안하게 만들 수 있지만, 장기적으로 보면 하락이

항상 이어지는 것은 아니다. 불 마켓의 평균 지속 기간은 51개월(약 4년)인

반면, 베어 마켓의 평균 지속 기간은 11개월에 불과하다. 즉, 시장이 오

르는 기간이 훨씬 더 길고 강하다. 그래서 장기적으로 투자할수록 하락

을 크게 걱정할 필요가 없다.

상승장과 하락장의 폭도 비교해볼 수 있다. 상승장은 평균 151.6% 상승하는 반면, 하락장은 평균 34.2% 하락한다. 그러니 하락이 발생해도 다시 회복하고 더 높이 오르니, 장기적으로 투자할 때 이익을 볼 확률이 높아진다.

이번에는 미국 주식투자 시 하루 뒤에 수익을 얻을 확률, 1개월, 1년, 5년, 10년, 20년 뒤에 수익을 얻을 확률을 비교해보자. 다음은 미국 주식을 보유한 기간 중 수익을 낸 비율을 하루부터 30년까지 비교한 차트다.

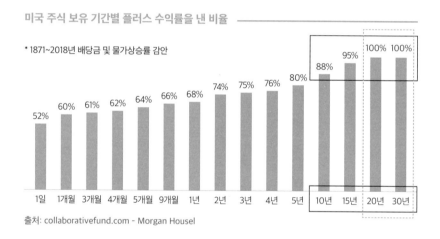

미국 주식 보유 기간별 플러스 수익률을 낸 비율

* 1871~2018년 배당금 및 물가상승률 감안

출처: collaborativefund.com - Morgan Housel

하루 뒤에 팔면 52%의 확률로, 1개월 뒤에 팔면 60%의 확률로 수익이 플러스가 된다. 1년이면 68%, 5년이면 80%, 10년이면 88%로 급격히 높아지고, 15년에는 95%, 20년에는 100% 확률로 플러스가 된다. 투자 시

나는 월급쟁이 배당 부자가 되었다

간이 길어질수록 손해를 볼 가능성이 낮아진다.

장기투자를 해야 하는 이유는 데이터뿐 아니라 우리의 생각 프레임에도 있다. 많은 사람이 돈을 현금으로 보유하는 것이 가장 안전하다고 생각한다. 정말 그럴까? 그렇지 않다. 물가는 계속 오르기 때문에 현금의 가치는 가만히 있어도 점점 떨어진다. 게다가 '현금은 가치 전달 체계일 뿐이고, 자산은 내게 돈을 벌어다주는 것'이라는 관점을 이해하면 시각이 크게 달라질 것이다.

현금은 그 자체로는 아무런 생산성이 없다. 우리가 현금을 보유하는 이유는 필요할 때 사용할 수 있는 편리한 가치 저장 수단이기 때문이다. 하지만 인플레이션 때문에 현금가치는 시간이 지날수록 계속 감소한다. 예를 들어, 20년 전 1만 원으로 살 수 있었던 물건은 지금 더 비싼 가격이 되어 있다. 현금은 시간이 흐르면서 점점 가치를 잃게 된다. 단순히 가치를 보관할 수 있는 역할을 할 뿐, 자산을 늘려주지는 않는다.

반면 주식이나 부동산처럼 생산 능력을 지닌 자산에 투자하면 기업 이익이나 임대 수익, 시세 상승 등을 통해 부가 늘어난다. 매년 5% 배당을 주는 주식에 1억 원을 투자하면 매년 500만 원을 받을 수 있다. 그리고 이 돈을 재투자하면 복리 효과가 작용해 더 큰 재산을 만들 수 있다. 그러므로 '현금은 언제든 쓰기 편한 도구'라는 시각으로 보기 바란다. 단기적으로 사용할 자산만 현금으로 보관하고, 나머지 자산은 주식, 부동산 등을 통해 굴려야 부가 커진다.

02
장기투자, 어떻게 해야 할까

장기투자를 하려면 안정적인 현금 흐름이 필요하다. 직장인의 경우, 월급이 기본적인 생활 기반이 된다. 하지만 월급은 영원하지 않다. 갑자기 소득이 끊기면 생존 본능이 작동하며, 장기적인 계획보다 당장의 생계를 걱정하게 된다.

예를 들어, 맹수가 앞에 있으면 사람은 먼 미래를 고민하지 않는다. 당장 살아남는 것이 우선이기 때문이다. 투자도 마찬가지다. 하락장에서 생활비를 감당할 안정적인 현금 흐름이 없다면, 패닉에 빠져 투자를 지속하기 어렵다.

부자들은 여러 곳에서 현금이 꾸준히 유입되도록 시스템을 만들어둔다. 부동산, 사업, 배당 등 다양한 수입원이 있어 한 곳에서 문제가 생겨도 다른 곳에서 보완이 되니 걱정할 필요가 없다. 덕분에 경제적 불확실

나는 월급쟁이 배당 부자가 되었다

성에도 흔들리지 않고 장기투자를 이어갈 수 있다.

일반 직장인도 이를 참고해 월급 외에 추가적인 현금 흐름을 구축해야 한다. 부업, 사업, 배당투자 등을 활용해 안정적인 수익원을 확보하면, 장기투자에 대한 심리적·재정적 여유가 생긴다. 결국, 꾸준한 현금 흐름이 있어야 경제적 불확실성에 흔들리지 않고 장기적으로 자산을 키울 수 있다.

매달 꾸준히 적립하라

장기투자는 '적립식 투자'가 기본이다. 적립식 투자는 매달 일정 금액을 꾸준히 투자하는 방식이다. 매달 일정 금액을 주식에 투자하면, 주가가 떨어질 때도 자동으로 추가 매수가 이루어져 평균 단가가 낮아지고, 주가가 오르면 보유 수량이 많아져 큰 수익을 기대할 수 있다. 이 방식은 감정에 휘둘리지 않는 '기계적 매수'를 가능하게 만든다.

장기투자의 적은 주가 등락에 요동치는 자신의 마음이다. 그래서 감정을 배제한 기계적인 투자가 장기투자에 도움이 된다. 특정 종목의 급등 알람 소리, 주식 분석가들의 종목 추천 등 휘발성 뉴스에 민감하게 반응하다 보면 감정에 휘둘려 손실을 볼 수도 있다.

장기투자를 할 때는 냉정하고 기계적인 매매가 중요하다. 불필요한 정보는 차단하는 것이 좋다. 게다가 정보가 많다고 좋은 수익률을 기록하는 것도 아니다. 그렇기에 초보자는 자율적인 판단보다 오히려 정제되고 통제된 적립식 투자 방식이 더 효과적일 수 있다.

장기투자를 하려면 트렌드를 따라서는 안 된다. 주식에는 '모멘텀'이라는 유행이 있다. 반짝 유행을 쫓아 급하게 투자하면, 이미 선점해 큰 수익을 챙긴 투자자들에게 물려 손해를 볼 가능성이 크다. 트렌드는 단기적으로 주목받을 수 있지만, 생각보다 먹을 게 없는 투자일 수 있으며, 주가가 내려가는 속도는 올라가는 속도보다 훨씬 더 빠르다.

장기투자는 단기 이슈에 지나치게 반응하지 않고, 안정적이고 꾸준한 부의 흐름을 만드는 과정이다. 현금 흐름을 확보하고, 감정에 휘둘리지 않으며, 지속적인 적립식 투자로 자산을 불리는 데 목적이 있다는 것을 기억하기 바란다.

소수점 투자와 적립식 투자를 하라

시대가 좋아졌다. 하루 1달러, 10달러씩 투자하는 소수점 투자도 생겼다. 소수점 투자나 적립식 투자를 하면 일일이 증권사 애플리케이션(이하 '앱')에 접속할 필요 없이 하루마다, 일주일마다, 한 달마다 투자하기 등의 방식으로 투자가 가능하다. 적은 금액으로도 투자가 가능하니 돈이 생길 때마다 계좌에 넣어두고, 자동적으로 일정하게 소수점 투자를 하면 증권사 앱에 접속하는 횟수를 극적으로 줄일 수 있다. 앞서 이야기했듯, 초보자에게는 자율보다는 통제가 필요할 수도 있다. 끊임없이 앱에 접속하는 등 본인 스스로 통제하기 어렵다면 소수점 투자, 적립식 투자를 세팅해 놓고 앱을 지우는 것도 하나의 방법이다.

왜 매달
나눠서 투자해야 할까

주식시장은 언제나 예측할 수 없는 흐름을 보인다. 장기적으로는 우상향하는 경향이 있지만, 단기적으로는 오랜 기간 정체되거나 하락하는 경우도 많다.

역사적으로 이러한 사례는 여러 번 있었다. S&P500지수의 실질 가격을 살펴보면 1929년대부터 현재까지 꾸준히 상승해왔지만, 중간중간 긴 정체 구간이 있었다. 1929년부터 1958년까지 29년간, 1960년대부터 1980년대까지 26년간 그리고 2000년부터 2013년까지 13년간 시장은 큰 폭의 상승 없이 머물렀다. 만약 한 번에 큰돈을 투자했다가 이러한 시기에 갇히게 되면, 장기간 수익을 내지 못하고 오히려 손실을 감내해야 할 수도 있다.

문제는 시장의 흐름을 정확히 예측하기란 거의 불가능하다는 것이다.

예를 들어, 2000년 IT 버블 당시 많은 투자자가 주가가 계속 오를 것이라 믿고 한꺼번에 투자했지만, 이후 13년 동안 수익이 정체되었다. 반대로 2008년 금융위기 때 공포심에 주식을 매도한 투자자들은 이후 찾아온 급격한 상승장에서 큰 기회를 놓쳤다.

이처럼 시장을 예측하는 게 어렵다면, 합리적인 대안은 일정 금액을 꾸준히 투자하는 것이다. 이를 '달러 코스트 에버리징(Dollar-Cost Averaging, DCA) 전략'이라고 한다. 매달 같은 금액을 투자하면, 시장이 상승할 때는 자산이 증가하고 시장이 하락할 때는 더 낮은 가격에 매수해 평균 매입 단가를 낮출 수 있다.

예를 들어, 2000년 IT 버블 시기에 전 재산을 투자했다면 13년 동안 수익이 없었을 것이다. 하지만 같은 기간 동안 매달 일정 금액을 투자했다면, 버블이 꺼진 후 낮은 가격에서도 꾸준히 주식을 사면서 장기적으로 유리한 포지션을 만들 수 있었을 것이다.

앞서 이야기했듯, 주식은 장기적으로는 우상향하지만, 단기적으로는 변동성이 크고 예측이 어렵다. 따라서 모든 돈을 한 번에 투자하는 것보다 시간을 내 편으로 만들어 꾸준히 투자하는 것이 훨씬 안전하고 효과적인 전략이다. S&P500의 장기적인 성장 흐름을 보면, 이러한 원칙이 결국 투자자에게 좋은 결과를 가져온다는 것을 알 수 있다.

4,500
4,000
3,500
3,000
2,500
2,000
1,500
1,000
500
0

13년간의 제로 수익

26년간의 제로 수익

29년간의 제로 수익

1905 1911 1917 1923 1929 1935 1941 1947 1953 1959 1965 1971 1977 1983 1989 1995 2001 2017 2013 2019(년)

── S&P500 실제 가격   ── 지수 성장 추세

출처: macrotrends.net

하락이 무서운 진짜 이유

주식시장에서는 누구나 하락을 경험할 수 있다. 하지만 하락이 무서운 진짜 이유는 단순히 자산이 줄어드는 것이 아니라, 복구하는 데 훨씬 더 큰 수익률이 필요하기 때문이다. 주가가 하락했을 때 원금을 회복하는 데 필요한 수익률은 단순 비례하지 않는다. 예를 들어, 20% 하락하면 25% 상승해야 하고, 30% 하락하면 42% 상승해야 한다. 만약 50% 하락한다면 100% 상승해야 원금을 회복할 수 있으며, 80% 하락하면 400% 상승해야 한다. 하락 폭이 커질수록 복구가 훨씬 더 어려워지는 구조다.

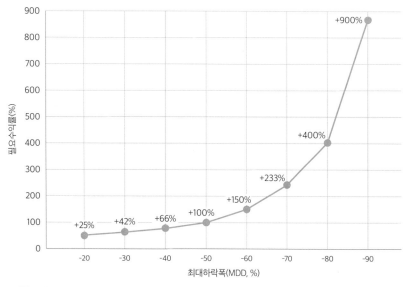

* 선형 스케일로 표현된 그래프임

    이러한 변동성을 줄이기 위해 매달 일정 금액을 투자하는 것이 효과적인 전략이다. 달러 코스트 에버리징 전략을 활용하면 한 번에 큰 금액을 투자해 고점에 매수하는 위험을 줄일 수 있다. 정기적으로 투자하면 가격이 높을 때도 사고, 낮을 때도 사면서 평균 매입 단가를 낮출 수 있다. 만약 한 번에 전액을 투자한다면 예상치 못한 하락장에서 큰 타격을 받을 수 있지만, 매달 일정 금액을 나누어 투자하면 시장의 변동성을 줄이고 장기적으로 더 안정적인 수익을 기대할 수 있다.

    주식시장에서는 하락을 피할 수 없다. 하지만 하락이 왔을 때 어떻게 대응하느냐에 따라 투자 결과가 크게 달라진다.

04 장기투자를 하려면 스스로를 알아야 한다

주식시장에서 큰 영향을 미치지만 가장 간과하는 부분이 있다. 그것은 바로 나를 아는 지식, 즉 메타인지다. 주식시장에 뛰어드는 사람은 모두 부자가 되고 싶다는 마음을 품고 있다. 그러나 얼마만큼의 부를 얻고 싶은지, 언제 은퇴할 것인지와 같은 구체적인 계획을 세워놓는 사람은 많지 않다. 그래서 매수·매도 타이밍을 잡기가 어렵고, 투자 방향도 크게 흔들리는 것이다.

주식시장에서 메타인지는 크게 4가지로 구분할 수 있다. 개인 미래 목표, 개인 재정 목표, MDD(Maximum Drawdown), 언더워터기간(Underwater Period)이 바로 그것이다.

① 개인 미래 목표

대중이나 미디어를 통해 주입된 미래가 아니라, 나와 가족이 원하는 비전을 의미한다.

'나는 어떤 상황에서 행복을 느끼는가?'

'나는 내 가족과 함께할 때 언제 가장 행복한가?'

이러한 질문들이 개인 재정 목표로 이어진다.

② 개인 재정 목표

사람들은 행복을 느끼는 데 필요한 금액을 마련하기 위해 주식투자를 한다. 이 금액이 개인 재정 목표다. 남들이 SNS, 유튜브 등에서 말하는 거액이 아니라, '나와 가족'이 행복해지기 위해 필요한 돈을 뜻한다. 각 가정이 원하는 금액은 전부 다르다. 그러나 공통된 목표가 있다.

첫째, 월급이 끊겼을 때를 대비해 최소 생활비를 확보해야 한다. 개인이나 부모님 용돈, 투자·저축 비용을 빼고, 실질적인 생활비, 공과금, 대출상환액을 합친 금액을 말한다. 월급을 500만 원 받아도 실제 최소 생활비용이 얼마인지 계산해보면 다르게 보인다.

나는 아이스크림, 치킨 같은 먹거리나 의류를 가족에게 부담 없이 제공할 때 행복을 느낀다. 절대 거창하지 않다. 다행히 배우자도 명품에는 관심이 없고 작은 즐거움에서 만족을 찾는다. 이러한 상황을 바탕으로 최소 생활비를 생각해보았다. 큰 지출 항목은 총 4가지였다.

투자지출	고정지출	변동지출	대출
부부 연금저축펀드	부부(개인) 용돈	주식투자	주택담보대출상환
부부 IRP	통신/관리비	가전/의류비	신용대출상환
부부 ISA	생활비	병원비	
	(양가) 부모님 용돈		
	보험료		

* 회색 부분: 비용 줄이기 어려움

생활비, 보험료, 주택담보대출상환, 신용대출상환은 줄이기 어려웠다. 이 4가지를 합치니 200만 원 정도였다. 즉, 우리 가족이 생존에 필요한 최소 생활비는 200만 원이라는 뜻이다. 이 정도만 있다면 주식투자가 망해도, 직장을 잃어도 가족이 굶주리지 않는다.

이 계산은 여러분이 감당할 수 있는 위험도를 측정할 때 도움이 된다. 최소 생활비를 알아야 내가 감당할 위험을 객관적으로 판단할 수 있다. 나는 이 계산이 반드시 필요하다고 생각한다. 주식투자를 하다 망해 가족에게 부정적인 영향을 미치면 그것만큼 불행한 일이 어디 있을까? 제대로 식사를 하지 못해 영양실조에 걸릴 수도 있고, 더 심하게는 가족이 뿔뿔이 흩어져 생활해야 할 수도 있다. 이런 상황에 처하지 않으려면 반드시 최소 생활비를 계산해볼 필요가 있다.

필요금액은 각 가족의 소득 수준이나 구성원 수, 생활 방식에 따라 달라진다. 사람마다 소득의 차이가 크고, 어떤 가족은 자녀가 있고 어떤 가족은 맞벌이를 하지 않는 등 상황이 다양하기 때문이다.

따라서 가족 구성에 따라 지출 항목을 어떻게 나눌지, 필요한 금액을 어느 정도로 설정해야 할지 예시를 통해 설명하고자 한다. 이러한 기준을 이해하면, 우리 가족에게 맞는 지출 계획을 세우는 데 큰 도움이 될 것이다.

3~4인 가족의 지출 항목

투자지출	고정지출	변동지출	대출
부부 연금저축펀드	부부(개인) 용돈	주식투자	주택담보대출상환
부부 IRP	통신/관리비	가전/의류비	신용대출상환
부부 ISA	생활비	병원비	
	(양가) 부모님 용돈		
	보험료		
	양육비		

* 회색 부분: 추가 항목

둘째, 자신의 꿈이 재정 목표가 되어야 한다. 꿈은 구체적일수록 좋다. 모호한 욕망은 대중의 욕망과 섞여 목표가 불분명해진다. 그러니 자신의 재정 목표를 명확히 설정해야 한다. 예를 들어보도록 하겠다.

- 어떤 지역에서 살고 싶은가?
- 어떤 아파트에 살고 싶은가?
- 어떤 차를 운전하고 싶은가?
- 1년에 여행을 몇 차례 가고 싶은가?

나는 월급쟁이 배당 부자가 되었다

- 은퇴 시점은 언제로 잡을 것인가?
- 매달 어느 정도의 현금 흐름을 원하는가?

인터넷이나 앱을 활용하면 원하는 지역과 아파트의 시세, 차량 가격, 여행 경비 등을 금방 알아낼 수 있다. 직장 선배들의 나이를 대조하면 은퇴 시점을 가늠할 수 있고, 평균적으로 쓰는 돈을 더 쓰거나 덜 쓸 계획을 세우면 전체 금액을 산출할 수 있다. 돈에 구애받지 않는 삶을 구체적으로 금액화해보기 바란다.

참고로 은퇴와 관련된 연구들이 공통적으로 말하는 핵심은 수익률이나 복리가 아닌 '저축률'이 은퇴 시기를 좌우한다는 것이다. 월급 대비 저축(투자)을 얼마나 할지가 결국 은퇴를 결정한다. 가능하다면 저축률을 50% 이상으로 끌어올려라. 예를 들어, 최저임금 수준인 209만 원을 벌고 있다면 104만 5,000원을, 300만 원을 벌고 있다면 150만 원을 저축하라는 뜻이다. 나는 한 달에 150만 원을 투자할 수 있게 되면 가난 탈출 속도가 빨라진다고 본다.

인플레이션 때문에 실제 구매력이 계속 떨어지므로, 이를 상회하는 투자 수익이 필요하다. 그래서 '인플레이션 맥스큐(Max-Q)=150'이라는 표현을 쓴다. 항공 분야에서 맥스큐는 '우주선이 지구를 탈출하기 위해 필요한 특정 속도'를 의미한다. 주식투자도 이와 비슷하다. 한 달에 150만 원 정도는 투자할 수 있어야 훌쩍 도약할 기회를 얻을 수 있다. 당장 이 정도 여력이 없어도 괜찮다. 1~2년 안에 150만 원 이상의 목표치를 달성하길 바란다.

재정 목표를 계산했더니 '순자산 15억 원, 월 현금 흐름 300만 원'이 필요하다고 가정해보자. 이때 많은 사람이 '배당금으로 300만 원을 마련하겠다'라고 생각하는데, 우리에게는 국민연금이라는 또 다른 자금원이 있다. 2024년 3월 통계에 따르면, 65세 이상 국민연금 수급자가 절반을 넘었고, 평균 수령액은 약 62만 원이라고 한다. 부부라면 124만 원가량을 수령한다고 볼 수 있다. 그렇다면 '월 300만 원 중 124만 원은 국민연금으로, 나머지 176만 원은 배당금으로 채우자'라고 계획을 세울 수 있다. 월 176만 원의 배당수익 목표가 생기는 것이다. 기초연금이나 주택연금도 있지만, 여기서는 국민연금과 배당금만 생각하도록 하겠다. 여기까지 생각했다면 노후 대비를 위한 주식투자 메타인지의 절반을 배운 것이다.

③ MDD

나머지 절반은 MDD와 언더워터기간이다. 우선 MDD는 '투자자산이 고점에서 얼마나 하락했는지'를 나타내는 지표다. 예를 들어, 특정 종목이 150만 원까지 올랐다가 80만 원으로 떨어졌다면, 최대 낙폭은 70만 원(약 46.7%)이고, 이것이 MDD가 된다.

그렇다면 대체 이걸 왜 알아두어야 하는 걸까? 첫째, MDD는 자신이 감당할 수 있는 최대 리스크를 재는 잣대로 활용할 수 있기 때문이다. '나는 MDD가 50% 이상 되는 종목은 감당할 수 없어'라고 생각한다면 투자 후보군에서 제외시킬 수 있다.

둘째, 주식의 MDD를 알면 진짜 위기 상황이 닥쳤을 때 대응 전략을 세우기가 훨씬 쉬워지기 때문이다. MDD가 20%일 때, 50%일 때 각각의 대응 전략을 세울 수 있다. 그러면 하락장이 와도 보다 편하게 투자할 수 있는 기초 체력을 만들 수 있다.

결국 MDD는 내 투자 포지션이 버틸 수 있는 한계와 심리적 안정 폭을 동시에 측정하는 도구다. 그래서 나는 'My MDD'라는 표현을 쓰기도 한다. 여기에는 다음 4가지 항목이 들어간다.

1. 감당 가능한 MDD 범위

2. 내가 감당할 수 있는 변동성

3. 마이너스 상태로 머무르는 기간(언더워터기간)

4. FOMO(Fear of Missing Out)를 견디는 방법

'감당 가능한 MDD 범위'는 종목이나 ETF를 선택할 때 핵심 지표가 된다. 투자 성향은 사람마다 다르다. 느리지만 꾸준히 오르는 주식을 좋아하는 사람도 있고, 떨어질 땐 크게 떨어지지만 오를 땐 폭발적으로 상승하는 종목을 좋아하는 사람도 있다. 다만, 어떤 종목이든 고점 대비 -50%나 -70%까지 폭락하면 그 주식에 대한 언론·커뮤니티 분위기가 부정적으로 돌아서니, 실제로는 견디기가 쉽지 않다.

다음 차트를 보자. 초록색은 SPY(S&P500 지수 추종 ETF)의 MDD, 검정색은 테슬라(TSLA)의 MDD다. 세로 축은 고점 대비 하락 정도를 나타낸다. 테

슬라는 SPY보다 낙폭이 훨씬 심하고, 2022년부터 2024년 말까지 3년간 고점을 회복하지 못한 구간이 있었다. 특히 2023년 1월 3일에는 -75.43%를 기록했는데, 1억 원을 투자했다면 2,500만 원만 남았다는 뜻이다.

SPY와 테슬라의 MDD

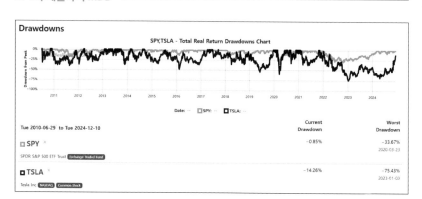

출처: totalrealreturns.com

이런 상황을 겪어보지 않고 책으로 이해하는 것은 무척 어렵다. 실제로 내 돈 1억 원이 2,500만 원이 된 상황을 상상해보라. 발 뻗고 잠을 잘 수 없을 것이다.

나 역시 많은 곳에서 MDD를 주의 깊게 보라는 조언을 들었지만 쉽게 생각했다. 그리고 그 대가는 너무나 고통스러웠다. 자신이 산 주식이 밑도 끝도 없이 떨어질 때가 있다. 주가가 떨어지는 와중에는 냉철하게 분석하는 것이 쉽지 않다. 실제로 자신의 돈이 걸려 있으면 훨씬 더 큰 심리적 압박을 느끼게 된다. 특히 성장주는 미래 기대감으로 가격이 오르다가, 시장 분위기가 바뀌면 크게 추락해 실적 수준까지 떨어질 수 있다. 그때가 단순한 거품 청산인지, 시장의 오해인지 판단하기 어렵다.

'하락할 때 매도를 해야 하나 아니면 저가 매수 기회로 봐야 하나' 고민하게 되는 시점이 바로 MDD가 크게 발생했을 때다. 이 판단은 해당 종목에 대한 믿음이 뒷받침되어야 가능하다. 매수한 회사가 비전이 있을 것이라는 생각이 들어야 버티거나 추가 매수 결정을 내릴 수 있다.

사람들은 변동성을 '주가가 출렁이는 정도'라고만 생각한다. 사실 변동성은 훨씬 무섭다. 20% 변동성은 1,000만 원 투자 시 200만 원이, 3억 원 투자 시 6,000만 원이 사라지는 일이다. 테슬라처럼 -75%를 맞는다면 1억 원에서 2,500만 원만 남게 된다. 이런 변동성을 감당할 수 있을까? 심지어 그 돈은 3개월 뒤 이사 갈 집의 전세 자금이라고 생각해보자.

④ 언더워터기간

사람들은 언터워터기간도 쉽게 놓친다. 언더워터기간은 이전 고점 대비 계좌가 마이너스 구간에 머무는 시간을 의미한다. 고점에서 저점으로 떨어지고, 다시 그 고점을 회복하기까지 걸리는 전체 기간을 말한다. 하락장에서 -30%, -40%가 되고, 그 상태가 1년, 2년, 5년 계속될 수 있다는 것을 아는 게 중요하다.

주식 초보자는 상승장일 때 시장에 뛰어드는 경우가 많다. 그래서 대부분 초기에 좋은 수익률을 기록하지만, 상승장은 하락장을 만들어내기도 한다. 하락장에서 물려 있을 때 해당 주식을 얼마나 보유할 수 있는지가 중요하다. 단순히 손실의 깊이(MDD)만 보는 것이 아니라, 그 마이너스 구간에서 얼마나 오래 머무르며, 적립식 투자로 해당 주식과 동행할 수 있는지도 중요한 요소라는 뜻이다. 단순히 MDD가 낮다고 해서 뛰어드는 것이 아니라, 계좌가 얼마나 오랜 시간 잠겨 있는지를 스스로 파악해야 한다.

예를 들어, 내가 QQQ(나스닥100 추종)를 메인으로 투자하지 않는 이유는 언더워터기간 문제와 관련이 있다. QQQ의 언더워터기간은 1994년 11월 9일에 1,138.75로 정점을 찍었다가 떨어져 2005년 9월 7일에 1,142.99로 고점을 겨우 회복했다. 무려 10.8년이 걸렸다. 대부분의 투자자는 10년 넘게 이어지는 마이너스 상태를 견디기 힘들다.

나스닥100지수와 축소량&언더워터 커브 변화 곡선

출처: 야후 파이낸스(기준일: 1989년 1월 5일)

나는 월급쟁이 배당 부자가 되었다

3년 동안 각각 30%의 하락을 버티는 것은 쉬운 일이 아니다. 좀 더 이해하기 쉽게 설명하도록 하겠다. 2000년 -36.11%, 2001년 -33.34%, 2002년 -37.37%로, 3년 동안 30%대 하락을 맞으면 1년에 내 돈이 3분의 1씩 날아가는 것이다. 1억 원을 투자했다면 1년 뒤에는 6,666만 원, 2년 뒤에는 4,444만 원, 3년 뒤에는 2,962만 원이 남아 있는 것이다.

스스로에게 진지하게 질문해보기 바란다.

'3년 동안 -30%를 버틸 수 있는가?'

'1억 원이 3년 뒤에 2,962만 원이 되어 있어도 믿음이 있을까?'

이 질문에 '네'라고 답한다면 조금 더 공격적으로 투자해도 좋다. 하지만 그게 아니라면 나스닥보다는 S&P500이 더 마음 편한 우상향 공식이 될 수 있다. 나의 조급증은 몇 년짜리인지 주식시장에서 셀프 테스트해보아야 한다.

이렇게 자신이 감당할 수 있는 MDD와 언더워터기간을 알면 투자할 수 있는 주식이나 ETF가 많이 줄어든다. 투자할 종목이 줄어드는 건 오히려 좋다. 너무 많은 선택지에서 방황하지 말고 정리된 종목 안에서 선택과 집중을 하면 된다.

앞서 이야기했듯, 나도 여러 개별 주식에 투자해보았고, 고점에서 MDD만큼의 하락을 크게 맞아본 적이 많다. 페이팔, 로블록스는 한때 많은 사람에게 사랑받았지만, 지금은 전고점을 넘지 못하고 있다. 길게 1년, 2년 이상 회복을 하지 못하니 '이 회사가 정말 성장할까?' 하는 의문이 생긴다.

지금 우리는 주식시장에서 살아남기 위해 장기투자가 필요한 이유와 자기 자신에 대해 알아보고 있다. 내가 생각하기에는 마음 편한 투자가 장기투자로 이어질 가능성이 크다. 즉, 투자 후에도 마음이 편안한 금액과 종목을 찾아야 한다. 투자 시 중요한 질문 중 하나는 바로 이것이다.

'마음이 편안한가?'

이 질문은 많은 의미를 담고 있다. 첫째, 마음이 편안해야 투자 결정을 내릴 때 흔들리지 않는다. 즉, 단기 변동성에도 불안해하지 않고, 자신이 믿는 기업이나 ETF 그리고 시장을 끝까지 믿고 버틸 수 있다.

둘째, 편안함은 기회비용을 줄여준다. 마음이 불안하면 잘못된 판단을 내리기 쉽고, 주가 하락 시 공포 매도나 잘못된 매매로 연결되어 장기수익률이 낮아질 수 있다.

셋째, 개인 성향에 맞는 편안한 투자처와 규모를 찾으면 장기적인 안목을 유지하기 쉬워진다. 예를 들어, 나는 감당할 수 있는 MDD가 낮은데, 변동성이 높은 2배, 3배 레버리지에 전부 투자하면 삶의 균형이 무너질 수 있으니 자신에게 맞게 조절해야 한다.

같은 의미로 주식투자는 현재 생활 방식에 지장을 주어서는 안 된다. 개별주에 집중적으로 투자하든, 배당성장주에 투자하든, 분산투자하든 자신의 생활 패턴을 심각하게 바꿀 만한 요인이 있다면 잘못된 것이다.

만약 어떤 종목에 집중적으로 투자했더니 생활 패턴이 너무 바뀌고, 대출을 심하게 늘려 매일 밤 잠이 오지 않는다면 잘못된 선택일 가능성이 크다. 실제 생활비나 인간관계가 압박을 받으면 투자 판단력도 흐려지고, 마이너스 변동성에 대한 불안이 더 커진다. 반면 일상을 평온하게 유지하면 '주식투자를 취미나 배움의 기회'로 삼을 수 있고, 책을 읽으며 지식을 쌓고 시장 흐름을 배울 여유가 생긴다.

블랙스완을 기억하기 바란다. 오래전 유럽에서는 '모든 백조는 하얗다' 라고 믿었다. 유럽 사람들이 보았던 백조는 전부 흰색이었기 때문이다. 그런데 1697년 호주에서 '검은 백조(블랙스완)'가 발견되자 사람들은 큰 충격을 받았다. 그때부터 '절대 일어날 리 없다고 믿었던 일이 실제로 일어났다'라는 뜻으로 '블랙스완'이라는 표현이 생겨났고, 미국의 경제학자 나심 니콜라스 탈레브(Nassim Nicholas Taleb)가 이 역사적인 사건을 은유로 차용했다.

만에 하나라는 일은 언제든 발생할 수 있다. 주식시장에서는 우리가 예상하지 못했던 일들이 자주 발생하곤 한다. 시장은 우리의 예상 범위를 쉽게 벗어난다. 예측 불가능한 사건은 늘 도사리고 있다. 누가 코로나19가 전 세계를 혼란에 빠뜨릴 것이라고 생각하기나 했는가? 한국 계엄령 사태를 예측한 사람이 있었는가? 대비는 손실 최소화의 핵심이다. 생존이 가능해야 수익도 가능하다. 따라서 긴급 자금이나 포트폴리오 다변화 같은 안전장치들이 필요하다. 블랙스완을 염두에 두면 자신만의 리스크 관리 프레임을 견고하게 구축할 수 있고, 장기투자 성공률을 높이는 안전장치로 활용할 수 있다.

장기투자를 하기 전에 버려야 할 3가지 착각

장기투자를 하기 전에는 반드시 3가지 착각에서 벗어나야 한다. 하나씩 알아보자.

1. 모든 주식이 같다고 생각한다

많은 주식 초보자가 고수가 매수한 종목을 그대로 따라 살 때 이런 착각을 하곤 한다. 유명한 사람이 코카콜라를 사면 본인도 매수한다. 이때부터 주식투자가 꼬이기 시작한다. 종목 티커만 KO로 같을 뿐, 나머지는 다르기 때문이다. 우선 고수의 매수 가격과 나의 매수 가격이 다르다. 고수는 30달러에 샀는데, 나는 50달러에 샀다면 마이너스 구간의 폭이 달라진다. 고수의 매도 시점을 모르고, 내 매도 기준도 분명하지 않다. 멋

나는 월급쟁이 배당 부자가 되었다

진 사람이 탄 기차에 올라탔는데 그가 언제 내릴지, 어떻게 내릴지 알지 못한 채 냅다 따라 탄 걸 뒤늦게 깨닫고 결국 후회하게 된다.

게다가 고수는 자신의 자산 비중에서 퍼센티지를 정해 매수하는 반면, 초보는 포트폴리오 측면으로 생각하는 힘이 아직 미약하다. 코카콜라의 주가가 30% 떨어졌다면 포트폴리오의 1% 비중으로 담은 것과 포트폴리오의 100%를 담은 것은 체감하는 손실의 무게가 다르다.

또한 고수와 초보는 기존 현금 흐름도 다르다. 월급이나 부업, 다른 머니 파이프라인이 있는 경우, 마이너스 구간이 되었다 해도 추가적으로 투자 여력이 있지만, 대부분의 초보는 월급이 전부다. 그러면 조급함은 배가 된다.

마지막으로, 주식투자에 실패했을 때 초보는 플랜 B, C 등의 대비책을 가지고 있는 경우가 많지 않다. 주식투자가 성공해 주가가 올랐을 때 초보는 적은 수익에 만족해 금방 매도 버튼을 눌러버린다. 하지만 고수는 5배, 10배 수익을 올릴 수 있도록 앞으로의 추이를 분석해 투자 방향을 결정한다.

실제 예시가 있다. 1988년 워런 버핏은 자신의 투자 회사 버크셔 해서웨이를 통해 코카콜라의 주식을 매입했다. 그 당시 주가는 단돈 몇 달러였지만, 지금은 61달러가 되었다. 수익률은 1,000만%가 넘으며, 버핏은 매년 코카콜라에 투자한 금액의 50%를 배당금으로 받는 것으로 알려져 있다. 시가배당률이 50%가 넘는 셈이다. 그런 코카콜라에 우리가 투자한다면 배당률 3%에서 시작하고, 수익률이 10%가 넘으면 매도를 고민할

것이다. 코카콜라의 경쟁사인 펩시코가 더 매력적으로 보일 때도 매도를
고민할 가능성이 크다.

이런 이유로 티커가 같아도 각자의 손에 주식이 들어온 순간, 다른 주
식이 된다. 그러니 고수가 매수한 주식은 참고만 하기 바란다.

2. 자산 증식이 투자 목적이다

많은 초보 투자자의 투자 목적은 자산 증식이다. 그래서 포트폴리오가
상당히 공격적이다. 그 이유는 매우 간단하다. 주식을 처음 접하는 사람
들은 주식시장이 환호할 때 그 세계에 발을 들인다. 반대로 하락장에서
피바람이 불 때는 주식이 위험한 것이라 생각하며 발을 들이지 않는다.

초보 투자자들은 각종 뉴스와 기사에서 신고가를 갱신했다는 소식과
주변 사람이 주식으로 큰돈을 벌었다는 이야기를 들으면 조급해한다. 그
래서 부랴부랴 주식투자를 시작한다. 그 시기는 대체로 상승장이다. 즉,
그들의 경험은 상승장밖에 없으며, 주식을 살 때마다 오르는 경험을 하
는 경우가 많다. 그래서 '어쩌면 나는 투자의 신이 아닐까' 하고 생각하기
도 한다. 이것은 초심자의 행운이다. 그들은 그 시기에 더욱 공격적으로
자산을 운용한다. 지수 추종 ETF에서 벗어나 성장주를 샀다가, 지금은
미약하지만 언젠가는 크게 발전할 것이라 믿는 기업에 투자한다(이는 내
이야기이기도 하다).

그런데 모두가 환호하던 분위기가 식고 시장이 하락장으로 변하면 초

보 투자자들은 크게 당황한다. 지난주까지만 해도 이익을 내던 보유 주식들이 상승 속도보다 훨씬 빠른 속도로 퍼렇게 수직 하강하니 정신이 혼미해진다. 그리고 그제야 왜 하락장에 대비해야 하는지, 왜 현금을 챙겨두어야 하는지, 왜 기대수익률은 시장수익률을 넘기기 힘들다고 하는지 깨닫는다.

하락장을 겪은 대부분의 주식 초보자는 -30%, -50%의 손실만 남기고 주식시장에서 쓸쓸하게 퇴장한다. '주식을 하면 패가망신한다'라는 말이 사실이었다고 되뇌이면서 말이다. 그리고 그들은 주변 사람들이 주식투자를 하겠다고 말하면 극구 말린다.

하지만 험난한 파도 한가운데서도 물러서지 않고 남는 사람들이 있다. 그들은 자신이 시장에서 놓쳤던 부분을 차분히 되돌아본다. 그들은 시장 앞에서 겸손해지고, 기대수익률을 시장수익률로 맞추면서 과도한 기대를 버린다. 강세장, 횡보장, 하락장을 이해하고 투자 방향을 조정한다. 그렇게 자산 성장에 초점을 두던 시선을 자산을 지키는 쪽으로 옮기고, 주식시장에서 생존하기 위해 부단히 노력한다.

3. 시장을 예측하려 한다

두 번째 착각과 비슷하다. 주식 초보자들은 상승장에서 시장에 참여했으니, 사는 주식마다 오를 확률이 높다. 상황이 이러하면 그들은 의기양양해진다. 애널리스트들의 예측이 자신의 예측인양 다른 사람에게 떠들기도 한다. 물론 실제로 예측한 것이 몇 차례 맞을 수도 있다. 사람들은 틀린 예측은 잊어버리고 맞힌 예측만 기억하기 때문에 과도하게 자신감을 가질 때가 많다.

지금쯤 예상했겠지만, 예측이 성공할수록 위험해질 가능성이 크다. 횡보장과 하락장에선 예측이 맞지도 않고, 주식시장은 하락장과는 다른 메커니즘으로 움직인다. 철저히 실적을 보고 움직이며, 상승장에서의 트렌드와 테마들은 하락장에서 더 큰 타격을 입고 추락한다. 자신이 생각했던 것과 다른 움직임을 보이면 패닉에 빠질 수 있다.

시장에는 여러 이벤트가 갑자기 터질 수 있다. 전쟁, 정치 이슈, 환율 급변 등 예측 불가능한 외부 변수가 항상 존재한다. 뉴스는 더욱 암울한 미래를 전망하고, 사람들은 주식투자자를 '바보'라고 부른다. 이러한 상황에서 버틴 사람들은 이 말의 의미를 깨닫는다.

'예측이 아닌 대응을 하라.'

지금까지 이야기한 3가지 착각을 걷어내면 더 나은 선택을 할 수 있다. 장기투자 시스템을 만들려면 현재 주식시장이 어떤 상태인지 거시적으로 알아보는 안목이 필요하다. 거시적으로는 앞서 이야기한 주가 방향을 결정짓는 3가지 요소, 즉 금리, 환율, 석유를 살펴야 한다.

이 요소들은 돈의 흐름을 보여준다. 돈은 금리가 낮은 곳에서 금리가 높은 곳으로 움직인다. 국제 정세가 위험하거나 위기 상황일 때는 안정적인 돈이 있는 곳으로, 기축통화인 달러로 사람들이 몰려간다. 전쟁이

나 국지적인 전투가 일어나면 강달러가 되고, 안전자산인 엔화에도 돈이 모인다. 그러면 상대적으로 다른 국가의 화폐가치는 낮아지고, 환율 변동이 일어난다.

경제 발전 속도가 빨라지면 사회 전반적으로 석유를 많이 필요로 한다. 역으로 석유를 많이 수입할수록 경제가 활성화된다고 이해할 수 있으며, 경제가 살아날수록 해당 국가나 기업으로 투자금이 모인다. 석유 가격이 급등하거나, 환율이 급등하면 각 나라의 중앙은행은 금리를 내리는 등 유동성을 공급해 물가를 안정시키기 위해 노력한다.

이렇듯 금리, 환율, 석유는 돈의 흐름과 인플레이션을 가늠하게 한다. 이런 흐름을 이해하면 '이 시점에는 무리하지 말아야겠다', '지금이 저렴하게 살 기회일 수도 있겠다'와 같이 판단할 수 있게 된다. 3가지 요소를 추적하다 보면 국제 정세 또한 경제와 영향이 있음을, 국가 내 물가 안정과 영향이 있음을 알게 된다.

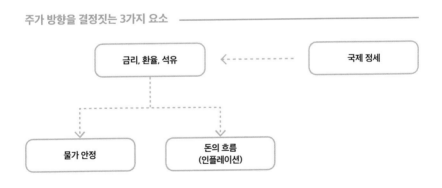

주가 방향을 결정짓는 3가지 요소

이런 거시경제의 맥락을 이해하고, 섹터를 이해하고, 개별 기업을 분석하는 방식을 '탑다운 투자 방식'이라고 한다. 반대는 '바텀업 투자 방식'이다. 바텀업 투자 방식도 이해하기 쉽다. 만약 여러분이 테슬라에 투자했다면, 이런 생각의 흐름을 가졌을 것이다.

뉴스에 일론 머스크(Elon Musk)가 자주 등장하고, 도로에 테슬라 차량이 많이 보인다. 주변 사람들도 테슬라에 대한 이야기를 주고받는다. 분위기가 좋으니 테슬라의 비즈니스 모델과 재무제표를 살피고 머스크에 대해 공부한다. 그리고 전기차 시장의 과거와 현재, 미래를 보며 이 섹터가 앞으로도 비전이 있는지, 돈을 벌어다줄 것인지 판단하고, 거시경제의 상태를 파악한 뒤 투자에 나선다. 어떤가. 몇 가지가 생략되었다 해도 비슷한 생각의 흐름을 가지지 않았는가?

개별 기업부터 관심을 갖고, 산업 섹터, 거시경제 분석 순으로 파악한 뒤 진행하는 투자가 정석적인 바텀업 투자 방식이다. 바텀업 투자 방식은 시장이나 거시경제를 중요하게 생각하지 않는다. 시장은 그저 여러 집단이 모인 허상일 뿐이라고 생각한다.

탑다운 투자 방식이든 바텀업 투자 방식이든 결국 현재의 주식시장과 돈의 흐름이 어디로 가는지 이해해야 자신의 장기투자 시스템과 전략을 구체적으로 세울 수 있다. 다만, 이런 과정이 너무 복잡하고 힘들게 느껴진다면 배당투자가 대안이 될 수 있다. 배당투자는 이런 공부에서 비교적 자유롭다. 배당투자의 장점 중 하나는 공부를 '덜' 해도 된다는 것이다.

주식투자할 때 행복해지는 방법

갑자기 주식 책에서 '행복'이라는 키워드가 나오니 의아하겠지만 우리의 목적을 떠올리며 한 번씩 점검할 필요가 있다. 주식투자로 돈을 벌면 무엇이 하고 싶은가. 원하는 물건을 사고, 편리한 서비스를 이용하고, 가족과 좋은 시간을 보내고 싶을 것이다. 궁극적으로 행복해지기 위해 투자를 하는 건데 정작 주식투자는 종종 본질을 잊고 길을 헤매곤 한다. 주변을 둘러보면 시세 변동에 일희일비하는 투자자가 많다. 그런 분들에게 조금이라도 도움이 될 만한 팁을 소개하도록 하겠다.

1. 절대 비교하지 마라.
비교하지 않는 것만으로도 행복할 수 있다. 모든 불행은 비교와 기대에서 시작된다. 주식투자를 할 때도 마찬가지다. 수익률를 비교하는 행위는 자제해야 한다. 주식투자를 할 때는 수익률, 위험, 투자 성향, 은퇴 계획 등을 모두 고려해야 하는데, 오직 수익률만 놓고 비교하면 다른 요소들을 무시하게 된다.
예를 들어, QQQ로 10% 수익을 냈는데, 지인이 3배 레버리지 상품인 TQQQ로 30% 수익을 올렸다는 소식을 들었다고 가정해보자. 사실 내가 낸 10% 수익도 결코 나쁜 성과는 아니지만, TQQQ의 수익률을 보니 괜히 초라하게 느껴지고, 결국 무리해서 TQQQ에 손을 대게 된다. 흔히 하는 실수다.
이때 사람들은 TQQQ가 훨씬 변동성이 크다는 점과 손실 발생 시 대응책이 있는지 등을 생각하지 않는다. 그저 수익률을 따라잡겠다는 마음으로 모든 걸 걸고 투자하면 절대 좋은 결과를 얻을 수 없다. 변동성이 큰 상품은 -30%에서 멈추지 않는다. -50%, -80%까지도 순식간에 하락할 수 있다.
그래도 비교하고 싶다면 수익률이 아닌 다음 3가지를 비교하기 바란다.

① 과거 배당금과 현재 배당금을 비교하라.
배당투자는 궁극적으로 배당주 수량 늘리기와 배당금 불리기가 목표다. 작년 대비 올해 몇 퍼센트 성장했는지를 비교하면, 내 노동소득이 배당 시스템을 키웠다는 긍정적인 기분을 느낄 수 있다.

② 시장수익률과 내 포트폴리오의 수익률을 비교하라.

보통 시장수익률은 S&P500지수를 의미한다. 이 지수를 추종하는 VOO와 1~2년 정도 비교해보고, 시장수익률을 쫓아가지 못한다면 포트폴리오를 건설적으로 바꿀 기회로 삼아라. 그리고 과거 대비 현재 내 수익률을 따져보고, 그 수익률이 투자 중에도 발 뻗고 잘 수 있는 편안함을 주는지 확인하라.

③ 특정 주식, ETF와 비교하지 마라.

항상 특정 기간에 고수익을 내는 ETF나 주식이 있다. 각종 미디어에서는 이런 종목들이 좋은 수익률을 거뒀다고 말하며, 지금 당장 올라타야 한다고 부추긴다. 하지만 투자 기간을 3개월, 6개월, 1년, 3년, 5년으로 넓혀 보면, 지속적으로 높은 수익을 주는 종목은 거의 없다. 주도주는 항상 바뀌고, 테마 역시 계속 이동한다. 같은 AI 테마 안에서도 소프트웨어에서 하드웨어로 그리고 전력망 쪽으로 빠르게 옮겨간다.

2. 주식투자 앱을 너무 자주 들여다보지 마라.

주식투자 앱에 들어가지 않는 것이 수익률을 올리는 방법이다. 월급 자동이체, 주식 모으기 등으로 자동 투자 시스템을 만들고 앱을 지우거나 휴대폰 배경화면에서 숨겨라. 앱에 자꾸 들어간다고 수익률이 올라가지는 않는다. 주식에 투자했다면 이후 시간은 본업이나 부업에 투자하는 것이 좋다. 그것이 생산성 높은 생활 방식이고, 마음이 편해지는 길이다.

3. 투자 이유가 명확하면 '보유'에 집중하라.

정보가 많다고 늘 좋은 것은 아니다. 내가 투자한 종목이 갑자기 급락했다고 이런저런 뉴스를 살피다 보면 판단력이 흐려지곤 한다. 물론 꼭 필요한 정보도 있겠지만, 처음 투자를 하기로 한 이유가 명확하다면 좀 더 신중하게 접근하는 것이 좋다. 지나치게 빠르게 반응하면 오히려 실수를 하게 된다.

4. 후회하지 마라.

'그때 그 주식 살 걸'과 같은 태도는 전혀 도움이 안 된다. 이미 로켓을 타고 솟아오른 주식은 내 것이 아니었음을 인정하는 것이 속 편하다. 그 수익은 과거에 투자해 묵묵히 보유한 사람의 몫이고, 우리는 다음 로켓을 찾아 기회를 준비하면 된다. 로켓을 타

나는 월급쟁이 배당 부자가 되었다

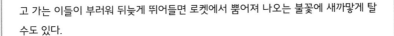

고 가는 이들이 부러워 뒤늦게 뛰어들면 로켓에서 뿜어져 나오는 불꽃에 새까맣게 탈 수도 있다.

5. 감당할 만큼만 리스크를 져라.

자신의 MDD와 언더워터기간을 파악하고 그에 맞게 투자하라. 가장 위험한 건 원금을 날리는 행위다. 그렇다면 왜 그렇게 원금이 중요한 걸까? 이유는 간단하다. 1억 원을 투자했는데, 몽땅 날렸다고 생각해보라. 만약 그 1억 원이 존재했다면 해마다 7%만 벌어도 연간 700만 원이다. 월급 2개월 치와 맞먹는 수입이다. 원금을 날리면 내 노동력만 남는다. 심지어 150만 원씩 5년을 벌어야 다시 1억 원이라는 숫자가 만들어진다. 금액을 좀 더 키워 3억 원을 날렸다고 생각해보자. 그 상실감과 절망감은 삶을 무기력하게 만들 것이다. 이것이 바로 워런 버핏이 "투자의 제1 원칙은 원금을 지키는 것이고, 제2 원칙은 제1 원칙을 지키는 것이다"라고 말한 이유다. 그러니 감당할 만큼만 리스크를 지기 바란다.

주식투자를 할 때는 하지 말아야 할 일을 하지 않는 것만으로도 성공에 가까워질 수 있다.

4장

미국 주식투자, 제대로 시작하자

왜
미국 주식인가

나는 내 노후를 위해 미국 주식을 택했다. 그 배경에는 '내가 돈을 맡기는 시장이 믿을 만한가?'라는 질문이 있었다. 물론 한국시장에도 훌륭한 기업이 많지만, 기축통화, 기술 패권, 혁신이라는 3가지 축을 놓고 봤을 때 미국이 더 매력적으로 느껴졌다.

미국은 배당에 진심인 나라다. 전 세계 1등 기업이 많고, 사기를 당할 확률이 현저히 낮다. 시장 규모는 전 세계의 42.5%나 된다. 반면 한국시장은 2% 남짓이다. 미국시장에 투자하면 자연스럽게 달러자산을 보유하게 된다는 점도 안심이 된다.

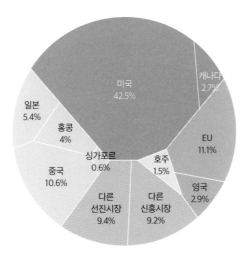

출처: visualcapitalist.com

다만, 영어로 정보를 찾아야 한다는 점과 주식 매매 차익에 22%의 양도소득세가 붙는다는 점은 미리 알아두는 것이 좋다. 그래도 영어는 티커 정도만 알아도 투자하는 데 전혀 문제가 없고, 1년에 250만 원까지 비과세이며, 장기투자·연금 계좌·명의 분산 등으로 얼마든지 세금을 아낄 수 있다.

그럼 지금부터 내가 미국 주식을 선택한 3가지 이유, 기축통화, 기술패권, 혁신에 대해 좀 더 자세히 이야기해보도록 하겠다.

전 세계 무역과 금융에서는 달러를 공통 언어로 쓰고 있다. 이 때문에 경제위기가 닥치면 달러가 안전자산 구실을 하며 더 탄탄해지는 모습을 보이기도 한다. 양적완화로 달러가 풀릴 때도 '그래도 달러만 한 게 없다'

라는 인식이 강해 미국시장에 머무는 자금이 상당하다.

달러는 기축통화로서의 지위를 유지하면서 글로벌 경제에 안정성을 제공하고, 미국 주식투자 역시 세계 경제 흐름과 밀접하게 연결된다. 물론 미국이 달러를 발행하며 통화량을 늘릴 경우 달러의 가치가 하락할 위험이 있다. 그러나 기축통화로서의 지위 덕분에 가치가 유지되거나 오히려 강세를 보일 때가 많다.

미국은 기술 패권을 쥐고 있다. 기술 패권은 특정 국가가 첨단 기술 분야에서 선도적 위치를 차지하며 세계 경제를 주도하는 것을 말한다. 미국은 기술 패권의 역사에서 꾸준히 선도적인 역할을 해왔다. 예를 들어, 20세기 중반에는 컴퓨터와 인터넷 기술의 발전을 이끌었고, 최근에는 인공지능(AI), 클라우드 컴퓨팅, 바이오테크 등 여러 혁신적인 기술을 선도하고 있다.

미국은 지속적인 기술 혁신과 패권 유지를 통해 세계 경제와 정치 질서를 주도해왔다. 앞으로도 그 지위를 유지하고 강한 영향력을 펼치기 위해 노력할 것이다.

미국에서는 혁신이 쉼 없이 일어난다. 전기차, 인터넷, 항공기, 전구 등 역사적인 발명품은 대부분 미국에서 탄생했고, 지금도 수많은 스타트업이 새로운 기술을 선보이고 있다. 혁신이 생기면 돈이 몰리고, 그 돈은 주가를 끌어올려 투자자에게 보상을 안긴다. 나를 비롯한 개인투자자도 그 거대한 파도에 올라탈 수 있다.

미국의 혁신 기업들은 새로운 시장을 창출하고, 지속적인 경제 성장을 가능하게 만든다. 따라서 미국 주식투자는 이런 혁신의 혜택을 누릴 수 있는 기회다. 앞으로도 수년에 한 번씩 혁신이 일어난다면, 더 많은 돈이 미국시장에 몰릴 것이다. 미국시장에 참여하는 것만으로도 혁신의 수익을 나눠 가질 수 있다.

  기축통화, 기술 패권, 혁신은 서로 긴밀하게 연결되어 있다. 기축통화인 달러는 미국의 경제적 안정성을 뒷받침하고, 기술 패권은 지속적인 경제 성장을 지원하며, 주기성을 가진 혁신은 돈을 폭발적으로 키워내며 미국시장으로 돈이 몰리게 하고 있다. 이렇게 3가지 요소가 맞물리면 '미국은 성장 가능성이 매우 높다'라는 결론에 도달하게 된다. 한마디로, 미국시장이 한국시장보다 돈 벌기가 훨씬 쉽다.

미국 주식투자의 3가지 핵심 기반

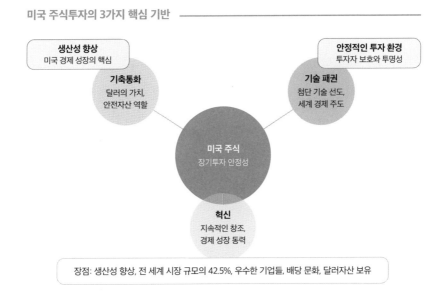

생산성 향상
미국 경제 성장의 핵심

안정적인 투자 환경
투자자 보호와 투명성

기축통화
달러의 가치,
안전자산 역할

기술 패권
첨단 기술 선도,
세계 경제 주도

미국 주식
장기투자 안정성

혁신
지속적인 창조,
경제 성장 동력

장점: 생산성 향상, 전 세계 시장 규모의 42.5%, 우수한 기업들, 배당 문화, 달러자산 보유

미국 주식시장 이해하기

미국 주식시장의 구조는 GICS(Global Industry Classification Standard)라는 글로벌산업분류기준으로 나누어져 있다. 이는 MSCI와 S&P가 1999년에 만든 증권시장 전용 산업 분류 체계다. GICS는 11개 섹터(에너지, 자재, 산업, 자유소비재, 필수소비재, 헬스케어, 금융, 정보기술, 통신 서비스, 유틸리티, 부동산), 25개 산업 그룹, 74개 산업, 163개 하위 산업으로 나뉘어져 있으며, 조금씩 개정되거나 세분화되어 늘어나거나 줄어들기도 한다(2023년 3월 17일 기준).

미국의 산업 분류를 알아야 하는 이유

침체되어 있던 경기가 확장 국면이 되면 사회에는 어떤 현상이 벌어지고, 사람들의 심리는 어떻게 변할까? 월급이 인상되고 예상치 못한 성과

금을 받으면 소비를 늘린다. 이때 임의소비재가 주목을 받는다. 왜일까? 경기가 좋지 않을 때는 자동차 구매, 명품 구매 등 목돈이 들어가는 소비를 줄인다. 하지만 반대로 경기가 좋아지면 최신 전자기기 등의 수요가 늘어난다.

임의소비재에는 무엇이 있을까? 대표적으로 아마존과 테슬라가 있다. 경기침체 국면에서 확장 국면으로 바뀌면 임의소비재 종목들의 주가가 올라갈 가능성이 크다. 수요가 많아지니 기업들은 투자와 설비를 늘리고, 이를 생산하는 데 필요한 원자재의 가격이 상승한다.

이런 맥락이 투자 힌트를 주기도 한다. 따라서 경제의 순환과 주기를 기준으로 산업 섹터의 구분, 비즈니스 사이클, 주식시장 성과 등을 알아둘 필요가 있다.

경제는 순환되고 비즈니스는 사이클로 움직인다는 사실을 이해한다면 금리, 환율, 석유와 함께 현재의 거시경제를 보다 잘 읽을 수 있다.

비즈니스 사이클이란, 경제가 좋아졌다가 나빠지는 것을 반복하는 과정을 말한다. 마치 놀이기구를 타는 것처럼 경제도 오르락내리락한다고 생각하면 된다. 산업 섹터의 구분을 알고 있어야 비즈니스 사이클을 이해할 수 있다.

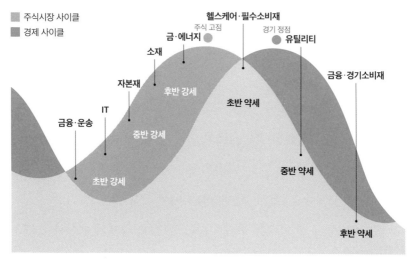

출처: 피델리티(1998년 S&P 투자 섹터 기준)

경제가 좋아졌다 나빠졌다 반복하는 이유

경제가 좋아졌다 나빠졌다 반복하는 이유는 다양한 요인에 주기적으로 영향을 받기 때문이다. 예를 들어, 기술 혁신, 정부의 경기부양 정책 등으로 경제가 성장하면 기업 생산과 투자가 증가하고, 고용이 늘어난다. 고용이 늘면 월급을 받는 직장인이 늘어나고, 월급도 늘어나 소비가 활발해진다. 이것이 확장 국면이다.

하지만 시간이 지나면 인플레이션 압력이 높아지고, 자산 가격 거품이 생길 수 있다. 중앙은행은 이를 억제하기 위해 금리를 인상하고, 정부는

지출을 줄이는 긴축 정책을 실시한다. 금리가 오르면 기업과 소비자의 대출이자 비용이 증가해 투자와 소비가 감소하고, 경제성장률이 둔화된다. 이것이 수축 국면이다.

이러한 과정에서 기업의 이익이 감소하고, 고용이 줄어들며, 소비가 위축되어 경제가 침체에 빠질 수 있다. 침체가 깊어지면 물가 상승 압력이 낮아지고, 중앙은행과 정부는 다시 금리 인하나 재정 지출 확대 등을 통해 경기를 부양한다. 그 결과 경제는 다시 회복되기 시작하고, 비즈니스 사이클의 새로운 단계로 진입하게 된다. 이렇게 경제는 확장과 수축을 주기적으로 반복하며, 비즈니스 사이클에 따라 움직인다.

비즈니스 사이클은 다음과 같이 4단계로 나눌 수 있다.

1. 초기 단계: 경제가 좋아지기 시작하는 단계

2. 중간 단계: 경제가 안정적으로 성장하는 단계

3. 후기 단계: 경제 성장이 느려지는 단계

4. 불황 단계: 경제가 나빠지는 단계

초기 단계는 마치 겨울이 지나고 봄이 오는 것과 비슷하다. 경제가 나빴다가 좋아지기 시작하는 시기다. 가게들은 다시 문을 열고, 사람들은 일자리를 찾기 시작한다. 이때는 은행에서 돈을 빌리기가 쉽다.

중간 단계는 여름과 비슷하다. 경제가 안정적으로 성장하고 모든 것이 잘 돌아가는 시기다. 일자리가 많아져 많은 사람이 직장에 다니고, 가게들의 매출이 늘어난다. 이때 새로운 회사가 많이 생겨난다.

후기 단계는 가을과 비슷하다. 경제 성장이 느려지는 시기다. 물건값이 올라가기 시작하고, 은행에서 돈을 빌리기가 조금 어려워진다. 이때는 회사들의 이익이 조금씩 줄어든다.

불황 단계는 겨울과 비슷하다. 경제가 나빠지는 시기다. 일자리를 잃는 사람이 많아지고, 가게들의 매출이 줄어들며, 새로운 회사를 시작하기가 어려워진다.

각 단계에 기업을 넣어 좀 더 자세히 이야기해보도록 하겠다.

초기 단계는 경제가 회복되기 시작하는 시기다. 테슬라는 전기차 수요가 늘어나자 생산량을 늘리고, 아마존은 온라인 쇼핑이 증가하자 새로운 배송 센터를 만든다. 기업들은 마이크로소프트의 클라우드 서비스를 더 많이 사용하기 시작한다.

중간 단계는 경제가 안정적으로 성장하는 시기다. 애플은 새로운 모델을 출시해 많은 수익을 얻고, 메타는 광고 수익이 증가해 새로운 기능을 많이 개발한다. 엔비디아 역시 AI 칩 수요가 늘어나 매출이 크게 증가하고, 기업들의 R&D 비용도 증가한다. 이때 기업들은 직원을 더 많이 고용한다.

후기 단계는 경제 성장이 조금씩 느려지는 시기다. 전기차 시장이 포화되기 시작하고, 테슬라와 기타 전기차 업체와의 경쟁이 심해진다. 아마존은 온라인 쇼핑 성장세가 둔화되자 비용 절감에 집중하기 시작한다. 구글 역시 광고시장이 둔화되어 새로운 수익원을 찾기 시작한다.

나는 월급쟁이 배당 부자가 되었다

불황 단계는 경제가 나빠지는 시기다. 기업들이 IT 지출을 줄이면서 마이크로소프트의 클라우드 서비스 성장이 둔화된다. 소비자들은 애플의 신제품 구매를 미루고, 메타의 광고주들은 광고 예산을 줄인다. 그로 인해 기업들의 수익이 감소하고, 결국 직원들이 해고된다.

기업들은 비즈니스 사이클의 각 단계에서 다양한 변화를 겪는다. 변화는 소비자에게도 영향을 미치고, 주식시장과 실물경제는 좋았다가 나빠진다. 주가는 실물경제보다 한발 앞서 움직인다.

우리가 기억해야 할 것은 이 사이클이 계속 반복된다는 점, 현재의 주식시장과 실물경제가 어디쯤에 위치해 있는지 파악해야 한다는 점이다. 그래야 보다 현명하게 투자할 수 있으며, 더 나은 포트폴리오를 구축할 수 있다.

미국 주식
거래하기

주식투자를 하려면 주식 매매 계좌부터 만들어야 한다. 주식투자를 하는 사람이라면 누구나 증권사 앱 하나 정도는 갖고 있겠지만, 초보자들을 위해 거래를 위한 계좌 개설 방법을 간단히 설명하도록 하겠다.

① 증권사 앱을 다운받는다.

안드로이드나 애플 앱스토어에 들어가 본인이 원하는 증권사 이름을 검색한 뒤 앱을 다운받는다. 여기서는 '삼성증권'으로 설명한다.

② 증권사 앱에 접속한다.

'메뉴→ 고객서비스→ 계좌개설/인증→ 계좌개설→ 종류별 계좌 개설
하기→ 종합→ 계좌개설→ 시작하기'를 클릭해 계좌를 개설한다.

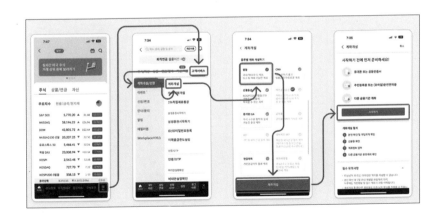

③ 개인 정보 등을 등록한다.

신분증, 개인 정보, 투자 성향 정보 등을 제공하면 계좌 개설이 완료된다.

④ 수수료 이벤트가 있다면 꼭 챙긴다.

증권사는 수수료 이벤트를 신청해야 수수료를 할인받을 수 있는 경우가 많다. 그러니 계좌를 개설했다면 '메뉴→ 고객서비스→ 이벤트→ 해외주식수수료이벤트→ 이벤트 신청하기'를 클릭해 스스로 혜택을 챙길 것을 추천한다.

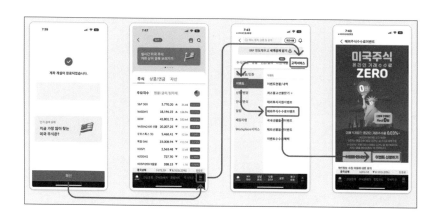

나는 월급쟁이 배당 부자가 되었다

증권사를 선택할 때 고려해야 할 3가지

이제 막 주식투자를 시작하려는 분들은 어떤 증권사를 선택해야 할지 고민이 될 것이다. 장기투자를 위해서는 3가지, 즉 수수료, 편한 UI, 소수점 투자 가능 여부를 고려해야 한다.

미국 주식투자를 시작할 때 생각해야 할 수수료는 거래수수료와 환전수수료다. 증권사의 거래수수료가 이벤트로 인해 0%라 하더라도 들어가는 수수료가 있다. 유관기관수수료가 바로 그것이다.

그리고 협의수수료도 챙기는 것이 좋다. 증권사가 정한 기준, 거래 규모, 예탁자산, 기여도에 따라 다이렉트 지점(인터넷 지점)이나 일반 지점에서 재량으로 협의수수료를 챙겨주기도 한다. 협의수수료는 본인이 직접 알아보고 인하를 요구해야 한다.

환전수수료도 살펴봐야 한다. 이때 자동 환전이 되는지도 함께 알아보는 것이 좋다. 자동 환전은 원화만 가지고 있는 상태에서 미국 주식을 매수하면 증권사에서 알아서 환전을 해주는 것을 의미한다. 자동 환전이 되지 않는다면 불편함을 감수해야 한다. 돈(원화)을 가지고 있고 타이밍이 좋아 매수를 하려고 하는데 증권사 영업 시간이 아니어서 환전을 하지 못하거나 환전 비용이 비싼 시간대에 환전하면 거래를 시작하기 전부터 손해를 보는 것이다.

수수료를 챙기는 확실한 방법은 증권사 이벤트에 참여하는 것이다. 증권사마다 투자자를 유치하기 위해 분기, 반년, 1년마다 주식 이전 이벤트, 수수료 0% 이벤트 등을 진행한다. 본인이 가입한 증권사에서 이벤트를 진행해도 직접 찾아 신청하지 않으면 혜택을 보지 못한다. 수수료는 거래가 잦을수록, 투자금이 커질수록 수익금에 큰 영향을 미치니 직접 발품을 팔 것을 권한다. 또한 해외 주식 이전 이벤트에 잘 참여하면 거래금액에 따라 1년에 한 번 혹은 반년에 한 번 몇십 만 원의 혜택을 얻을 수 있다. 받은 혜택으로 배당주를 사면 내 노후가 조금 더 나아지지 않을까?

주식투자 수수료

종류	설명
거래수수료	거래하는 증권사에 내는 수수료로, 이벤트를 활용하면 0%가 되기도 한다.
유관기관수수료	한국거래소, 증권예탁금, 증권업협회에 0.003~0.006%의 수수료를 내야 한다. 미국 주식을 매도할 때는 미국증권거래위원회에 0.00207%의 수수료를 내야 한다.
협의수수료	증권사가 정한 기준, 거래 규모, 예탁자산, 기여도에 따라 업체별로 재량껏 논의할 수 있다. 본인이 직접 알아보고 인하를 요구해야 한다.
환전수수료	투자금이 커질수록 환율에 따른 영향이 크다. 영업 시간 외에는 환전수수료가 비쌀 수 있으니 주의하고, 자동 환전이 되는지도 체크해야 한다.

주식 앱의 사용성이 편한 구조, 즉 UI가 좋은지도 살펴야 한다. 나는 주로 휴대폰으로 주식을 거래한다. 군이 컴퓨터에 복잡한 HTS 프로그램을 설치하지 않는다. 휴대폰으로 매수 혹은 매도를 하기 편리한지, 개인연금, 퇴직연금에도 쉽게 접근할 수 있는지, RP투자가 가능한지 등을 살핀다. 개인적으로는 미래에셋증권 앱과 토스 앱 그리고 NH증권 앱이 사용

나는 월급쟁이 배당 부자가 되었다

하기 편했다. 참고로 현재(2025년 4월 12일 기준) 수수료는 삼성증권과 메리츠증권이 저렴한 편이다.

미국 주식 수수료

- 삼성증권 0%(3개월간 거래수수료 0%, 이후 9개월간 0.03% 등 조건부), 환전 우대 50%
- 메리츠증권(슈퍼365) 0%(26년 말까지), 환전 우대 최대 95%
- 미국 주식 수수료는 기본 0.25% 정도라고 생각하면 된다. 각 증권사마다 수수료 무료 혹은 최저가 이벤트를 하므로 꼼꼼하게 찾아봐야 한다.

나는 적립식 투자를 좋아한다. 내가 굳이 신경 쓰지 않아도 내 돈이 특공대가 되어 하나씩 돈을 벌려가는 모습처럼 느껴진다. 내가 신경 쓰지 않을 때 장기투자가 편해지고, 수익 구간에 들어갈 확률이 높아진다. 한 주씩 매수하기에 비싼 주식들이 있다. 주식 종목 하나에 100만 원 이상이 넘어가면 매수 버튼을 누르기가 참으로 애매하다. 그럴 때 적립식 투자

에서 소수점 매수가 가능하면 보다 수월하게 투자할 수 있다.

다만, 증권사 앱에 따라 소수점 투자는 가능하지만 온주(일반적인 1주 단위)와 소수점 투자된 종목을 따로 구분하는 경우가 있다. 같은 애플 주식이라도 온주 주식과 소수점 주식으로 나뉜다. 이를 불편하게 생각하는 분들도 있으니 기호에 따라 선택하기 바란다.

정리하면, 미국 주식투자는 기축통화 달러, 탄탄한 기술 패권, 끊임없는 혁신이 만드는 성장 스토리에 올라타는 일이다. 수수료와 증권사 이벤트를 잘 활용하고, 소수점 투자로 적립식 매수를 하면서 비즈니스 사이클을 살펴본다면 미국 주식은 노후를 더욱 든든하게 만들어줄 것이다.

나는 월급쟁이 배당 부자가 되었다

04

ETF
이해하기

미국 주식을 조금이라도 공부했다면 SPY, VOO, QQQ, SCHD를 자주 접했을 것이다. 이 주식 종목은 모두 ETF다. 예전에는 ETF라는 개념이 없었다. 개별 주식과 펀드만 존재했다. 개별 주식은 특정 기업의 주식을 직접 사는 것이고, 펀드는 여러 주식을 모아 전문가가 운용하는 투자 상품이다.

ETF는 'Exchange Traded Fund'의 약자로, 우리말로는 '상장지수펀드'라고 한다. 쉽게 말해, ETF는 여러 종목의 주식을 하나의 보따리에 담아 거래소에서 주식처럼 사고팔 수 있게 만든 상품이다. 펀드의 장점과 분산투자의 장점을 섞어놓았다고 이해하면 된다.

ETF는 쉽게 사고팔 수 있는 주식 보따리로, 이 안에는 주식, 채권, 원자재 등 다양한 자산이 들어 있다. ETF는 거래소에 상장되어 있어 주식처럼 실시간으로 매매할 수 있다. 이는 펀드가 하루 한 번 기준가로 거래되는 것과 달리 유동성이 높다는 장점이 있다. ETF를 구매하면 여러 종목에 분산투자하는 효과를 얻을 수 있어 개별 주식을 살 때보다 투자 위험이 적다.

예를 들어 설명해보도록 하겠다. 애플 주식을 100주 사면, 애플 한 기업에만 투자하는 것이다. 이 경우 애플 주가 변동에 직접적인 영향을 받는다. 이것이 바로 개별 주식투자다. 펀드투자는 전문 운용사가 여러 종목을 선정해 펀드를 구성하고, 투자자는 이 펀드에 돈을 넣는다. 하지만 펀드는 하루에 한 번만 가격이 정해지고, 매매 시에도 운용사에 신청해야 하는 번거로움이 있다.

ETF 투자는 S&P500지수를 추종하는 ETF를 사면 S&P500에 포함된 기업에 적은 돈으로 동시에 투자하는 효과가 있다. 예를 들어, 뱅가드 S&P500 ETF인 VOO ETF를 사면, 약 500개 기업에 분산투자하는 것과 같다. 애플, 마이크로소프트, 아마존, 테슬라, 구글 같은 대형 기술주부터 금융, 헬스케어, 소비재 등 다양한 섹터의 대기업까지 한 번에 담은 주머니를 사는 것이다. 주식시장에서 실시간으로 거래되므로 편리하게 매매할 수도 있다.

ETF의 등장으로 수수료가 매우 저렴해진 것도 긍정적인 요인이다. 개인이 장기투자하기에 좋은 시대가 펼쳐진 것이다. 그러나 이런 상황에서도 조심해야 할 것이 있다. ETF도 액티브로 운용하거나 파생상품, 옵션이 많이 들어가면 수수료가 높아진다. 그걸 모르고 덜컥 사는 경우가 많다. 나중에 설명하겠지만, 요즘 커버드콜이 많아지고 있는 이유는 월배당을 지급하고, 그걸 생활비로 쓰려는 투자자가 늘어났기 때문이다. 하지만 커버드콜은 수수료가 몇 배나 더 비싸다. 비싼 수수료는 증권사의 수익이 되고, 반대로 내게 들어오는 수익 중 일부는 깎여나간다.

간혹 ETF 수수료를 어떻게 내는지 물어보는 사람이 있다. 만약 SCHD에 투자한다면 수수료는 0.06%다. 이 운용수수료는 투자자가 따로 내는 것이 아니라 365일 동안 매일매일 자동으로 차감된다.

다시 이야기하지만 ETF는 개별 주식의 편의성과 펀드의 분산투자 장점을 모두 갖춘 굉장한 투자상품이다. 투자자들은 ETF로 손쉽게 다양한 자산에 투자하고, 포트폴리오를 구성할 수 있다. 그래서 최근 투자는 ETF 투자로 바뀌어가는 추세다. 게다가 ETF는 투자 방식을 공개할 의무가 있기 때문에 투자 방식, 기초지수, 수수료, 배당금 등의 정보가 PDF로 투명하게 공개된다.

하지만 단점도 존재한다. 우선 변동성이 커졌다. ETF로 간접투자하거나 레버리지, 인버스 투자처럼 변동성과 유동성을 자극하는 파생상품들도 나오다 보니, 주식시장의 변동 폭이 커졌다. 또한 너무 많은 ETF가 출시되고 있고, 성적을 내지 못한 ETF는 소리 소문 없이 상장폐지된다. 주식 공부를 할 때 ETF 공부까지 해야 하는데, 우리나라 투자자들은 국내에 상장된 해외 ETF도 공부해야 하는 부담이 있다. 많은 정보는 오히려 장기투자를 방해하기도 한다.

ETF는 해외 ETF와 국내상장 해외 ETF로 구분할 수 있다. 보통 해외

ETF는 SPY, VOO, SCHD와 같이 영어 대분자로 표현한다. 미국 ETF는 ETF 운용사마다 고유한 접두어를 사용하는 경우가 많다. 즉, ETF 첫 글자를 보면 어떤 회사에서 출시했는지 짐작할 수 있다. 몇 가지 주요 ETF를 소개한다.

주요 ETF

상품명	특징	운용사
VOO(Vanguard S&P500 ETF), VTI(Vanguard Total Stock Market ETF)	'V'로 시작	뱅가드(Vanguard)
IVV(iShares Core S&P500 ETF), IJH(iShares Core S&P Mid-Cap ETF)	'I'로 시작	블랙록의 ETF 브랜드, 아이셰어즈(iShares)
SPY(SPDR S&P500 ETF Trust), XLF(Financial Select Sector SPDR Fund)	'SPY' 또는 'X'로 시작	스테이트 스트리트의 ETF 브랜드, SPDR(State Street Global Advisors)
PGX(Invesco Preferred ETF), PWB(Invesco Dynamic Large Cap Growth ETF)	'P'로 시작하는 경우가 많음	인베스코(Invesco)
SCHB(Schwab U.S. Broad Market ETF), SCHX(Schwab U.S. Large-Cap ETF)	'SCH'로 시작	찰스 슈왑(Schwab)
FDN(First Trust Dow Jones Internet Index Fund), FV(First Trust Dorsey Wright Focus 5 ETF)	'F'로 시작하는 경우가 많음	퍼스트 트러스트 (First Trust)

이러한 접두어 사용은 투자자들이 ETF의 운용사를 쉽게 식별하게 해주고, 각 기업의 브랜드 아이덴티티를 강화하는 역할을 한다. 단, 모든

ETF가 이 규칙을 따르는 것은 아니다.

국내상장 해외 ETF도 규칙이 있다. TIGER 미국배당다우존스, SOL 미국배당미국채혼합 50 등과 같이 '영어 브랜드+기초지수 추종 한글+숫자와 옵션' 형식으로 표현한다.

최근 국내상장 해외 ETF가 빠른 속도로 늘어나고 있다. 예전보다 한국인의 경제 IQ가 높아지면서 ETF를 고르는 안목이 다양해지고, 운용 방식이나 수수료 등을 꼼꼼하게 확인하는 분위기가 자리 잡았기 때문이다. 미국 주식 기반으로 인기를 얻은 좋은 ETF를 국내 증권사들이 벤치마킹해 국내상장 해외 ETF로 만들어내거나, 동일한 지수를 추종하는 상품을 경쟁적으로 출시하면서 수수료가 낮아지고 있다.

주식 공부 사이트

몇 가지 주식 관련 사이트를 알아놓는다면, 주식가치에 대해 조금 더 자세히 알 수 있다.

ETF를 고를 때 도움이 되는 사이트

사이트명	특징
etf.com	전 세계 ETF 관련 정보와 순유입·순유출 규모 확인
CNN Business (edition.cnn.com)	공포와 탐욕지수(Fear & Greed Index) 확인
aiolux.com	RSI 강도, 개별 종목의 기술적 흐름 확인
시킹알파 (seekingalpha.com)	배당 종목, 배당 히스토리, 재무제표 확인
핀비즈(finviz.com/map)	히트맵 확인

토털리얼리턴즈 (totalrealreturns.com)	종목별 총수익률(TR) 비교, 거치식으로 1만 달러를 넣고 끝 일에 얼마가 되는지 확인
kr.tradingview.com	MDD(최대 낙폭) 등 지표 확인
피델리티(Fidelity.com)	각국의 비즈니스 사이클 확인
etfcheck.co.kr	국내상장 ETF의 수수료와 거래량, 수익률 비교
appeconomyinsights.com	시각화된 비즈니스 모델, 현금 흐름, 실적 등 확인

1. etf.com

전 세계 ETF와 관련된 다양한 정보를 비롯해 순유입·순유출 규모를
확인할 수 있다. ETF에 대한 기본 정보를 접하기에 좋다.

ETF에 대한 정보 ─────────────────────────────

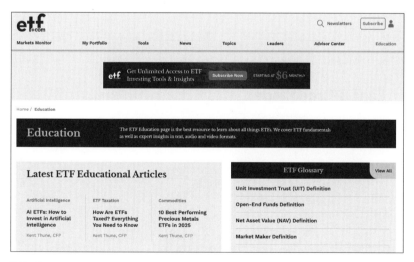

출처: etf.com

2. CNN Business(edition.cnn.com)

공포와 탐욕지수를 확인할 수 있다. 이는 주식시장의 움직임과 주가가 공정하게 책정되어 있는지 여부를 측정하는 방법이다. 과도한 공포는 주가를 떨어뜨리는 경향이 있고, 지나친 탐욕은 역효과를 낳는다는 논리에 기반을 두고 있다. 사람들이 과도하게 패닉에 빠져 매도 버튼을 누르면 'Extreme Fear'로 나침반이 변경된다. 이때는 주가가 과도하게 하락할 수 있어 매수 기회가 되기도 하지만, 보통은 주식시장과 언론의 과잉 해석으로 투자자들이 패닉 상태에 빠져 쉽게 매수 버튼을 누르지 못한다. 자신도 공포에 빠져 있어 과도하게 얼어붙어 있는 건 아닌지 확인하며 객관성을 유지하는 보조지표로 활용하는 것이 좋다.

공포와 탐욕지수

출처: edition.cnn.com

3. aiolux.com

RSI 강도를 체크할 수 있다. 일반적으로 RSI가 70 이상이면 과매수를, 30 이하면 과매도를 나타낸다. 과매수/과매도는 주가가 급격히 상승하거나 하락한 뒤 반전될 가능성이 높다는 것을 의미한다.

70 이상은 많은 사람이 매수해 주가가 일시적으로 높아졌다는 것을 의미한다. 이럴 때 매수하면 조금은 더 높은 가격에 매수하게 된다. 반대로 RSI가 30 이하일 때는 과매도 상태, 즉 많은 사람이 많이 매도해 주가가 일시적으로 낮아졌다는 것을 의미한다. 이럴 때 매수하면 조금 더 저렴한 가격에 매수할 수 있다. 해당 주식에 확신이 있다면 RSI가 30 이하일 때 매수하면 평소보다 저렴하게 주식을 모을 수 있다. 다만, RSI는 일시적인 요인이지, 장기적으로 영향을 미치는 요인은 아니다.

RSI > 70: 과매수 구간. 주가가 너무 올라 숨 고르기(조정)에 들어갈 가능성이 높다.

RSI < 30: 과매도 구간. 매수 기회일 수 있다.

다음은 테슬라의 주가와 RSI 강도다. 테슬라의 주가는 RSI 80까지 올랐다가 내려오면서 조정이 들어간 적이 많았다. 반대로 RSI가 20까지 내려가면 반등 신호로 보기도 한다. 초록색 선은 RSI가 70 이상이었던 구간이고, 검정색 선은 RSI가 30 이하로 떨어진 구간이다.

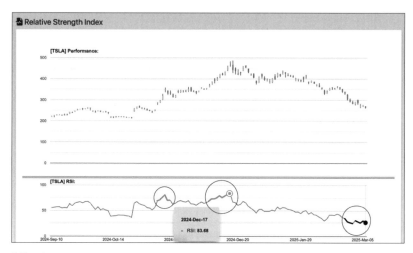

출처: aiolux.com

4. 시킹알파(seekingalpha.com)

전반적인 배당 종목들을 확인하고, 배당 히스토리와 재무제표를 확인할 때 사용하면 좋다. 다음은 SCHD의 정보다. SCHD의 보유 주식과 배당 정보, 배당금이 지속적으로 증가하는지를 확인할 수 있어 매우 유용하다. 새로운 ETF를 공부할 때 전반적인 내용을 알 수 있어 편리하다.

출처: 시킹알파

5. 핀비즈(finviz.com/map)

히트맵을 볼 수 있다. 뉴스나 유튜브 등에서 자주 보았을 것이다. S&P500 구성 종목들의 특정 기간 동안의 수익률을 한눈에 볼 수 있다.

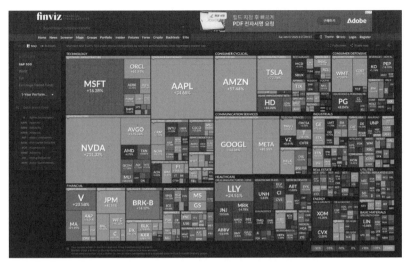

출처: 핀비즈

6. 토털리얼리턴즈(totalrealreturns.com)

인플레이션(CPI-U)을 적용한 TR수익률과 적용하지 않은 TR수익률을 확인할 수 있으며, 비교 시작일과 끝일을 정할 수 있다. 'Add Comparison'에 종목 티커를 넣으면 비교가 가능하다.

여기서는 처음에 거치식으로 1만 달러를 넣었다면 끝일에 얼마가 되는지(Growth of $10,000)도 확인할 수 있다. 'Annual Returns'에서는 한해 수익률을, 'Drawdowns'에서는 MDD를 보여준다. 종목의 변동성을 비교·확인할 수 있어 유용하다.

배당투자를 하려면 PR(Price Return)과 TR(Total Return)의 개념을 정확히

출처: 토털리얼리턴즈

이해해야 한다. 그래야 투자 성과를 더 입체적으로 볼 수 있다. 간단히 말해 PR은 주가 변동만 반영한 수익률이고, TR은 주가 변동에 더해 배당 등 분배금까지 포함한 수익률이다. 예를 들어, 어떤 주식을 1주당 10만 원에 샀다고 가정해보자. 1년 뒤 주가는 12만 원이 되었고, 이 기간 동안 1주당 5,000원의 배당금을 받았다면, PR은 10만 원에서 12만 원으로 2만 원이 올라 20%의 수익을 거둔 것이다. TR은 20% 상승과 배당 5,000원도 포함해 수익으로 계산되므로 실제 체감 수익률은 더 높아진다.

배당투자자라면 다음 3가지를 주목해야 한다.

첫째, 배당 재투자는 TR을 끌어올리는 중요한 동력이 된다. 배당금을 현금으로 받으면 그 즉시 수익으로 확정되는 장점이 있지만, 중장기적으로 이 배당금을 재투자하거나 주식을 추가 매입하면 복리 효과를 누릴 수 있다. 실제로 S&P500지수의 장기 성과를 보면, 배당을 재투자했을 때 TR지수가 배당 없이 단순 주가 상승만 본 TR지수 대비 훨씬 높은 성장 곡선을 그려왔다.

둘째, 매수 후 보유 전략, 즉 바이앤홀드(Buy & Hold) 전략을 지향하는 투자자일수록 TR을 확인하는 것이 좋다. 배당주의 목적은 매분기 혹은 매년 들어오는 현금을 통해 '현금 흐름'을 만드는 것이니, 주가의 단순 등락만 살펴보면 실제 가치 성장을 제대로 파악하지 못할 수 있다. 예를 들어, 코카콜라(KO)나 P&G(PG) 같은 대표적인 배당주는 단기간 주가 변동은 크지 않아도, 오랜 세월 배당을 꾸준히 늘려 재투자를 해온 투자자에게는 TR이 훨씬 크게 쌓여왔다.

셋째, 분석 자료나 차트를 볼 때 어떤 지수를 사용하는지 체크해야 한다. 같은 종목이라도 PR 기준으로 표시하는 사이트가 있고, TR 기준으로 표시하는 사이트가 있어 수익률을 비교할 때 혼동이 생길 수 있다. 예를 들어, A사이트는 배당금을 빼고 수익률을 계산하고, B사이트는 배당금까지 포함해 수익률을 계산하기 때문에 결괏값이 다르게 나온다. 배당투자자라면 TR 관점의 데이터를 우선적으로 확인해야 실제 수익에 가깝다. 인플레이션이 적용된 데이터인지 확인하면 더욱 좋다.

Growth of $10,000

Growth of $10,000		
Thu 2011-10-20 to Fri 2025-04-11	Start Value	End Value
☐ SCHD ˣ	$10,000.00 2011-10-20	$32,772.02 2025-04-11
Schwab U.S. Dividend Equity ETF `Exchange-Traded Fund`		
☐ SPY ˣ	$10,000.00 2011-10-20	$39,692.24 2025-04-11
SPDR S&P 500 ETF Trust `Exchange-Traded Fund`		
☐ QQQ ˣ	$10,000.00 2011-10-20	$64,262.48 2025-04-11
Invesco QQQ Trust `NASDAQ` `Exchange-Traded Fund`		
i.e. SPY, DIA, QQQ `+ Add Comparison`		

출처: 토털리얼리턴즈

7. kr.tradingview.com

MDD를 볼 수 있다. 사이트에 접속한 뒤 회원가입을 하고 티커 화면으로 들어가라. 메뉴에서 지표를 추가하고 커뮤니티를 선택해 MDD를 추가하면 된다.

각 종목의 MDD 확인

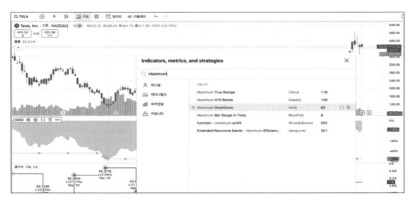

출처: kr.tradingview.com

8. 피델리티(Fidelity.com)

비즈니스 사이클을 볼 수 있다. 현재 나라별 비즈니스 사이클이 확장 국면인지, 긴축 국면인지 알아볼 때 유용하다.

나라별 비즈니스 사이클 ─────────────────────────

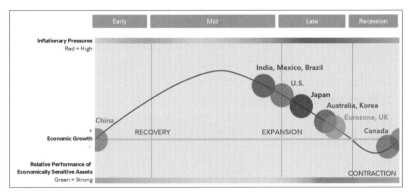

출처: 피델리티

9. etfcheck.co.kr

주로 국내상장 ETF의 수수료와 거래량, 수익률을 비교할 수 있다. 개인연금과 퇴직연금에서 투자가 가능한지 확인할 수 있으며, 배당, 총보수, TER, 실제 비용 등도 확인할 수 있다. 수익률은 일주일부터 10년까지 비교가 가능하다. 구성 종목과 차트도 확인할 수 있어 매우 유용하다.

나는 월급쟁이 배당 부자가 되었다

출처: etfcheck.co.kr

10. appeconomyinsights.com

재무제표와 비즈니스 모델을 공부해야 투자에 성공할 확률이 높아진다. 초보자가 처음부터 재무제표나 각 회사의 비즈니스 모델을 공부하기란 쉽지 않다. 그러나 방법이 있다. 바로 시각화된 플로우맵을 확인하는 것이다.

다음은 TSMC의 2024년 4분기 실적과 현금 흐름, 비즈니스 모델이 담긴 샌키 다이어그램(Sankey Diagram)이다. 보는 순간 시선이 흘러가듯 연결되어 각각의 값이 어디서 나와 어디로 흘러가는지 한눈에 확인할 수 있다.

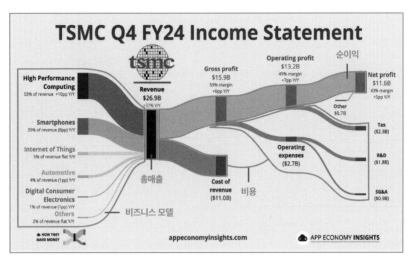

출처: appeconomyinsights.com

이 차트를 보면 TSMC의 매출이 크게 5~6개 카테고리에서 나온다는 것을 알 수 있다. 먼저 HPC(High Performance Computing) 분야가 비중이 가장 크다. 서버나 데이터센터용 고성능 칩을 만드는 부문인데, 전 세계적으로 클라우드와 AI에 대한 수요가 커져 매출이 크게 늘어났다. 그리고 스마트폰용 칩도 큰 비중을 차지한다. 여기에 자동차나 사물인터넷(IoT) 분야 등에서 골고루 매출을 확보하고 있으며, 하나만 잘 파는 것이 아니라, 반도체가 필요한 다양한 시장에 뿌리를 내리고 있다.

순이익 구조를 살펴보면 재미있는 포인트가 있다. 매출에서 재료비와 생산비를 빼면 상당히 두툼한 이익이 남는다. 여기에서 연구개발비, 운영비, 세금 등을 차감한 후에도 순이익이 43%라는 건 굉장히 놀라운 결과다. 반도체 산업에서 안정적으로 40%대 순이익을 내는 회사는 흔치 않다.

투자 결정을 내릴 때 지금까지 소개한 사이트를 활용하기 바란다. 숫자가 어렵다면 시각화된 이미지로 비즈니스 구조와 매출 비중, 순이익 정도를 체크하도록 하라. 점진적으로 학습해나가면 주식투자에 잘 적응할 수 있을 것이다.

반드시 알아두어야 할 배당 용어

배당투자를 하려면 관련 용어를 반드시 알아둘 필요가 있다.

1. 배당수익률(Dividend Yield): 투자한 자본 대비 얼마나 많은 배당금을 받는지를 나타낸다. 높은 배당수익률은 안정적인 현금 흐름을 제공해 노후 생활비를 충당하는 데 도움이 된다.

2. 배당성장률(Dividend Growth Rate): 시간이 지날수록 배당금이 얼마나 증가하는지를 보여준다. 꾸준한 배당성장률은 인플레이션에 대응하고 생활 수준을 유지하는 데 중요하다. 보통 3% 이상이 되어야 인플레이션 대응이 가능하다.

3. 배당지속성(Dividend Sustainability): 기업이 지속적으로 배당금을 지급할 수 있는 능력을 의미한다. 안정적인 수익 구조와 건전한 재무 상태를 가진 기업은 배당의 연속성을 보장한다. 보통 배당 성향을 통해 1차적으로 확인이 가능하다.

4. 배당 성향(Dividend Payout Ratio): 기업의 순이익 중 배당금으로 지급되는 비율을 말한다. 너무 높은 배당 성향은 기업의 재투자 여력을 감소시켜 장기적인 성장에 부정적인 영향을 미칠 수 있다. 배당 성향이 70% 이상 넘어가는 배당주는 가급적 피하는 것이 좋다. (리츠 제외)

5. 기업의 재무건전성(Financial Health of the Company): 기업의 재무 상태는 배당 지급 능력에 직접적인 영향을 미친다. 부채 비율이 낮고 현금 흐름이 안정적인 기업은 배당금을 꾸준히 지급할 가능성이 높다. 나는 동종업계와의 부채를 비교하고, 잉여현금흐름이 지속적으로 우상향하는지를 확인한다. 부채가 많다면 대출이 많다는 뜻이고, 금리가 오르면 해당 기업에 좋지 않은 영향으로 되돌아올 가능성이 크다.

6. 다각화(Diversification): 다양한 섹터와 자산으로 포트폴리오를 구성하면 특정 기업이나 산업의 위험을 줄일 수 있다. 이는 배당수익의 안정성을 높이는 데 기여한다. 보통 ETF 한두 개로 다각화가 가능하다.

7. 세금 고려(Tax Considerations): 배당소득에 대한 세금은 실제 수익률을 감소시킬 수 있다. 효율적인 투자 전략을 통해 순수익을 극대화할 필요가 있다.

8. 인플레이션(Inflation): 인플레이션은 화폐의 구매력을 감소시킨다. 배당금이 인플

레이션율보다 빠르게 성장해야 생활 수준을 유지할 수 있다. 인플레이션을 헷지하기 위해서는 3% 이상의 배당성장이 필요하다.

9. 투자 기간(Investment Horizon): 복리 효과와 배당성장의 혜택을 누리는 데 중요한 요소다. 장기투자는 위험을 분산하고 수익을 극대화할 수 있다. 언제부터 배당금으로 살아갈지에 따라 연금 계좌와 직접투자 방식으로 나뉜다. 55세 이전에 배당금을 받길 원한다면 직접투자가 좋고, 55세까지 직장생활을 하거나 소득생활을 영위할 예정이라면 연금 계좌를 적극적으로 활용하는 것이 좋다. 55세가 되는 기간을 계산해보고 적합한 방법을 찾아야 한다.

10. 배당 재투자(Dividend Reinvestment): 배당금을 재투자하면 복리 효과를 통해 자산을 더욱 빠르게 증대시킬 수 있다. 고정 소득이 있을 때는 이유를 확인할 것도 없이 배당 재투자가 항상 옳다.

11. 위험 허용 범위(Risk Tolerance): 개인의 위험 허용 범위에 따라 투자 전략이 달라진다. 안정적인 배당주와 고위험·고수익 배당주 중 자신의 성향에 맞게 선택해야 한다. 개인이 감당할 MDD와 언더워터기간을 꼭 살펴야 장기투자로 좋은 수익률을 확보할 수 있다.

12. 시장변동성(Market Volatility): 시장변동성은 투자자산의 가치와 배당 지급에 영향을 미친다. 변동성이 낮은 자산은 안정적인 수익을 제공하지만, 변동성이 높은 자산은 더 높은 수익과 위험을 수반한다. 시장은 항상 움직인다. 이때 우리의 하방을 지켜주는 것은 든든한 배당금이다.

13. 비용 및 수수료(Costs and Fees): 투자에 따른 각종 비용과 수수료는 순수익을 감소시킨다. 낮은 비용의 투자상품을 선택하는 것이 중요하다.

14. 환율 위험(Currency Risk): 해외자산에 투자할 경우 환율 변동이 수익률에 영향을 미친다. 환율 위험을 관리해 예상치 못한 손실을 방지해야 한다.

15. 자산 배분(Asset Allocation): 자산 배분은 포트폴리오의 위험과 수익률을 결정하는 핵심 요소다. 적절한 자산 배분은 투자 목표에 부합하는 수익을 얻는 데 도움이 된다. 배당울타리 전략도 자산 배분의 일종이다. 이는 전체 자산 100을 80:20으로 구분해 80%는 안전한 종목을, 20%는 위험을 감수하더라도 좋은 종목을 발굴하는 전략이다. 20%가 망해도 80%가 있으면 든든하다.

16. 금리(Interest Rates): 금리 변동은 배당주의 매력도와 시장가치에 영향을 미친다. 금리 상승은 배당주의 상대적인 매력을 감소시킬 수 있다.

5장

배당투자로
기회를
잡아라

배당투자를 하기 전에 알아두어야 할 것

"장기투자? 지수 추종 ETF에 투자하면 간단하지!"라고 이야기하는 사람이 많다. 나도 지수 추종 ETF를 좋아한다. 하지만 이 점을 묻어놓고, 투자하기 전에 어떤 우려가 있는지 살펴볼 필요가 있다. 먼저 지수 추종 ETF에 대한 맹신부터 이야기해보자.

지수 추종 ETF, 무조건 따라가면 안 되는 이유

몇 년간 투자를 해온 분들은 주식 초보자에게 "S&P500 인덱스펀드에 투자해라", "인덱스펀드에 묻어놓고 본업에 집중하는 게 이익이다"와 같이 조언한다. 맞는 말이다. 이론적으로는 타당하다. 워런 버핏도 인덱스펀드 투자를 권장했다. 그러나 내가 직접 경험한 현실은 달랐다.

나는 2019년에 주식투자를 시작했다. 지금은 그때보다 지수가 훨씬 올랐지만, 그 당시에는 지수 추종 ETF에 투자했을 때 만족할 만한 수익률이 나오지 않았다. 게다가 2020년 3월에 발생한 코로나19로 시장이 크게 위축되었다. 모든 자산이 추락했고, 나 역시 큰 손실을 보았다. 그때 하락장에서는 개별 주식이 부각되었다. 코로나 백신을 개발한 기업들은 임상시험이 통과될 때마다 주가가 크게 상승했다.

반면 내 지수 추종 ETF는 큰 폭으로 요동쳤다. 사람들이 집 밖으로 나오지 않아 해외여행 관련 주식들은 급락했다. 뉴스와 군중 심리, 나의 심리 상태, 계좌의 상대적 박탈감 등으로 -20%, -30% 하락하며 크게 흔들렸다. 지금 돌이켜보면 그때 버틴 것도 운이었다. 'S&P500 같은 지수 추종 ETF도 2~3년마다 그만큼의 하락이 발생하는데, 주식에 갓 입문한 사람이 이를 견딜 수 있을까' 하는 의문이 들었다.

다시 이야기하지만, 나는 SPY나 VOO 같은 S&P500 추종 ETF를 의심하지 않는다. 오히려 권장한다. 그러나 입문자들은 이러한 신념이 있어도 경험이 부족해 흔들릴 수 있다.

나스닥100 ETF인 QQQ에 대한 맹신도 이야기해보려 한다. 최근 QQQ가 5년 만에 148% 상승했다. 2009년부터 2017년까지는 모두 플러스 수익률을 보여주었다. 하지만 내가 주목하는 점은 마의 3년인 2000년, 2001년, 2002년이다.

QQQ의 연간수익률

년도	수익률	년도	수익률
2024년	21.24%	2011년	0.4%
2023년	49.84%	2010년	18.14%
2022년	-36.68%	2009년	50.6%
2021년	19.4%	2008년	-41.79%
2020년	46.62%	2007년	14.36%
2019년	35.86%	2006년	4.5%
2018년	-1.99%	2005년	-1.77%
2017년	29.91%	2004년	7.3%
2016년	4.93%	2003년	46.9%
2015년	8.64%	2002년	-38.82%
2014년	18.29%	2001년	-34.36%
2013년	34.6%	2000년	-38.21%
2012년	16.9%	1999년	75.7%

* 회색 부분: 수익률이 크게 떨어진 해

만약 여러분이 2000년에 주식투자를 시작했고, 지인에게 나스닥100에 투자하라는 조언을 들었다면 어땠을까? 그 말을 믿고 2000년 1월 1일에 QQQ에 1억 원을 투자했다면, 2000년 12월 말에는 1억 원이 6,179만 원이 되어 있을 것이다. 그렇게 원금 1억 원은 약 6,000만 원이 되었지만 여전히 지인의 말을 믿고 '다음 해에는 오르겠지' 하고 생각한다면 2001년에는 -34.36% 손실을 봐 6,179만 원은 4,055만 9,844원이 될 것이다. 사

나는 월급쟁이 배당 부자가 되었다

계절이 2번밖에 지나지 않았는데 애지중지 모은 피 같은 1억 원이 절반 이상 날아간 것이다.

그럼에도 '다음 해에는 오르겠지' 하는 믿음으로 계속 유지한다면 어떻게 될까? 2002년 12월 말에는 1억 원이 2,481만 4,511원이 될 것이다(간단 계산을 위해 배당금, 매년의 양도소득세 손실 처리 같은 부분은 제외했다). 초기 투자금 1억 원 대비 약 75.19%의 손실을 입은 것이다. 이 기간 동안 QQQ는 연속으로 큰 폭의 하락을 겪었고, 그 결과가 누적되어 투자금이 크게 감소했다. 1억 원이 약 2,481만 원이 된다면 몇 사람이나 버틸 수 있을까?

1년이 아니라 3년 연속 30%씩 손실이 발생한다면 버틸 수 있을까? 너무 극단적인 예라 이런 일이 일어나지 않을 것 같은가? 그렇지 않다. 나는 역사적인 사실을 이야기한 것이다.

2000년 초 닷컴 버블이 터지면서 기술주 거품이 붕괴되었다는 말은 너무 약하게 들린다. 수백 개의 기술 기업이 파산하고, 투자자들은 수조 달러의 손실을 입었다. 기술주에 대한 초기 열광과 낙관주의는 급격히 사라졌고, 많은 개인투자자는 주식시장에서 등을 돌렸다. 휴렛팩커드, 인텔, 야후 등 실리콘밸리의 대형 기술 기업들도 대규모 감원을 단행했다.

만약 여러분이 2000년에 지인의 이야기를 듣고, 지수 추종 ETF인 QQQ에 투자했다면 그와 서먹한 관계가 되지 않았을까? 지수 추종 ETF에 아무리 맹목적인 신념을 가지고 있었던 사람이라도 자신을 둘러싼 상황이 급변하고, 언론이 부정적인 보도를 내보내고, 지인들과 주식의 '주' 자도 꺼내지 못하는 상황이 오면 흔들릴 수밖에 없다.

QQQ의 과거 데이터와 거치식 투자를 예로 들어 다소 극단적이긴 하지만, 적립식 투자도 마찬가지다. 적립식 투자를 해도 3년간 30%씩 지속적으로 손실이 나면 믿음과 신념을 접고 주식시장을 떠나는 사람이 많을 것이다. 주식시장에서 장기적인 시야는 일반적으로 5년 이상이다. 하지만 심리학적인 관점에서 볼 때 투자자들이 손실을 견디는 능력은 개인마다 다르다.

1년 동안 30% 손실이 난다면 어떨까? 많은 투자자가 이 정도 손실은 견딜 수 있다. (1억 원이 7,000만 원이 되었을 때를 상상해보라. 견딜 수 있는가?) 하지만 이 단계에서 상당수의 투자자는 불안해하며 매도를 고려하기 시작한다. 손실 회피 편향으로 인해 50~60%의 투자자만 이러한 상황을 견딜 수 있을 것으로 추정된다.

2년 동안 60% 손실은 대부분의 투자자에게 심각한 심리적 스트레스를 준다. (1억 원이 4,000만 원이 되었을 때를 상상해보라.) 확증 편향과 손실 회피 편향이 강하게 작용해 많은 투자자가 매도를 결정한다. 20~30%의 투자자만 이러한 상황을 견딜 수 있을 것이다.

조금 극단적이지만 3년 동안 75% 손실은 어떨까? 1억 원이 2,500만 원이 된다면, 대부분의 투자자는 재정적·심리적으로 큰 타격을 받을 것이다. 많은 투자자가 앵커링 효과로 매도를 망설이며 극심한 스트레스를 경험할 것이고, 10명 중 1명만 이러한 상황을 견딜 수 있을 것이다.

QQQ뿐 아니라, S&P500을 추종하는 SPY도 마찬가지다. 2000년 1월 1일에 SPY에 1억 원을 투자했을 때를 가정하면 어떨까? SPY의 연간수익률은 2000년 -12.7%, 2001년 -13.11%, 2002년 -23.41%로, 갈수록 손실이 누적된다.

2000년 기준 SPY에 거치식 투자를 할 경우

2000년: 1억 원×(1-0.127)=8,730만 원

2001년: 8,730만 원×(1-0.1311)=7,585만 5,570원

2002년: 7,585만 5,570원×(1-0.2341)=5,809만 7,981원

2000년의 내 돈 1억 원은 2002년 말에 5,809만 7,981원이 되어 있을 것이다. 이 역시 3년 동안 절반가량 돈이 증발했다는 이야기다. 수치적으로 -10%, -20%는 감이 없지만, 생각의 프레임을 옮겨보면 다르다. 보통 직장인의 1년 연봉이 사라졌다고 생각해보라. 1년 동안 힘들게 출퇴근하고 야근에 시달리며 일을 하는데 연봉을 받지 않고 무료 봉사하고 있는 것이다.

주식시장에는 손실을 본 사람도 많지만 잘 드러나지 않는다. 왜일까? 생존 편향 때문이다. 생존 편향이란, 성공한 사람들만 부각되고 실패한 사람들은 보이지 않는 현상을 말한다. 살아남은 사람들은 과거 성공을 바탕으로 시장의 상승을 믿고 계속해서 투자한다.

주식 초보자가 장기투자자가 되는 데는 보통 3년이 걸린다. 2~3년마다 찾아오는 20%의 하락을 경험하면서 자신의 포트폴리오를 여러 번 조정하고, 타인의 조언에 따라 투자해 수익을 보기도 하고 손실을 보기도 한

다. 그러한 과정을 거쳐 결국 자신의 투자 스타일을 찾는다. 이러한 상황에 적응하지 못한 사람은 '계좌파산자'가 되어 주식시장에서 사라진다.

마의 첫 3년을 버티는 것이 중요하다. 3년 동안 내가 인지한 주식시장과 경험한 주식시장의 차이를 줄여야 장기투자자로 나아갈 수 있다.

직장인에게는 적립식 투자가 답이다

지금까지 지수 추종 ETF의 맹목적인 믿음과 우려에 대해 이야기했다. 그렇다면 우리는 첫 3년을 어떻게 버틸 수 있을까? 직장인에게는 적립식 투자가 그 해답 중 하나가 될 수 있다.

적립식 투자는 일정 금액을 꾸준히 투자하므로 시장변동성에 영향을 덜 받는다. 주가가 높을 때는 적게 사고, 낮을 때는 많이 사게 되어 평균 매입 단가를 낮출 수 있다. 직장인은 정기적인 소득이 있기 때문에 월급의 일부를 자동으로 투자할 수 있고, 소비를 줄이며 효율적으로 재무 관리를 할 수 있다. 또한 장기적으로 적립식 투자를 하면 복리의 힘을 활용할 수 있다. 시간이 지날수록 투자 수익이 쌓이고, 그 수익에서 다시 수익이 발생해 자산이 크게 증가한다.

전세금이나 상여금, 퇴직금 등으로 많은 돈이 생기면 어떻게 투자해야 할지 몰라 당황해하는 사람이 많다. 심리적으로 한 번의 결정이 내 수년 간의 수익률을 좌우하기 때문에 부담을 느끼는 것이다. 한꺼번에 큰 금액을 투자하는 것보다 적은 금액을 꾸준히 투자하면 심리적인 부담이 적

나는 월급쟁이 배당 부자가 되었다

다. 적립식 투자를 선택하면 시장의 단기 변동에 흔들리지 않고 장기적인 투자 목표를 향해 나아갈 수 있다. 첫 3년을 버티는 데 큰 도움이 될 것이다. 사실 직장인에게 적립식 투자는 당연하다. 매월 월급을 받고 생활비와 투자금을 나누어 투자한다면, 거치식 투자가 아니라 적립식 투자를 하게 된다. 즉, 여러분이 직장인으로서 투자를 하고 있었다면, 이미 적립식 투자의 장점을 누리고 있다는 이야기다.

또 하나의 해답은 배당이다. 3년 동안 우리에게 배당이 있다면 어떨까? 현금 흐름이 어느 정도 있어야 중장기투자와 미래 계획이 가능하다. 우리는 월급을 받고 월급의 증가 추이, 생활비, 관리비, 대출 상환 등 현금 흐름을 파악한 뒤에 이사나 내 집 마련 등을 고민한다. 월급이 지속된다는 전제하에 미래 설계가 가능하다.

장기투자에서 가장 중요한 것은 현금 흐름이다. 현금 흐름이 없으면 생활비나 신용대출 혹은 기존 포트폴리오를 처분해 새로운 주식 종목에 투자하는 패턴을 보이게 된다. 하지만 배당을 받으면 월급처럼 고정적인 현금 흐름이 발생해 지속적으로 투자할 여력이 생긴다. 심지어 수익 구간을 더 빨리 만들어준다.

다음은 코카콜라의 주가 차트다. 1998년 7월 6일 코카콜라(KO)에 거치식 투자를 했다면, 가격 수익률(PR) 기준 언제까지 마이너스였을까? PR 기준으로 투자금이 마이너스 상태에 머문 기간은 약 16년이다. 주가가 1998년 7월 수준을 넘어선 시점이 2014년 12월경이다. 1998년 7월 6일 코카콜라의 주가는 최고점 근처였으며, 주식 분할을 고려한 조정 가격은 약 42.8달러였다. 이후 주가는 시장변동성과 회사의 특정 이슈로 장기간 부진한 모습을 보였다.

코카콜라의 주가 차트

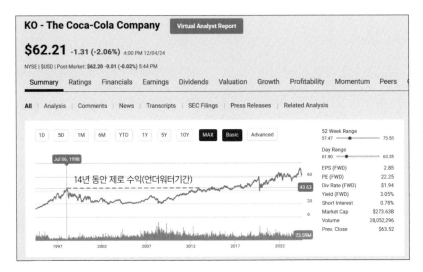

출처: 시킹알파

2014년 12월, 16년이 지나서야 주가는 1998년 7월 수준을 넘어섰다. 이 기간을 보통의 투자자가 버틸 수 있었을까? 게다가 이때는 IT 버블이 가장 강력한 시기였다. 코카콜라를 들고 있는 내 계좌는 마이너스인데, 기술주에 투자한 사람들의 계좌는 연일 신고가를 돌파한다면 견디기 쉽지 않았을 것이다.

그러나 코카콜라에서는 배당금이 나온다. 그 기간 동안 코카콜라에서

나는 월급쟁이 배당 부자가 되었다

나온 배당금을 재투자했다면, TR 기준 마이너스 구간을 얼마나 줄일 수 있었을까? 이 기간 동안 받은 배당금을 모두 재투자했다면, 마이너스 기간을 상당히 줄일 수 있었을 것이다. 투자금은 2010년쯤에 본전을 회복했을 것이며, 마이너스 기간을 약 12년으로 단축했을 것이다.

배당금을 재투자하면 시간이 지남에 따라 추가 주식을 매수하게 되어 투자 회복이 가속화된다. 주가가 정체되어 있어도 배당 재투자의 복리 효과로 투자 총액은 성장할 수 있다. 코카콜라의 꾸준한 배당금 지급과 그 재투자가 정체된 주가를 상쇄하는 데 도움을 주기 때문이다.

게다가 그 기간 동안 배당금은 얼마나 증가했을까? 1998년부터 2023년까지 코카콜라는 배당금을 크게 증가시켰다. 1998년 주당 연간 배당금은 약 0.34달러였다(주식 분할 조정 후). 2023년에는 주당 연간 배당금이 약 1.84달러로 증가했다. 이는 440% 이상의 배당 수입 증가를 의미한다. 코카콜라 투자자들은 비록 주가가 떨어졌어도 이전보다 더 높은 배당금을 받게 되었으며, 이를 현금으로 빼서 모으거나 재투자해 더 많은 주식을 구매할 수 있었다. 배당금은 주가가 정체된 동안에도 꾸준한 현금 흐름을 제공했다.

배당금은 마법이 아닌 노력의 결과다. 배당금은 똑똑하지 않아도 어느 정도 노력만 한다면 부를 만들어준다. 부는 축적이다. 자산과 노력을 축적하면 부를 일굴 수 있다. 배당은 작지만 확실한 축적 방법이다.

장기간 살아남은 종이 앞으로도 생존 가능성이 높다는 생물학 논리가 있듯, 장기투자로 강인함을 보여준 기업도 앞으로 오랫동안 시장에서 버틸 가능성이 높다. 특히 '배당귀족주'라 불리는 기업들은 적어도 배당만큼은 20년, 30년 이상 꾸준히 지급하거나 점차 늘려온 역사가 있기에, 투자자가 안심하고 지켜볼 만한 선택지다.

그렇다면 왜 장기투자를 할 때 성장주가 아닌 배당주를 추천하는 것일까? 성장주의 현실과 동떨어진 이론 때문이다. 노후를 대비하고자 주식투자를 하는 사람이 많다. 성장주에 투자하는 사람들은 2가지 방식으로 노후 준비를 한다. 자가배당과 점성노배(젊을 때는 성장주, 노후에는 배당주)가 바로 그것이다.

자가배당

성장주의 4%룰은 생각보다 잘 작동하지 않는다. 성장주에 투자한 후 자가배당을 실천하겠다는 계획은 말처럼 쉽지 않다. 자가배당이란, 배당이 따로 나오지 않는 성장주를 가지고 있는 경우 내가 필요한 생활비만큼 주식을 직접 팔아 '생활비를 만들어내는 것'을 말한다. 즉, 생활비를 내가 직접 만들어야 하는 구조다. 문제는 이게 '말은 쉽지만, 실행은 어렵다'는 것이다.

특히 하락장에 들어섰을 때 주식을 팔아야 한다면, 그 결정은 절대 가볍지 않다. 이때 자가배당을 조금 더 구조화해 실행하는 방법이 바로 '4%룰'이다. 이는 1998년 트리니티 대학 교수들이 발표한 연구에서 나온 인출 전략으로, 은퇴 후 매년 처음 자산의 4%를 꺼내 쓰면 자산이 30년 이상 고갈되지 않을 가능성이 높다는 결론에 기반하고 있다. 즉, 내 자산을 일정 비율로 꺼내 쓰면서도 자산 전체가 너무 빨리 줄어들지 않도록 설계한 방식이다.

이 전략은 자산의 구성 비율이 주식과 채권으로 다양하게 배분된 상태를 전제로 한다. 즉, 어느 정도 변동성이 낮고 분산된 포트폴리오일수록 효과적이다.

예를 들어보자. 은퇴 시점에 보유한 자산이 1억 원이라면, 첫해에는 그 4%인 400만 원을 인출한다. 그다음 해부터는 물가상승률을 고려해 인출 금액을 조금씩 늘려간다. 인플레이션이 3%였다면, 다음 해에는 412만 원 정도를 인출하는 식이다.

이 전략이 가능했던 배경에는 지수 추종 ETF의 평균 주가상승률이 연평균 7~8% 수준이라는 통계가 있다. 즉, 자산이 연 7% 성장하고 있다면 그중 4%를 꺼내 써도 자산은 일정 부분 남게 된다는 계산이다. 결국 자산을 줄이지 않으면서 생활비를 확보할 수 있다는 장점이 있는 셈이다.

성장주를 활용한 자가배당의 가장 큰 장점은 '높은 성장 잠재력'이다. 성장주는 주가 상승을 통해 내 포트폴리오 전체의 가치를 키워준다. 결과적으로 시간이 갈수록 자산이 불어나고, 더 많은 자금을 인출할 수 있는 가능성도 커진다.

또 하나의 장점은 '인플레이션을 이길 수 있는 수익률'이다. 물가가 올라가도 성장주의 주가는 그보다 더 빠르게 오를 수 있어 노후생활의 구매력을 유지하는 데 도움이 된다. 무엇보다 필요한 시점에 필요한 만큼만 꺼내 쓸 수 있다는 유연성도 큰 매력이다.

하지만 단점도 명확하다. 첫째, 시장변동성이 크다. 성장주는 주가가 오르기도 하지만, 하락 폭도 크다. 하락장에 들어섰을 때 생활비가 필요하면, 울며 겨자 먹기로 자산을 매도해야 한다. 마이너스일 때 자산을 파는 건 누구에게나 심리적으로 쉽지 않다.

둘째, 내가 은퇴하는 시점이 상승장이 아니라 하락장이라면, 시작부터 큰 타격을 입을 수 있다. 게다가 주식을 매도할 때 양도소득세가 붙는다. 250만 원까지는 비과세지만, 그 이상부터는 22% 세금을 내야 한다. 결국 실제로 손에 들어오는 현금은 내가 생각했던 금액보다 적을 수 있다.

이런 점에서 배당주는 또 다른 대안이 될 수 있다. 배당주는 일정 수량만 확보해두면, 하락장에서도 안정적인 생활비가 들어온다. 시장 상황과 관계없이 정기적으로 배당이 입금되므로 심리적인 스트레스도 적고, 무엇보다 주식을 팔지 않고도 현금 흐름이 만들어진다는 점이 매우 큰 장점이다. 반면 자가배당은 시장의 흐름을 계속 신경 써야 하고, 내가 원하는 시점에 매도가 불가능할 수도 있다.

성장주 4%룰은 이론상으로는 매력적인 전략이다. 하지만 실제로 실행할 때는 변수가 너무 많다. 성장주가 언제 오를지 모르고, 내가 은퇴할 시점이 상승장인지 하락장인지도 예측할 수 없다. 하락장에서 매도를 결정하는 건 고통스러운 일이고, 세금까지 고려해야 한다. 따라서 자가배당은 철저한 계획과 여유 자금, 유연한 인출 전략이 전제되어야 작동할 수 있다. 반면, 배당주는 예측 가능성과 안정성을 갖추고 있다.

은퇴 이후 현금 흐름이 중요한 사람이라면, 자가배당과 배당주 중 어떤 방식이 자신에게 더 맞는지 진지하게 고민해볼 필요가 있다.

점성노배(젊을 때는 성장주, 노후에는 배당주) 전략

많은 사람이 점성노배 전략을 지지한다. 나도 이론적으로는 좋다고 생각한다. 대개의 경우 성장주의 TR이 더 높으니까. 그러나 주식투자를 하는 사람은 2가지를 고려해야 한다. 시장은 팽창할 수도 있고 축소될 수도 있다는 점과 시기적으로 은퇴 직전에 하락장이 올 수 있다는 점이 바로 그것이다.

특히 최근의 주식시장 경향은 빠르고 높게 오른 만큼 급하고 깊게 떨어진다. 미국에서는 금융위기였던 2008년과 미중 무역 갈등 그리고 코로나19로 전 세계가 뒤숭숭했던 2020년에 은퇴하려던 사람들이 은퇴 시기를 5~10년 뒤로 미룬 사례가 많았다. 생각지도 못한 하락장에 계획한 자금이 빠른 속도로 하락해 대비할 틈이 없었다.

배당주
이해하기

주식은 크게 성장주와 배당주로 나뉜다. 그리고 배당을 주면서도 성장하는 배당성장주가 있다. ETF의 등장으로 개별주와 ETF로 나누기도 한다. (이전엔 펀드도 있었지만, 이 책에서는 개별주와 ETF만 언급하도록 하겠다.) 개별주는 개별배당주, 개별배당성장주, 개별성장주가 있는데, 보통 '개별'이라는 단어는 빼고 지칭한다. ETF도 배당 ETF, 배당성장 ETF, 성장 ETF가

주식의 구분

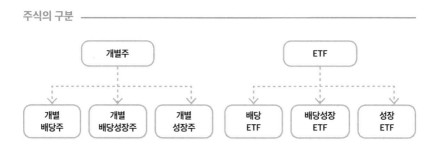

있는데, 성장 ETF라는 용어는 잘 쓰지 않는다.

개별배당주에는 꾸준히 배당금을 지급하고 배당금을 인상하는 기업에게 붙는 별칭이 있다. 배당킹, 배당귀족주, 배당챔피언, 배당블루칩은 각각 배당금을 지급하는 기업을 분류하는 용어로, 이들은 배당금 지급 지속성과 증가 기간에 따라 구분된다. 각 용어의 정의와 특징은 다음과 같다.

개별배당주의 별칭

별칭	기업 수	설명	예시
배당킹	37개	50년 이상 연속적으로 배당금을 인상한 기업	코카콜라(KO), 존슨앤존슨(JNJ) 등
배당귀족주	64개	25년 이상 연속적으로 배당금을 인상한 기업. S&P500지수에 포함된 기업들로 구성	펩시(PEP), 디즈니(DIS) 등
배당챔피언	347개	10년 이상 연속적으로 배당금을 인상한 기업. 배당킹과 배당귀족주를 제외한 범주로, 상대적으로 짧은 기간이지만 높은 배당성장률을 보이는 경향이 있다.	마이크로소프트(MSFT), 코스트코(COST), 버라이즌(VZ), 애플(AAPL) 등
배당블루칩	357개	5년 이상 연속적으로 배당금을 인상한 기업	스타벅스(SBUX), 맥도날드(MCD) 등

개별배당주 섹터별 대표 종목

책을 읽고 많은 정보를 접한 뒤 수많은 ETF나 종목들을 나열해도 정작 집중할 수 있는 종목의 수는 10~20개가 최대다. 그렇기에 오히려 많은 정보는 독이 될 수 있다. 지금부터는 개별배당주 섹터별 대표 종목을 몇 가지 소개하도록 하겠다. 특별한 경우에는 해당 주식을 추가로 설명하니 잘 읽어보기 바란다.

① 에너지(Energy)

대표 배당주	엑슨모빌(Exxon Mobil Corporation, 티커: XOM)
기업 설명	세계 최대의 통합 에너지 기업 중 하나로, 석유와 천연가스 탐사, 생산, 정제 및 판매를 수행한다.
배당률	3.64%
5년간 배당성장률	2.28%
배당성장 햇수	26년
배당 성향	44.19%
배당지급월	3/6/9/12월
주목할 점	• 안정적인 배당 지급: 26년째 꾸준한 배당을 제공해왔다. • 에너지 수요 회복: 글로벌 경제 회복에 따라 에너지 수요가 증가하고 있다. • 다각화된 사업 포트폴리오: 석유부터 천연가스, 화학 제품까지 다양한 사업을 운영한다.

② 자재(Materials)

대표 배당주	듀폰(DuPont de Nemours Inc., 티커: DD)
기업 설명	특수 화학 제품과 재료 과학 분야의 글로벌 리더로, 다양한 산업에 첨단 소재를 공급한다.
배당률	2.02%
5년간 배당성장률	1.13%
배당성장 햇수	3년
배당 성향	39.37%
배당지급월	3/6/9/12월
주목할 점	• 혁신적인 제품 개발: 지속적인 연구 개발로 신제품을 출시하고 있다. • 글로벌 시장점유율: 다양한 산업 분야에서 강력한 입지를 가지고 있다. • 안정적인 배당 정책: 주주들에게 꾸준하게 배당금을 제공한다.

③ 산업(Industrials)

대표 배당주	에머슨 일렉트릭(Emerson Electric Co., 티커: EMR)
기업 설명	자동화 솔루션, 산업 제어 시스템, 상업 및 주거용 제품 등 다양한 분야에 기술과 서비스를 제공하는 글로벌 기업이다.
배당률	1.75%
5년간 배당성장률	1.31%
배당성장 햇수	69년
배당 성향	38.25%
배당지급월	3/6/9/12월
주목할 점	• 배당킹: 60년 이상 연속으로 배당을 증가시켰다. • 다각화된 사업 포트폴리오: 에너지, 화학, 제조 등 여러 산업 영역에서 매출이 발생해 경기 변동에 탄탄히 대응한다. • 강력한 기술 역량: 산업 자동화와 제어 분야에서 오랜 역사를 바탕으로 꾸준한 혁신을 이어가고 있다.

④ 자유소비재(Consumer Discretionary)

대표 배당주	홈디포(The Home Depot, Inc., 티커: HD)
기업 설명	미국 최대 주택 개량 소매업체로, 건축 자재, 공구, 가전제품 등을 판매하고 있다.
배당률	2.34%
5년간 배당성장률	10.59%
배당성장 햇수	15년
배당 성향	60.4%
배당지급월	3/6/9/12월
주목할 점	• 안정적인 수익: 주택시장과 밀접하게 연관되어 꾸준한 매출을 올리고 있다. • 배당성장: 지속적인 배당 증가로 투자자들에게 안정적인 현금 흐름을 제공한다. • 시장 지배력: 업계 선두주자로서 강력한 브랜드와 유통망을 보유하고 있다.

⑤ 필수소비재(Consumer Staples)

대표 배당주	코카콜라(The Coca-Cola Company, 티커: KO)
기업 설명	세계적인 음료 기업으로, 탄산음료부터 주스, 커피 등 다양한 음료 제품을 판매하고 있다.
배당률	3.19%
5년간 배당성장률	3.93%
배당성장 햇수	62년
배당 성향	67.91%
배당지급월	4/7/10/12월
주목할 점	• 글로벌 시장 지배력: 200개 이상의 국가에서 제품을 판매하고 있다. • 배당킹: 50년 이상 연속으로 배당을 증가시켰다. • 다각화된 제품군: 소비자들의 변화하는 취향에 맞춰 제품을 다양화하고 있다.

⑥ 헬스케어(Healthcare)

대표 배당주	존슨앤존슨(Johnson & Johnson, 티커: JNJ)
기업 설명	제약, 의료기기, 소비자 건강 제품을 생산하는 글로벌 헬스케어 기업이다.
배당률	3.39%
5년간 배당성장률	5.54%
배당성장 햇수	62년
배당 성향	47.46%
배당지급월	3/6/9/12월
주목할 점	• 안정적인 수익: 필수 의료 제품을 제공해 경기 변동에 상대적으로 둔감하다. • 배당킹: 50년 이상 연속으로 배당을 증가시켰다. • 강력한 연구 개발: 신약 개발과 혁신적인 의료기기 출시로 성장 동력을 확보하고 있다.

⑦ 금융(Financials)

대표 배당주	JP모건 체이스(JPMorgan Chase & Co., 티커: JPM)
기업 설명	미국 최대 은행 중 하나로, 투자은행, 자산관리, 상업은행 등 다양한 금융 서비스를 제공한다.
배당률	2.06%
5년간 배당성장률	7.14%
배당성장 햇수	14년
배당 성향	25.6%
배당지급월	1/4/7/10월
주목할 점	• 견고한 재무 상태: 글로벌 금융위기에도 안정적인 수익을 유지했다. • 다양한 수익원: 금융 서비스의 다각화로 수익 구조가 탄탄하다. • 배당성장: 꾸준한 배당 증가로 투자자들에게 매력적이다.

⑧ 정보기술(Information Technology)

대표 배당주	마이크로소프트(Microsoft Corporation, 티커: MSFT)
기업 설명	소프트웨어, 클라우드 서비스, 하드웨어 등을 제공하는 글로벌 IT 기업이다.
배당률	0.79%
5년간 배당성장률	10.26%
배당성장 햇수	20년
배당 성향	25.41%
배당지급월	3/6/9/12월
주목할 점	• 클라우드 성장: 애저(Azure) 클라우드 서비스의 급성장으로 수익이 증가하고 있다. • 견고한 재무 실적: 지속적인 매출 성장과 높은 이익률을 유지하고 있다. • 배당 지급: 기술 기업 중에서도 꾸준한 배당을 제공하고 있다.

⑨ 통신서비스(Communication Services)

대표 배당주	컴캐스트(Comcast, 티커: CMCSA)
기업 설명	미국에 본사를 둔 다국적 미디어 및 기술 기업으로, 케이블 통신, NBC유니버설을 포함한 다양한 사업 부문을 운영하고 있으며, 고속 인터넷, 케이블 TV, 스트리밍 서비스, 테마파크 등을 제공하고 있다.
배당률	3.34%
5년간 배당성장률	8.1%
배당성장 햇수	18년
배당 성향	28.98%
배당지급월	1/4/7/10월
주목할 점	강력한 현금 창출 능력, 꾸준한 배당성장 그리고 미디어, 브로드밴드, 무선 서비스에 걸친 다각화된 사업 모델로 주목받고 있다.

⑩ 유틸리티(Utilities)

대표 배당주	넥스트에라 에너지(NextEra Energy, Inc., 티커: NEE)
기업 설명	미국의 대형 전력 회사로, 특히 재생에너지 분야에서 선도적인 위치를 차지하고 있다.
배당률	2.92%
5년간 배당성장률	10.51%
배당성장 햇수	29년
배당 성향	58.85%
배당지급월	1/4/7/10월
주목할 점	• 재생에너지 선도: 풍력 및 태양광 발전에 집중하여 미래 성장성이 높다. • 안정적인 수익: 전력 수요는 경기 변동에 영향을 덜 받는다. • 배당성장: 꾸준한 배당 증가로 투자자들에게 매력적이다.

⑪ 부동산(Real Estate)

대표 배당주	리얼티인컴(Realty Income Corporation, 티커: O)
기업 설명	다양한 상업용 부동산을 보유한 리츠로, 월배당을 지급하는 것으로 유명하다.
배당률	6.03%
5년간 배당성장률	3.55%
배당성장 햇수	31년
배당 성향	75.42%
배당지급월	매월
주목할 점	• 월배당 지급: 매월 배당을 지급해 현금 흐름 관리에 유리하다. • 다양한 임차인 포트폴리오: 안정적인 임대 수익을 제공한다.

04 대표 ETF 종목

지금부터는 'ETF(상장지수펀드)'를 어떻게 골라야 하는가'를 깊이 있게 알아보자. 요즘 시장에는 ETF가 넘쳐난다. 하지만 막상 고르려고 하면 기준이 많아 너무나 헷갈린다. ETF를 선택할 때 꼭 살펴봐야 하는 요소, 특히 운용 규모와 고배당·채권형 ETF의 특징을 알아보자.

ETF를 고를 때 확인해야 하는 핵심 사항

좋은 ETF는 어떻게 골라야 할까? 우선 '이 ETF는 어떤 지수나 종목을 담고 있는가'를 살펴야 한다. 예를 들어, S&P500을 추종하는지, 나스닥 100을 추종하는지 아니면 특정 섹터만 담는지에 따라 수익 구조가 크게 달라진다.

그다음에는 운용 보수를 살펴야 한다. 장기투자를 한다면 운용 보수가 예상보다 크게 누적될 수 있으니, 조금이라도 낮은 쪽이 유리할 때가 많다. ETF를 살 때 증권사 거래수수료가 들고, 이후 매년 운용사가 가져가는 운용 보수가 따로 있다. 예를 들어, 운용 보수가 0.35%라면, 1억 원을 넣었을 때 연간 35만 원 수준이다. 이 비용이 쌓이면 장기적으로 수익률에 영향을 미치니 꼭 확인할 필요가 있다.

그리고 운용사가 안정적으로 유동성을 공급하는지도 확인해야 한다. 운용 규모가 작은 ETF는 거래량이 부족해 원하는 시점에 사고팔기 어려울 때가 있다.

마지막으로, 과거 10년 성과를 참고할 것을 추천한다. 위기가 닥쳤을 때 이 ETF가 얼마나 방어력을 보여주었는지, 상승장에서는 얼마나 반등했는지 등을 살펴보면 장기투자에 도움이 된다.

운용 규모

자산운용업계에서는 운용 규모(AUM, Assets Under Management)를 운용 중인 자산의 총합으로 본다. ETF 운용 주체가 어느 정도 자금을 관리하는지 확인하면, 해당 운용사가 시장에서 얼마나 신뢰받았는지 가늠할 수 있다. 규모가 큰 펀드는 다양한 투자 기회를 얻기 쉽고, 단기간에 자금이 빠져도 쉽게 흔들리지 않는다. 다만, AUM이 크다고 반드시 수익률이 높은 것은 아니며, 너무 커서 투자 대상을 한정짓는 사례도 있다. 따라서

나는 월급쟁이 배당 부자가 되었다

AUM은 중요한 참고 자료이지만, 투자 성과와 위험 관리 역량도 함께 살펴야 한다. 그래야 진짜 의미 있는 판단을 내릴 수 있다.

섹터별 대표 ETF

ETF는 특정 지수를 통째로 담기도 하지만, 테마나 산업 분야를 골라 담기도 한다. 금융 분야는 XLF, 정보기술 분야는 VGT와 XLK, 통신서비스 분야는 VOX, 유틸리티 분야는 XLU, 부동산 분야는 VNQ가 대표적이다. 또한 에너지 분야는 XLE, 자재 분야는 XLB, 산업 분야는 XLI, 자유소비재 분야는 XLY, 필수소비재 분야는 XLP, 헬스케어 분야는 XLV가 대표적이다.

지수 추종 ETF와 배당 ETF

지수 추종 ETF로는 S&P500을 추종하는 SPY, VOO, IVV, SPLG 등이 있고, 나스닥 지수를 추종하는 QQQ, QQQM 같은 종목도 인기가 많다. 최근에는 모멘텀을 기반으로 한 SPMO 같은 ETF를 찾는 사람도 많다. 배당을 중시한다면 DGRO, SCHD가 대표 선수로 거론된다.

고배당 ETF와 커버드콜 전략

주식에 투자할 때 매달이나 매분기에 현금 흐름을 원한다면, 고배당 ETF가 눈에 들어올 수 있다. 대표적으로 JEPI, GPIX, JEPQ, GPIQ, QYLD가 있다. 예를 들어, JEPI와 JEPQ는 월 단위로 배당을 지급하기에 배당투자자에게 주목받고 있다. 이 두 ETF는 '커버드콜'이라는 방식을 사용한다. 보유한 주식에 콜옵션을 팔아 프리미엄을 얻는 전략인데, 주가 상승 기회가 어느 정도 제한되는 대신 안정적인 배당이 발생한다. 단, 이 방식은 비용이 들고, 주가가 떨어지면 배당도 같이 줄어들 수 있다.

고배당주 JEPI와 JEPQ

종목명	JEPI (JPMorgan Equity Premium Income ETF)	JEPQ (JPMorgan Nasdaq Equity Premium Income ETF)
기초지수	S&P500 TR USD	NASDAQ100 TR USD
운용사	J.P. 모건	J.P. 모건
총보수	0.35%	0.35%
배당 방식	월배당	월배당
배당금 (TTM* 기준)	8.76%	10.52%
순자산총액	302억 6,200만 달러	76억 6,300만 달러
출시일	2020년 5월 20일	2022년 5월 3일
주가수익률	6.84%	28.07%

* TTM: 12개월간의 성과나 지표

나는 월급쟁이 배당 부자가 되었다

JEPI와 JEPQ 둘 다 같은 운용사에서 비슷한 방식으로 운용하는데, 왜 JEPQ의 주가가 더 뛰어난 걸까? 기술주 비중의 차이 때문이다. JEPQ의 기술주 비중은 50.55%이고, JEPI의 기술주 비중은 18.3%다.

최근 주식은 AI 등으로 인해 매그니피센트7이 아주 강력했고, 그래서 JEPI보다 JEPQ의 실적이 좋았다. 반대로 2021년처럼 기술주가 힘을 쓰지 못한다면 '50%의 기술주 비중을 가진 JEPQ 역시 힘을 쓰지 못하겠구나' 하고 유추해볼 수 있다.

그렇다면 JEPI와 JEPQ 중에 무엇이 더 좋을까? 만약 여러분이 이 둘의 투자를 고민하고 있다면 이렇게 접근해보기 바란다. 앞으로도 나스닥이 모멘텀을 가지고 쭉쭉 성장할 것 같다면 기술주가 많은 JEPQ를 선택하는 것이 좋다. 반대로 기술주는 너무 많이 올라 상승 폭이 제한될 것이고, 이제는 다양한 섹터에서 골고루 성장할 것 같다면 S&P500 TR을 추종하는 JEPI를 선택하는 것이 좋다. JEPQ는 출시된 지 얼마 되지 않았다. 게다가 2022년 기술주가 하락했다가 올라오는 시기에 출시되었기에 상대적으로 높은 주가 흐름을 보여주고 있다는 사실을 기억하기 바란다.

물론 단점도 있다. JEPQ는 보통의 커버드콜이 그렇듯, 총보수가 0.35%로 싸지 않다. 또한 액티브 방식으로 운용된다. 펀드 매니저가 적극적으로 종목을 골라 담는 형식이라 기계적이고 자동적인 운용에 비해 비용이 비싸고, 일관성이 조금 떨어질 수 있다. 펀드 매니저의 능력에 따라 하락장의 낙폭을 줄일 수도 있지만, 여전히 위험성이 존재한다. JEPI와 JEPQ의 배당률은 일정하지 않다. 주가가 하락할 때 배당도 따라 하락하는 흐름을 보이며, ROC(Return of Capital)를 통해 배당률을 의도적으로 유지하는 움직임을 보이지는 않는다.

ROC는 회사(또는 펀드)가 배당 명목으로 준 돈이 '진짜 이익'이 아니라 '원금(자본)'에서 나온 금액을 뜻한다. 즉, 자본을 갉아먹어 배당처럼 지급하는 것이므로, 배당수익처럼 보여도 투자 원금을 조금씩 축내고 있을 수 있다는 점을 유의해야 한다.

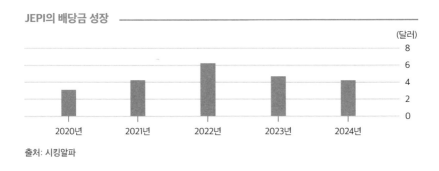

JEPI의 배당금 성장

(달러)

2020년 2021년 2022년 2023년 2024년

출처: 시킹알파

아쉽게도 JEPI의 배당성장은 없다. JEPQ는 출시된 지 얼마 되지 않아 비교할 히스토리가 빈약하다. JEPI와 JEPQ의 목표 배당률은 7~8%다. 1억 원을 투자하면 세전 700~800만 원을 받을 수 있다는 이야기다. 고배당주는 투자금 대비 높은 배당률을 보여주며, 빠른 시일 내에 지속적인 현금 흐름이 필요한 사람에게 좋은 선택지다. 주의할 점은 특정 기간에 일시적으로 수익률이 높게 나오는 것에 현혹되지 말아야 한다는 것이다. 그래서 출시된 지 얼마 안 된 신생 ETF는 투자 시 신중하게 접근해야 한다.

나는 월급쟁이 배당 부자가 되었다

JEPI와 JEPQ를 잡기 위해 등장한 GPIX

고배당주인 JEPI와 JEPQ 투자를 고려하고 있다면 GPIX에도 관심이 갈 것이다. GPIX는 골드만삭스가 J.P. 모건의 JEPI와 경쟁하기 위해 출시한 고배당 ETF다. 배당성장률은 이제 갓 1년이 넘어 왜곡되어 있다. JEPI와 마찬가지로 유의미한 성장은 없지 않을까 생각한다. 만약 인플레이션 헷지가 되는 커버드콜이 있다면 그것이 바로 진정한 차세대 커버드콜 ETF일 것이다.

종목명	GPIX
출시일	2023년 10월 24일
기초지수	S&P500
운용사	골드만삭스
운용 전략	커버드콜 전략을 사용하는 액티브 ETF
운용 보수	0.29%(JEPI보다 낮음)
투자 전략	S&P500지수를 기반으로 하며, 주로 대형 우량주에 중점을 둔다. 커버드콜 전략의 약점을 보완하고 성장성을 강화하기 위한 접근법이다.
배당 주기	월 단위(월 초 지급)
배당률	8.17%
장점	0.29%의 낮은 운용 보수(JEPI 0.35%보다 낮음)
단점	유동성이 낮아 거래 시 다소 불편하다.

GPIX는 VOO의 수익률까진 미치지 못하지만 비슷하게 따라가며, 일

정 배당을 지급한다는 장점이 있다. 다음은 인플레이션이 적용된 GPIX, JEPI, VOO의 2023년 10월 26일부터 약 1년 동안의 TR 차트다.

GPIX, JEPI, VOO의 TR 차트 ─────────────────────────────

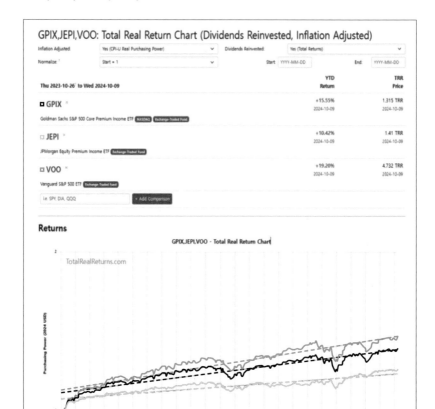

출처: 토털리얼리턴즈

GPIX는 안정적인 배당금 지급을 목표로 설계되었다. 이는 매월 변동이 큰 JEPI와 같은 경쟁 ETF의 단점을 보완해 나온 것이다. 실제로 11번의 배당금이 0.3~0.35달러로 아주 일정한 모습을 보인다.

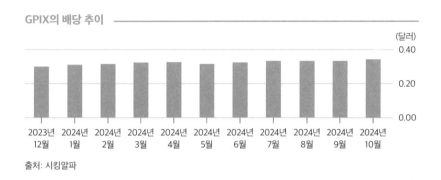

GPIX의 배당 추이

출처: 시킹알파

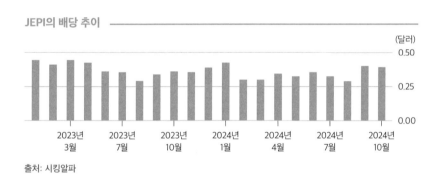

JEPI의 배당 추이

출처: 시킹알파

GPIX는 출시된 지 얼마 되지 않아 장기적인 성과는 아직 지켜봐야 하며, JEPI의 MDD는 3.9%인 반면, GPIX의 MDD는 7%로 변동성과 최대 낙폭이 더 크다. 즉, GPIX는 상승할 때는 JEPI보다 더 많이 상승하고, 하락할 때는 더 많이 하락하는 경향을 보인다. 2024년 1년 동안의 PR수익률은 JEPI는 3.48%, GPIX는 10.35%로 GPIX의 주가 상승이 가팔랐지만, 2025년 초 하락 때는 GPIX가 더 많이 하락하는 모습을 보여주었다. 또한 JEPI의 거래량이 100배 이상 많다.

GPIX와 JEPI는 같지만 자세히 보면 다르다. GPIX의 기초지수는 S&P500이며, 거의 그대로 추종한다. 반면 JEPI는 S&P500의 지수를 '참고'하지만, 구성 종목과 비중이 S&P500과 상당히 다르고, 독자적인 종목 선정 프로세스가 있으며, J.P. 모건의 자체 '위험 조정 순위' 등이 있다. 결론적으로, S&P가 하락할 때는 방어력이 좋은 JEPI가 더 좋고, S&P가 상승할 때는 S&P500을 그대로 추종하는 GPIX가 더 좋다. 하락장이 지속되어도 둘 다 배당금이 나오니 일정 부분 심리적인 안정도 가져갈 수 있다.

인컴투자자에게 좋은 ETF가 계속해서 출시되고 있다. 투자하기에 참으로 좋은 세상인 것 같다.

GPIQ ETF

고배당주인 JEPQ에 투자한다면 분명 GPIQ ETF에도 관심이 갈 것이다. GPIQ ETF는 골드만삭스에서 출시한 고배당 ETF다. J.P. 모건의 JEPQ와 경쟁하기 위한 목적으로 출시되었으며, JEPQ와 유사하지만 차별화되었다.

JEPI, JEPQ의 앞 글자인 J는 J.P. 모건의 'J', GPIX, GPIQ의 앞 글자인

G는 골드만삭스의 'G'라고 이해하면 어디서 출시한 건지 금방 떠오를 것이다.

종목명	GPIQ
출시일	2023년 10월 24일
기초지수	나스닥100
운용사	골드만삭스
운용 전략	커버드콜 전략을 사용하는 액티브 ETF
운용 보수	0.29%(JEPQ 0.35%보다 낮음)
투자 전략	나스닥100지수를 기반으로 하며, 주로 대형 기술주에 중점을 둔다. 커버드콜 전략으로 추가 수익을 추구하면서 성장성도 확보하려는 접근법이다.
배당 주기	월 단위(월 초 지급)
배당률	10.06%
장점	• 낮은 운용 보수: 0.29%로 JEPQ(0.35%)보다 낮다. • 안정적인 배당: 매월 일정 수준의 배당 지급을 목표로 한다. • 성장 잠재력: 나스닥100을 기반으로 기술주 중심 성장 가능성이 있다.
단점	• 짧은 운용 기간: 아직 장기 성과가 검증되지 않았다. • 높은 변동성: 일일 표준편차가 14.8%로 JEPQ(12.67%)보다 높다. • 거래량: JEPQ에 비해 거래량이 현저히 적다.

GPIQ는 나스닥100지수를 거의 그대로 추종하는 반면, JEPQ는 나스닥100을 '참고'하지만 독자적인 종목 선정 프로세스가 있다. 결론적으로, 나스닥100이 상승할 때는 GPIQ가 더 유리할 수 있고, 하락할 때는 JEPQ가 방어에 더 효과적이다. 그러나 2024년을 비교했을 땐 거의 비슷한 PR수익률과 TR수익률을 보여주었기 때문에 중장기적으로 본다면 배당과 운용 보수 측면에서 GPIQ가 더 나아 보인다.

초고배당 ETF

요즘 월배당 및 커버드콜 광풍이 계속되고 있다. 일드맥스(YieldMax)에서 출시한 초고배당 ETF들과 그들의 수익률 그리고 배당이 주목받고 있다. 종류와 티커가 너무 많아 힘들다면 앞 두 글자 혹은 세 글자로 유추할 수 있고, 마지막은 보통 'Y'로 끝나니 기억하기 쉬울 것이다.

일드맥스 ETF의 이름 패턴은 '기초자산이름+Y'다. Y는 YieldMax의 약자로, 해당 ETF는 수익률 극대화(Yield Maximization)를 목표로 하는 커버드콜 전략을 채택했음을 의미한다.

기초지수의 수익률

종목명	MSTR	NVDA	NFLX	AMZN	COIN	TSLA	QQQ
1년 PR 수익률	479.68%	150.06%	75.13%	42.42%	71.05%	68.74%	24.16%

초고배당 ETF의 배당률과 수익률(기준일: 2025년 1월 11일)

종목명	MSTY	NVDY	NFLY	AMZY	CONY	TSLY	QQQY
기초지수	MSTR	NVDA	NFLX	AMZN	COIN	TSLA	QQQ
배당률	96.29%	86.03%	51.06%	47.33%	148.22%	85.11%	85.15%
운용 보수	0.99%	1.01%	0.99%	1.01%	1.01%	1.01%	1%
1년 TR 수익률	224.96%	107.21%	59.44%	36.38%	40.46%	28.78%	7.89%
1년 PR 수익률	34.39%	-1.06%	-3.36%	-9.71%	-46.4%	-36.68%	-42.3%

수익률은 TR과 PR로 나뉜다. TR은 배당 재투자를, PR은 지수 단일 수익률을 의미한다. 초고배당주는 일반 배당주에 비해 TR과 PR이 크게 차이가 난다. 초고배당주는 배당 자체가 많기 때문에 기초지수가 내려가더라도 배당 재투자(TR)를 할 경우, 배당이 기초지수를 멱살 잡고 수익률을 끌어올릴 수 있다.

이 ETF들의 1년 TR수익률을 비교해보면, MSTY가 224.96%로 가장 높으며, NVDY, NFLY, AMZY, CONY, TSLY, QQQY 순으로 그 뒤를 잇고 있다. 아무리 못해도 QQQY를 제외하곤 QQQ만큼의 수익률을 얻고 있다.

대부분 배당률이 70~80%에 육박한다. 1,000만 원을 넣었다면 1년 동안 세전 700~ 800만 원을 받는다는 말이다. 이때 초보 투자자들은 이런 생각에 빠질 수 있다.

'단순히 1년 6개월 정도만 넣어두면 원금만큼 배당을 받는 거잖아. 원금만큼 받기만 하면 그 이후엔 상장폐지되어도 원금은 회수하고, 더 좋

은 경우에는 계속 높은 배당을 받을 수 있겠네?'

물론 그 생각이 맞을 수도 있다. 실제로 성공한 사람도 있다. 하지만 반대의 경우도 있다. 같은 계산으로 초고배당주에 넣었다가 원금을 잃고, 배당률도 급격히 떨어져 속으로 끙끙 앓는 사람도 있다. 그래서 주식 초보자들은 초고배당주에 투자하기 전에 몇 가지 사항을 알아두어야 한다.

배당이 높다는 의미는 몇 가지로 나뉜다. 기초지수가 하락해 배당률이 상승한 것처럼 보일 수 있다. CONY를 보라. 원금을 투자한 것보다 더 많은 148%의 배당을 줄 수 있을까? 1년 동안 약 50%의 하락이 있었다.

또한 오늘의 배당률이 다음 달의 월배당을 의미하지는 않는다. 현재까지의 배당이 평균 70%, 80%일 뿐, 고정된 값이 아니다. 앞으로는 20%, 30%로 떨어질 수도 있다.

세금 문제도 복잡해진다. 예를 들어 초고배당주에 5,000만 원을 투자했을 경우, 배당률이 70%면 3,500만 원이다. 그러면 금융소득종합과세자가 되어 ISA 계좌를 개설하지 못하고, 종합과세도 내야 한다. 원금 손실은 원금 손실대로 겪고, ISA 계좌를 개설하지 못하고, 종합과세도 내야한다면 삼중고를 당하는 것이다.

주의할 점은 또 있다. ETF들은 테슬라, 엔비디아, 코인베이스 등 변동성이 큰 기초자산을 대상으로 하고 있어 리스크가 크다. 높은 배당률에도 불구하고 주가가 크게 하락할 수 있다. 또한 높은 운용수수료(약 0.99~1.01%)를 내야 하고, 지속적인 고배당으로 인해 시간이 지남에 따라 ETF의 순자산가치(NAV)가 침식될 수 있다.

초고배당이 어떤 수익으로 나오는지 생각해볼 필요가 있다. CONY처럼 원금보다 많은 150%의 배당을 계속 줄 수 있을까? BM 구조(수익 구조)를 한 번쯤 생각해봐야 한다. 파생옵션이라고 해봤자 수익이 늘 월 5%, 6%가 나서 우리에게 지급하는 건 아니다. ROC라는 개념을 사용한다. 수익이 나지 않을 때는 원금을 받는다고 생각하면 된다. 그리고 ETF의 탈을 쓰고 있지만, 초고배당주 ETF는 단일 종목에 집중되어 있어 해당 종목의 성과에 영향을 크게 받을 수 있다. 여기서 모순이 생긴다.

앞서 ETF는 주식 보따리라고 이야기했다. ETF는 단일 주식보다 변동성을 낮출 수 있다. 그러나 이런 초고배당 ETF는 단일 주식 중에서 변동성이 큰 주식을 이용하기 때문에 주가 등락이 크다. 언제 매수했는지에 따라 어떤 사람은 원금 회수에 성공하고, 어떤 사람은 배당을 쏟아부어도 원금을 회수하지 못할 수 있다. 즉, 타이밍에 따라 성공 여부가 판가름이 난다.

초고배당주의 모순이 하나 더 있다. 초고배당주 ETF는 단일 주식 중 변동성이 큰 주식을 이용한다고 했다. 그렇다면 수많은 초고배당주 중에서 앞으로 유망한 종목을 선택해야 한다. 예를 들어, 앞으로 코인이 정책의 수혜나 공급량으로 인해 유망할 것 같다고 가정해보자. 그렇다면 초고배당주가 아닌 기초지수에 투자해야 한다.

앞서 소개한 표를 다시 살펴보자. 기초지수 수익률은 항상 초고배당주 TR수익률보다 높았다. 엔비디아가 오를 것 같다면 초고배당주인 NVDY가 아니라 NVDA에 투자했어야 한다. 그러면 50% 이상 더 높은 수익을 얻을 수 있었다. 이처럼 초고배당주는 타이밍을 잘 잡고 미래를 예측해야한다. 상승할 때는 기초지수보다 못한 수익률을 얻는다.

ETF가 더 이상 유망하지 않다면 원금이 깎이고, 배당금으로 겨우 연명하는 모양새가 될 수도 있다. 내가 투자한 것이 MSTY가 아니라 QQQY였다면 현재 FOMO를 극심하게 느낄 수 있을 것이다. ETF지만 ETF의 장점이 없다. 파생상품이고 단일 종목에 투자하기 때문에 N분의 1의 확률을 맞춰야 한다. 만약 주식시장의 대세가 바뀌어 기초지수가 지속적으로 하락한다면 더 급격한 하락을 맞이할 수도 있다. 커버드콜의 특성을 가지고 있기 때문이다.

이처럼 초고배당주는 배당률만 보면 괜찮은 투자처로 보이지만, 기초지수에 따라 편차가 크며, 타이밍도 맞춰야 한다. 또한 하락장 손실이 생각보다 크다는 점을 미뤄볼 때 위험 부담이 매우 높은 투자 종목이다. 기억하라. 내 돈으로 임상실험을 할 필요는 없다.

06

채권형
ETF

채권형 ETF는 금리 변화에 따라 가격이 움직이지만, 주식형 ETF와는 다른 방향으로 움직일 때가 많아 포트폴리오 분산에 유용하다.

단기 채권형 ETF

종목명	SGOV - iShares 0-3 Month Treasury Bond ETF	BIL - SPDR Bloomberg 1-3 Month T-Bill ETF	SHV - iShares Short Treasury Bond ETF
배당률	5.09%	5.02%	5.02%
운용수수료	0.09%	0.14%	0.15%
투자처	만기가 0~3개월인 미국 국채	만기가 1~3개월인 미국 재무부 단기 채권 (T-Bill)	만기가 1년 이하인 미국 국채

특징	초단기 채권에 투자해 금리 변동에 대한 민감도를 최소화한다. 가장 안전한 자산 중 하나인 미국 단기 국채에 투자해 원금 손실 위험이 매우 낮다. 만기가 짧은 채권에 투자하므로 유동성이 높다.	단기 국채 이자 수익을 제공한다.	단기 국채로 구성되어 투자 위험이 낮다. 초단기 채권보다 약간 높은 수익을 기대할 수 있지만 미미한 수준이다.

2022년만 해도 앞서 언급한 단기 국채 ETF의 배당률은 0.03%, 즉 거의 없었다. 그러나 지금은 미국 금리가 높아졌고, 덩달아 채권형 ETF의 배당금(분배금)도 높아졌다. 다시 미국 금리가 낮아지면, 배당률도 낮아질 것이다. 단기 채권형 ETF는 현금을 예적금에 넣자니 이자가 너무 적고, 달러 강세가 예상될 때 이용할 수 있다. 원화를 달러로 환전한 뒤 현금을 파킹하는 용도로 이용할 수 있다. 워런 버핏도 22년 만에 처음으로 채권 투자를 했다고 한다. 그는 현금성 자산 대부분을 단기 채권에 투자했다.

참고로, SGOV와 같지만 수수료는 0.02% 더 낮은 VBIL(운용수수료 0.07%)도 최근에 출시되었다.

중기 채권형 ETF

종목명	IEF - iShares 7-10 Year Treasury Bond ETF
배당률	3.19%
운용수수료	0.15%
투자처	만기가 7~10년인 미국 국채
특징	평균적으로 단기 채권보다 높은 이자 수익을 기대할 수 있다.

장기 채권형 ETF

종목명	TLT – iShares 20+ Year Treasury Bond ETF
배당률	4.36%
운용수수료	0.15%
투자처	만기가 20년 이상인 미국 장기 국채
특징	장기 채권 특성상 이자 수익이 높다. 금리 변화에 매우 민감해 단기 채권형 ETF에 비해 가격변동성이 크다. 경기침체 시기에는 주식과 반대로 움직이는 경향이 있어 포트폴리오 위험 관리에 활용될 수 있다.

채권형 ETF 투자 시 고려 사항

지금은 중장기 채권형 ETF보다 단기 채권형 ETF의 배당금이 더 높다. 경제의 불확실성으로 먼 미래에 경기가 더 나빠질 가능성이 커 장기금리가 낮아진 상태다. 또한 기준금리 인상으로 단기 채권 수익률이 급격히 높아질 때 금리 구조의 역전 현상이 일어나기도 한다. 경제가 비교적 불안정하다고 인식될 때는 단기 채권 금리가 오른다. 장기 채권 금리는 기대만큼 오르지 않아 '단기가 더 높은 이자'를 주는 역전 현상이 일어난다.

안정적인 현금 흐름을 원한다면 단기 채권형 ETF를, 장기적인 수익과 금리 하락에 따른 자본 이득을 모두 잡고 싶다면 장기 채권형 ETF를 고려하기 바란다. 이때는 금리 방향이 중요하다. 금리가 상승할 것으로 예상되면 단기 채권이 유리하고, 금리가 하락할 것으로 예상되면 장기 채권이 유리하다.

채권형 ETF는 보통 주식형 ETF보다 수익률이 낮다. 하지만 알아두어야 하는 이유는 주식과 채권을 혼합해 투자 위험을 분산시키는 전략을 사용할 수 있기 때문이다. 또한 SGOV(혹은 VBIL)나 BIL은 금리가 높을 때 현금 구매력을 유지하는 자산으로도 활용할 수 있다. 나도 현금보유량을 늘리고 싶을 때 활용하고 있다.

07

레버리지
ETF

레버리지 ETF는 기초자산의 일일 수익률을 일정 배율로 추종하도록 설계된 상장지수펀드다. QLD, TQQQ, UPRO의 특징, 기초자산, 장단점 그리고 유의 사항을 알아보자.

종목명	QLD (ProShares Ultra QQQ)	TQQQ (ProShares UltraPro QQQ)	UPRO (ProShares UltraPro S&P500)
배당률	0.27%	1.22%	0.72%
운용수수료	0.95%	0.95%	0.91%
레버리지	나스닥100지수의 일일 수익률의 2배	나스닥100지수의 일일 수익률의 3배	S&P500지수의 일일 수익률의 3배
특징	기술주 중심 단기투자에 적합하다.	공격적인 기술주 레버리지 ETF로 변동성이 크다.	미국 전체 시장의 단기 상승을 노리는 ETF다.

* 나스닥100은 기술주를 중심으로 한 미국의 대형 성장주로 구성되어 있다.

5장 배당투자로 기회를 잡아라

섹터별로도 레버리지 상품이 있다. 미국시장을 기준으로 섹터별 대표 레버리지 ETF를 몇 가지 소개한다.

섹터	종목명	특징
기술	TECL(Direxion Daily Technology Bull 3X Shares)	기술주 상승 시 3배 이익을 노리는 레버리지 상품이다.
	TECS(Direxion Daily Technology Bear 3X Shares)	같은 지수를 3배로 역추종해 기술주 하락에 베팅하는 상품이다.
금융	FAS(Direxion Daily Financial Bull 3X Shares)	금융 섹터(Russell 1000 Financial Services) 상승 시 3배 이익을 추구한다.
	FAZ(Direxion Daily Financial Bear 3X Shares)	금융 섹터 하락에 3배로 투자하는 인버스 레버리지 ETF다.
반도체	SOXL(Direxion Daily Semiconductor Bull 3X Shares)	필라델피아 반도체지수(SOX Index) 상승 시 3배 수익을 겨냥한다.
	SOXS(Direxion Daily Semiconductor Bear 3X Shares)	같은 지수 하락에 3배로 투자하는 역레버리지 상품이다.
바이오	LABU(Direxion Daily S&P Biotech Bull 3X Shares)	S&P Biotechnology Select Industry Index 상승 시 3배 이익을 노린다.
	LABD(Direxion Daily S&P Biotech Bear 3X Shares)	같은 지수를 3배로 역추종한다. 바이오주 하락에 베팅할 때 사용된다.
에너지	ERX (Direxion Daily Energy Bull 2X Shares)	에너지 업종(에너지주 지수) 상승 시 2배 수익을 추구한다. (3배가 아닌 2배 레버리지 상품이 대표적이다.)
	ERY(Direxion Daily Energy Bear 2X Shares)	같은 지수를 2배로 역추종한다. 에너지주 하락 시 수익을 노린다.
부동산	DRN(Direxion Daily Real Estate Bull 3X Shares)	부동산주(주로 REITs) 지수 상승 시 3배로 투자한다.
	DRV(Direxion Daily Real Estate Bear 3X Shares)	부동산주 하락에 3배로 베팅할 수 있는 상품이다.

레버리지 ETF 투자 시 유의 사항

중요한 사항이 있다. 레버리지 ETF는 일일 수익률을 기준으로 설계된다. 즉, 장기적으로 보유하면 기초지수의 수익률과 달라질 수 있다. 예를 들어, 나스닥100이 1년간 10% 올랐다고 해서 TQQQ가 30% 오르는 것이 아니다. 중간에 변동성이 크면 오히려 손실이 날 수도 있다.

좀 더 자세히 이야기해보도록 하겠다. 시장변동성이 큰 횡보장을 보일 때, 복리 효과로 인해 투자 원금이 감소할 수 있다. 예를 들어, TQQQ에 1억 원을 투자했다고 가정해보자. 나스닥100의 수익률이 오늘 +2%, 내일 -2%, 모레 +2%, 글피 -2% 이런 식으로 30일간 지속되면 어떤 일이 일어날까?

시장변동성이 큰 횡보장을 보일 때 레버리지 ETF인 TQQQ에 투자하면 복리 효과로 인해 투자 원금이 감소할 수 있다. 나스닥100지수가 2% 상승하면 TQQQ는 3배 레버리지이니 6% 상승하고, 나스닥100지수가 2% 하락하면 TQQQ는 6% 하락한다.

투자금의 일별 변화 계산

1일 차	나스닥100지수 수익률: +2%, TQQQ 수익률: +6% 투자금 변화: 1억 원×(1+0.06)=1억 600만 원
2일 차	나스닥100지수 수익률: -2%, TQQQ 수익률: -6% 투자금 변화: 1억 600만 원×(1-0.06)=9,964만 원
3일 차	나스닥100지수 수익률: +2%, TQQQ 수익률: +6% 투자금 변화: 9,964만 원×(1+0.06)=1억 561만 8,400원

| 4일 차 | 나스닥100지수 수익률: -2%, TQQQ 수익률: -6%
투자금 변화: 1억 561만 8,400원×(1-0.06)=9,928만 1,296원 |

이와 같은 방식으로 30일 차까지 계산한 결과를 비교해보면, 나스닥 100지수가 약 0.6% 하락할 때, TQQQ 투자금은 약 5.27%(9,473만 원) 하락한다. 즉, 나스닥100지수는 거의 변동이 없지만, TQQQ에 투자한 자금은 상당한 손실을 보게 된다.

TQQQ가 30일간 횡보할 때의 변화(나스닥100 ±2%)

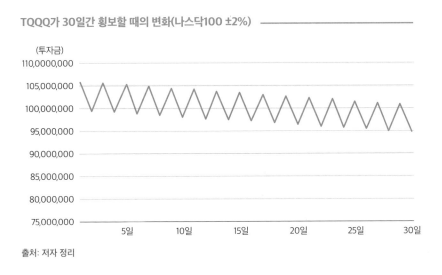

출처: 저자 정리

이렇게 시장이 오르내림을 반복할수록 자연스럽게 손실이 커지는 현상을 '변동성 손실' 혹은 '볼라틸리티 드래그(volatility drag)'라고 한다.

그렇다면 왜 이런 현상이 발생하는 걸까? 레버리지 ETF는 일일 수익률

나는 월급쟁이 배당 부자가 되었다

을 기준으로 레버리지를 적용하기 때문에 일간 변동성이 크면 복리 효과로 인해 장기적으로 원금이 감소할 수 있다. 상승과 하락이 반복되는 변동성 장세에서는 손실이 누적된다. 그 이유는 복리 효과의 부정적인 영향 때문이다. 수익률이 플러스와 마이너스를 반복하면 곱셈으로 계산되는 복리 특성상 원금이 서서히 줄어든다.

게다가 숨어 있는 비용도 존재한다. 레버리지는 빌려서 투자하기 때문에 금리 영향을 받으며 가산금리도 추가로 들어간다. 최근 금리는 고금리다. 그러다 보니 숨어 있는 비용까지 치면 운용수수료 0.95%가 아니라, 레버리지에 따라 6~12%의 비용이 들어간다.

강세장에서는 보다 높은 수익률을 얻을 수 있지만, 횡보장, 하락장에서는 말 그대로 원금이 녹는 역효과를 불러온다. 그렇다면 레버리지 투자는 전혀 쓸모가 없는 걸까? 그건 아니다.

'레버리지 상품은 변동성이 높아 장기투자에 불리하다'라고 생각하는 사람이 많다. 그런데 적립식(정기 매수) 방식이라면, 거치식(한 번에 투자)보다 상대적으로 안전하게 운용할 수 있고 효용성이 있다는 의견도 있다. 다만, 이것이 무조건 옳거나 언제나 유효한 건 아니다. 레버리지 투자는 다루기가 매우 까다롭다.

레버리지 ETF는 시장의 단기 급등·급락에 매우 민감하다. 하루 2배 또는 3배로 움직이는 만큼, 특정 시점에 목돈을 투자하면 (특히 투입 직후에) 큰 손실을 볼 위험이 있다. 적립식 방식은 투자금을 여러 시점으로 나누어 투입하기 때문에 가격이 하락했을 때 더 많은 주식을 매수해 평균 단가를 낮추는 효과(달러 코스트 에버리징)를 얻을 수 있다.

예를 들어, 3배 레버리지 TQQQ에 거치식으로 1,000만 원을 한 번에 넣었다고 가정하자. 투자 직후 QQQ가 10% 하락(레버리지로 TQQQ는 -30% 반영)한다면, 원금은 단기간에 700만 원으로 줄어든다. 이후에 시장이 반등해도 복리적 손실이 발생해 회복이 오래 걸릴 수 있다.

반면 적립식으로 같은 1,000만 원을 10개월로 나눠 매달 100만 원씩 투입하고 투자 초기에 시장이 하락한다면, 낮은 가격에서 더 많은 주식을 매수해 평균 단가를 낮춘다. 시장이 회복할 때 더 큰 탄력을 받을 수 있다. 다만, 이때도 지속적으로 하락한다면 큰 손실을 입을 수 있다. 갈수록 기존 투자금액이 늘어나고, 상대적으로 투자할 금액이 줄어들기에 기존 투자금액에 영향을 미치는 강도가 약해지기 때문이다.

처음 100만 원을 투자하고, 그다음에 100만 원을 투자한다면 비율이 5:5로, 평균 단가를 낮추는 효과가 강하다. 그러나 마지막 10개월째에 900만 원이 이미 투자되어 있고, 100만 원을 더 투자하면 9:1 비율로 평균 단가를 낮추는 효과가 미미해진다. 그렇기에 적립식이라 해도 무조건 평균 단가를 낮출 수 있다는 생각은 위험하다.

레버리지 ETF는 매일 배수를 재조정하기 때문에 변동성의 영향을 크게 받고, 특히 레버리지의 거치식 투자는 '언제 투자금을 넣느냐'가 성과에 매우 중요하다. 적립식으로 투자하면, 거치식보다 급락 타이밍을 피할 수 있고, 하락 시점에 추가 매수를 통해 평균 단가를 낮추는 효과로 비교적 안정적인 운용이 가능하다. 이에 대한 근거와 예시들은 개인투자자

나는 월급쟁이 배당 부자가 되었다

커뮤니티와 일부 블로그 백테스트에서 제시된 바 있다. 그럼에도 불구하고 시장이 장기간에 걸쳐 강하게 오르면 거치식이 이기는 상황이 더 많았다는 반론도 있고, 레버리지 상품 자체가 높은 위험을 동반하기 때문에 안전하다고 단정지을 수는 없다.

결국 적립식이 거치식보다 좀 더 방어적인 성격을 가질 수 있다는 것은 사실이지만, 레버리지 ETF 특유의 리스크와 경로 변동성 손실을 감안한다면 신중한 자금 관리와 본인의 위험 허용 범위에 맞는 전략이 훨씬 더 중요하다.

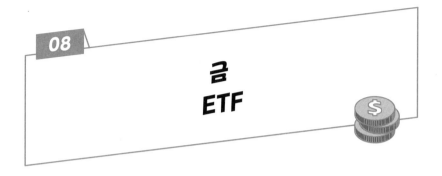

08

금
ETF

국내에서 금투자는 까다로운 편이다. 골드뱅킹, KRX 금시장, 국내외 금 상장지수펀드(ETF) 등 방법은 매우 다양하지만, 여전히 많은 사람이 전통적인 금투자법에 관심을 보인다. 금은방에서 골드바(금괴) 같은 금실물을 구입해 안방 금고에 보관한다고 생각해보자. ETF 등에 투자하는 것은 마치 숫자 놀이 같지만, 실물 금은 안정감을 준다. 그런데 투자 측면에서 정말로 좋을까?

나는 골드바와 같은 금실물투자는 추천하지 않는다. 거래 비용이 비싸기 때문이다. 처음 살 때 부가세 10%를 내고, 세공비와 거래수수료 등으로 5%가량을 더 내야 한다. 또한 살 때와 팔 때의 가격 차이가 10~15% 정도로 크다. 다시 말하면, 금이 안전자산이라는 생각에 무턱대고 실물 금을 샀다가는 단 하루 만에 30% 손해를 볼 수도 있다. 그래서 ETF로 투자하는 것을 권한다.

금 ETF를 간단하게 설명하면, 물리적인 금 ETF로는 GLD, IAU가 있고, 금에 투자하는 대신 금광을 캐는 회사나 관련된 업종에 투자하는 금광업 ETF인 GDX, RING가 있다. 금 ETF에도 레버리지 및 인버스 ETF가 있으며, 티커는 UGL, DUST다.

물리적인 금 ETF

종목명	GLD - SPDR Gold Shares	IAU - iShares Gold Trust
출시일	2004년 11월 12일	2005년 1월 21일
상장사	SPDR State Street Global Advisors	iShares Delaware Trust Sponsor LLC
기초자산	금 현물 가격	금 현물 가격
보유자산	실제 금괴를 보유하며, 안전한 금고에 저장된다.	실제 금괴를 보유한다.
유동성	740억 5,700만 달러	330억 3,400만 달러
수수료	0.4%(운용 보수와 금 보관 비용 포함)	0.25%(GLD보다 낮은 운용 보수)
배당금	없음	없음
1년 수익률	29.21%	29.29%
특징	세계에서 규모가 가장 큰 금 ETF 중 하나로, 물리적인 금의 가격 움직임을 추종하도록 설계되었다. 투자자들은 실제 금을 소유하지 않고도 금 가격 변동에 투자할 수 있다.	물리적인 금 가격을 추종하는 ETF로, 비교적 낮은 운용 비용으로 금에 투자할 수 있다.

금광업 ETF

종목명	GDX - VanEck Vectors Gold Miners ETF	RING - iShares MSCI Global Gold Miners ETF
기초자산	NYSE Arca Gold Miners Index	MSCI ACWI Select Gold Miners Investable Market Index
포트폴리오 구성	뉴몬트 코퍼레이션, 아그니코 이글 마인스, 버릭 골드 등 금광업체 포함	세계 각국의 금광업체 포함
보유자산	63개(2025년 4월 12일 기준, 출처: VanEck GDX)	39개(2025년 4월 10일 기준, 출처: RING ETF)
유동성	130억 9,800만 달러	8억 1,431만 달러
수수료	0.51%(높은 편)	0.39%
배당률	1.34%	1.53%
특징	세계 주요 금광업체들의 주식으로 구성된 지수를 추종한다. 금 가격뿐 만 아니라 금광 기업의 경영 성과에도 영향을 받는다.	글로벌 금광업체들의 주식으로 구성된 지수를 추종한다.

금광업 ETF는 배당금을 지급하고, 금 가격이 상승할 때 금 가격 상승분과 금광업체들의 상승분을 일부 가져갈 수 있다. 하지만 금 가격뿐 아니라 기업의 생산 비용, 경영 성과, 규제 등에 영향을 받으며, 변동성이 높아 투자 위험이 증가할 수 있다.

금 레버리지 및 인버스 ETF

종목명	UGL - ProShares Ultra Gold	DUST - Direxion Daily Gold Miners Index Bear 2X Shares
기초자산	Bloomberg Gold Subindex	NYSE Arca Gold Miners Index
운용 방식	파생상품을 사용해 레버리지 효과를 구현한다.	파생상품을 사용해 인버스 레버리지 효과를 구현한다.

유동성	3억 414만 달러	9억 5,450만 달러
수수료	0.95%	0.99%
배당금	없음	6.29%(배당을 제공하지 않은 기간이 더 많음)
목표 수익률	금 가격의 일일 변동률의 2배	지수의 일일 변동률의 -2배
특징	금 현물 가격의 일일 수익률의 2배를 추종하는 레버리지 ETF다. 금 가격 상승에 대해 레버리지 효과를 활용해 수익을 추구한다.	금광업 지수의 일일 수익률의 -2배를 추종하는 인버스 레버리지 ETF다. 금광업 지수의 하락에 베팅해 수익을 추구한다.

안전자산 투자로 금을 선택했다면, 직접투자로 GLD나 IAU를 고려하기 바란다. 금광업체의 성장성에 투자하려면 GDX나 RING가 적합하다. 1%대 배당금을 지급한다. 공격적으로 투자하려면 레버리지를 활용하는 것도 방법이다. UGL이나 DUST를 사용할 수 있다. 다만, 레버리지로 금 투자는 추천하지 않는다.

배당률에 따른 개별주 및 ETF 투자 시 수익 계산

배당투자는 일정 금액을 기업이나 ETF에 투자하고 수익금을 나눠 가지는 구조다. 그렇기에 투자한 금액과 배당률, 배당소득세(15%)를 계산하면 1년 동안 받을 수 있는 배당금이 나온다. 직접 계산해보면 은퇴 계획을 세울 때 도움이 된다. 자세한 건 이후에 알아보기로 하고, 여기서는 맛보기로 다루도록 하겠다.

1. 배당률 3%대

종목명	배당률	특징
존슨앤존슨 (Johnson & Johnson)	3.19%	• 헬스케어 분야의 글로벌 리더로, 의약품, 의료기기, 소비자 건강 제품 등을 생산한다. • 배당귀족주로서 오랜 기간 동안 꾸준히 배당을 증가시켜왔다.
SCHD(Schwab U.S. Dividend Equity ETF)	3.32%	• 안정적인 배당을 지급하는 미국 대형 우량주에 투자하는 ETF다. • 낮은 운용 보수와 꾸준한 배당성장으로 인기가 있다.
엑슨모빌(Exxon Mobil Corporation)	3.37%	• 세계 최대의 석유 및 가스 기업 중 하나로, 에너지 분야의 글로벌 리더다. • 안정적인 배당 지급과 에너지 수요 회복에 따른 성장 가능성이 있다.
애브비 (AbbVie Inc.)	3.58%	• 바이오 제약 기업으로, 면역학, 종양학 등 다양한 치료 분야에서 신약을 개발하고 있다. • 안정적인 수익성과 높은 배당률을 제공한다.

2. 배당률 5~6%대

종목명	배당률	특징
리얼티인컴 (Realty Income Corporation)	5.42%	• 상업용 부동산에 투자하는 리츠(REITs)로, 월배당을 지급하는 것으로 유명하다. • 다양한 임차인 포트폴리오로 안정적인 임대 수익을 제공한다.
버라이즌(Verizon Communications Inc.)	6.11%	• 미국의 주요 통신 기업으로, 무선 통신, 인터넷 서비스 등을 제공한다. • 안정적인 현금 흐름과 높은 배당률을 제공한다.
화이자(Pfizer Inc.)	6.5%	• 글로벌 제약 기업으로, 다양한 치료 분야에서 의약품을 개발하고 있다. • 꾸준한 배당 지급과 신약 개발로 성장 잠재력이 있다.
오메가 헬스케어 (Omega Healthcare Investors, Inc.)	6.59%	• 의료 시설에 투자하는 리츠로, 주로 장기 요양 시설에 초점을 맞추고 있다. • 고령화 사회에 따른 수요 증가로 안정적인 수익을 기대할 수 있다.
JEPI(JPMorgan Equity Premium Income ETF)	6.98%	• 프리미엄 수익을 추구하는 ETF로, 대형 우량주와 옵션 프리미엄을 활용한다. • 높은 배당수익률과 비교적 낮은 변동성을 제공한다.

3. 배당률 7% 이상

종목명	배당률	특징
알트리아 그룹 (Altria Group, Inc.)	7.08%	• 안정적인 배당을 지급하는 미국 대형 우량주에 투자하는 ETF다. • 낮은 운용 보수와 꾸준한 배당성장으로 인기가 있다.
EPR 프로퍼티스 (EPR Properties)	7.52%	• 특수 부동산에 투자하는 리츠로, 영화관, 놀이공원, 스키 리조트 등에 투자한다. • 독특한 부동산 포트폴리오로 높은 배당률을 제공한다.

종목명	배당률	설명
JEPQ(JPMorgan Nasdaq Equity Premium Income ETF)	9.34%	• 나스닥100지수를 기반으로 프리미엄 수익을 추구하는 ETF다. • 기술주에 대한 노출과 높은 배당수익률을 제공한다.
GPIQ(Global X Nasdaq 100 Covered Call ETF)	9.88%	• 나스닥100지수에 커버드콜 전략을 적용해 수익을 추구한다. • 옵션 프리미엄을 통해 높은 배당수익률을 제공한다.
QYLD(Global X Nasdaq 100 Covered Call ETF)	11.58%	• 나스닥100지수에 커버드콜 전략을 적극적으로 활용하는 ETF다. • 월배당을 지급하며, 높은 배당수익률을 제공한다.

배당률과 투자금 대비 세후 예상 배당금

	종목명	배당률	1,000만 원	5,000만 원	1억 원
3%대	존슨앤존슨	3.19%	27만 1,150원	135만 5,750원	271만 1,500원
	SCHD	3.32%	28만 2,200원	141만 1,000원	282만 2,000원
	엑슨모빌	3.37%	28만 6,450원	143만 2,250원	286만 4,500원
	애브비	3.58%	30만 4,300원	152만 1,500원	304만 3,000원
5~6%대	리얼티인컴	5.42%	46만 700원	230만 3,500원	460만 7,000원
	버라이즌	6.11%	51만 9,350원	259만 6,750원	519만 3,500원
	화이자	6.5%	55만 2,500원	276만 2,500원	552만 5,000원

나는 월급쟁이 배당 부자가 되었다

5~6%대	오메가 헬스케어	6.59%	56만 150원	280만 750원	560만 1,500원
	JEPI	6.98%	59만 3,300원	296만 6,500원	593만 3,000원
7% 이상	알트리아 그룹	7.08%	60만 1,800원	300만 9,000원	601만 8,000원
	EPR 프로퍼티스	7.52%	63만 9,200원	319만 6,000원	639만 2,000원
	JEPQ	9.34%	79만 3,900원	396만 9,500원	793만 9,000원
	GPIQ	9.88%	83만 9,800원	419만 9,000원	839만 8,000원
	QYLD	11.58%	98만 4,300원	492만 1,500원	984만 3,000원

이후에 자세히 설명하겠지만, 배당률이 높다고 좋은 것만은 아니다. 배당금은 확정이 아니다. 기업이나 ETF의 변동에 따라 성장할수록 배당컷이 나올 수도 있다. 또한 미국 주식이기 때문에 환율 변동에 따라 원화로 받는 배당금이 차이가 날 수도 있다.

앞서 소개한 ETF 및 주식들은 높은 배당률로 투자자들에게 꾸준한 현금 흐름을 제공할 수 있다. 그러나 배당률만을 기준으로 투자 결정을 내리기보다는, 기업의 재무 상태, 성장성, 시장 상황 등을 종합적으로 고려해 투자해야 한다. 이에 대해서는 지속적으로 이야기하도록 하겠다.

6장

배당으로
월 300만 원
받는 법

배당투자의 힘, 왜 더 빨리 시작하지 않았을까

배당투자하기 전에 고민해야 할 것

배당투자를 할 때는 다음 4가지를 중요하게 생각해야 한다.

1. 단계별 목표(목표 금액, 시기)

2. 현금 흐름 확보

3. 시간

4. 배당성장

이를 통해 여러분이 원하는 금액을 배당으로 받을 수 있다. 가장 먼저 '언제 얼마의 금액을 받고 싶은지' 구체적으로 작성해보라. 지금 당장 월

100만 원의 배당금을 받고 싶다면 필요금액도 상당히 커진다. 월 100만 원의 배당금을 받기 위한 필요금액을 계산해보면 다음과 같다.

필요한 세후 연간 배당금(배당률 5%, 배당소득세 15%, 금융소득종합과세 제외)
월 100만 원×12개월=연간 1,200만 원

배당소득세 15%를 고려하면 세전 배당금은 이보다 더 많아야 한다.

세전 배당금=세후 배당금÷(1-배당소득세율)
1,200만 원÷(1-0.15)=1,411만 원

연 1,411만 원을 받아야 세후 월 100만 원씩 배당을 받을 수 있다. 월 100만 원의 배당을 5% 배당수익률로 받으려면 2억 8,220만 원(1,411만 원 ÷0.05)이 필요하다. 월 100만 원을 '지금 당장' 받기 위해 필요한 돈은 약 2억 8,000만 원이라는 뜻이다.

그렇다면 2억 8,000만 원이라는 큰돈을 어떻게 모을까? 우리에게는 월급과 시간이 있다. 2억 8,000만 원을 월급으로 모은다고 가정해보자. 만약 월 200만 원씩 모은다면 11년 8개월이 걸린다. 돈을 침대 밑에 넣어두면 이 정도 걸린다는 뜻이다.

만약 연 7% 수익이 나는 ETF에 매월 200만 원씩 투자한다면 약 7년 5개월 만에 2억 8,000만 원에 도달할 수 있다. 4년 3개월이 단축된다. 저축만 할 때보다 훨씬 효과적이다. (7% 수익률은 미국시장의 평균 수익률이며, 이 책에서는 VOO, SPY, SPLG의 수익률을 의미한다.)

결국 '어느 시점에 얼마의 배당금을 받고 싶은가'와 내가 투자할 수 있는 돈이 얼마인가'를 같이 고민해야 한다. 시간은 되돌릴 수 없는 자원이기 때문에 젊을 때 투자 시간을 늘릴 것인지 혹은 초기에 많은 돈을 투입할 것인지를 고민해봐야 한다.

배당성장의 효과도 중요하다

시간을 많이 사용할 수 있다면 배당성장 효과도 노려 목표하는 배당금을 좀 더 쉽게 달성할 수 있다. 배당투자에서 배당성장을 빼놓는 건 성장주투자에서 주가 상승을 빼놓는 것과 비슷하다. 그만큼 배당성장은 정말 매력적이다.

배당은 기업이 벌어들인 이익 중 일부를 투자자에게 나누어 주는 개념이다. 즉, 여러분에게 용돈을 주는 기계와도 같다. 그런데 이 기계는 시간이 지날수록 주는 용돈이 점점 늘어난다. 처음에는 1,000원 정도 들어오다가 나중에는 2,000원, 3,000원으로 커질 수 있다. 쉽게 말해, 하루에 500원어치 사탕이 나오는 자판기가 시간이 흐르자 600원, 700원어치 사탕을 주는 자판기로 바뀐다고 상상해보자. 특별한 일을 하지 않아도 더 많은 사탕을 얻을 수 있다. 이것이 바로 '배당성장'이며, 시간을 아군으로 삼아 경제적 자유에 다가가는 중요한 전략이다.

나는 월급쟁이 배당 부자가 되었다

물론 일반적으로는 1~10% 정도씩 성장하지만, 수년이 지나면 처음에 받던 배당보다 2배, 3배가 커질 수도 있다. 대표적으로 SCHD의 배당은 5년 만에 2배, 10년 만에 3배가 되었다. 배당성장이 중요한 이유는 3가지다.

첫째, 시간이 흐르면 배당금이 늘어나기 때문에 단순히 일정 금액을 받는 것보다 더 많은 혜택을 누릴 수 있다. 예금과 가장 큰 차이점이다. 예금은 정해진 이자만 주지만, 배당금은 배당성장으로 인해 점점 더 많은 금액을 받을 수 있다. 둘째, 추가 노력 없이 점점 용돈이 많아지는 셈이라, 월급 외 소득이 생기는 효과가 있다. 셋째, 시간이 충분히 흐르면 출발이 작았다 해도 꽤 큰 수익을 기대할 수 있다. 따라서 배당투자를 할 때 ETF든, 개별 주식이든 배당성장률이 어느 정도인지 꼭 확인해야 한다.

대표적인 배당성장 ETF로는 SCHD(11.59%), DGRO(8.28%), VIG(10.11%)가 있다. 참고로 괄호 안에 적힌 숫자는 5년 CAGR(5년 평균 배당성장률)이다. 또한 배당성장하는 대표적인 개별 주식으로는 모건스탠리(22.25%), 브로드컴(14.71%), 애브비(7.69%)가 있다.

배당투자를 할 때 앞서 언급한 4가지 요소(목표 금액과 시기, 현금 흐름 확보, 시간, 배당성장)를 활용하면 원하는 배당금액을 이룰 수 있다.

여러분이 직접 계산해보면 공부가 되겠지만 조금 더 이해를 돕고자 4가지 요소를 활용해 배당으로 월 50만 원, 월 100만 원, 월 300만 원을 받는 방법을 설명하도록 하겠다. 배당률과 배당성장을 보면 미래를 설계할 수 있다. 배당률이 낮은 순으로 예를 들어보도록 하겠다.

종목명	배당률	배당성장률	대안
VOO	1.26%	4.49%	IVV, SPLG
SCHD	3.69%	11%	VIG, DGRO
JEPI	6.63%	없음	GPIX
JEPQ	9.15%	없음	GPIQ
QLYD	11.52%	-1.13%	RYLD

VOO에서 QYLD로 갈수록 배당률은 높아지지만, 변동성이 커지고, 주가가 하락하거나 인플레이션을 헷지하지 못한다는 단점이 있다.

이를 통해 유추할 수 있듯, QYLD나 JEPQ를 보면 9~11%의 높은 배당금을 받을 수 있지만, 문제는 배당성장이 없기 때문에 구매력이 점차 약해진다. 즉, 햄버거나 치약 가격은 올라가는데, 내가 받는 배당금은 그대로라는 뜻이다.

VOO에 월 50만 원씩 투자해 매월 50만 원, 100만 원, 150만 원, 300만 원의 배당을 받으려면 얼마나 걸릴까?

1. 월 50만 원(연간 600만 원) 배당 달성 시점: 30년 전후

2. 월 100만 원(연간 1,200만 원) 배당 달성 시점: 37~38년

3. 월 150만 원(연간 1,800만 원) 배당 달성 시점: 42~45년 전후

4. 월 300만 원(연간 3,600만 원) 배당 달성 시점: 50~55년 전후

사실 VOO를 배당 목적으로 이렇게 투자하는 사람은 없다. 1~2%에서 유의미한 복리의 성장이 일어나려면 수명이 3배는 더 늘어나야 한다. 배당투자로 VOO를 추천하지 않는 것은 1%의 배당률 때문이다. 보통은 지수 추종 ETF에 투자하고, 은퇴 전에 자금이 필요할 때 VOO를 매도하고 배당률이 높은 배당주를 매수하는 방식으로 활용한다. 다만, 매도할 때는 양도소득세 22%를 내고 배당주를 매수해야 한다는 점이 약점이다.

이번에는 SCHD에 월 50만 원씩 투자한다고 가정해보자. 다음 계산은 복잡한 가정이 포함된 대략적인 추산치다. 실제 투자 결과는 주가 변동, 환율, 증권사 수수료, 재투자 시점, 세법 변화 등에 따라 달라질 수 있으니 참고용으로만 보기 바란다.

1. 매달 50만 원(연간 600만 원) 꾸준히 투자(매년 동일 금액)

2. 초기 가정 배당률: 약 3.69%

3. 매년 배당성장률: 약 11%

4. 배당소득세: 15% 낸 뒤 재투자

5. 배당금은 분기마다 재투자해 보유 주식 수 증가

6. 가격 변동 없이 단순 모델로 가정

이러한 조건을 종합해보면, 배당의 증가 곡선은 처음에는 느리게 오르지만, 시간이 지날수록 가속도가 붙는다. 다만, 세금으로 인해 당초 예상보다 조금 늦어질 수 있다. 하지만 분기별 배당 재투자로 어느 정도 시간이 경과하면 그 손실분을 상쇄하게 된다. 매월 50만 원 투자로 목표 월배당금 달성 예상 기간을 추정하면 다음과 같다.

1. 월 50만 원(연간 600만 원) 배당 달성 시점: 14년 전후

2. 월 100만 원(연간 1,200만 원) 배당 달성 시점: 20년 전후

3. 월 150만 원(연간 1,800만 원) 배당 달성 시점: 23년 전후

4. 월 300만 원(연간 3,600만 원) 배당 달성 시점: 28년 전후

금액을 늘려 SCHD에 월 50만 원, 월 100만 원, 월 150만 원, 월 300만 원씩 투자했을 때 받을 수 있는 배당금을 표로 정리하면 다음과 같다(금융소득종합과세 제외).

SCHD 투자금	배당금 수령 시기			
	50만 원	100만 원	150만 원	300만 원
월 50만 원	14년	20년	23년	28년
월 100만 원	10년	14~15년	17~18년	22~23년
월 150만 원	8~9년	12년	15년	20년
월 300만 원	5~6년	8~9년	10~11년	14~15년

월 50만 원을 투자하고 150만 원을 받으려면 23년이, 월 50만 원을 투자하고 300만 원을 받으려면 28년이 걸린다. 이 28년을 절반인 14년으로 줄이려면 월 300만 원을 투자해야 한다. 투자금 50만 원이 6배로 늘어난

나는 월급쟁이 배당 부자가 되었다

수치다. 내 시간이 소중한 이유가 바로 이것이다. 이 계산에서 시간을 돈으로 환산하면 6배 더 비싸다고 할 수 있다. 이런 방식으로 '은퇴까지 남은 시간'과 '내가 투자할 월 액수'를 조합해볼 수 있다.

은퇴까지 30년이 남은 경우, SCHD에 월 50만 원씩 투자하면 28년 뒤에 월 300만 원의 배당을 받을 수 있다. 그러나 15년 이내에 은퇴하고 월 300만 원씩 배당을 받고 싶다면 300만 원씩 투자해야 은퇴 시기에 원하는 배당을 받을 수 있다.

단순하지만 한 번 더 JEPQ로 계산해보자. 이 계산으로 자신의 필요 은퇴 자금과 필요 시간을 확인할 수 있고, 원하는 배당금을 얻을 수 있다. JEPQ에 월 50만 원, 월 100만 원, 월 150만 원, 월 300만 원씩 투자했을 때 받을 수 있는 배당금을 표로 정리하면 다음과 같다(금융소득종합과세 제외).

JEPQ 투자금	배당금 수령 시기			
	50만 원	100만 원	150만 원	300만 원
월 50만 원	9년	4년	18년	25년
월 100만 원	5년	9년	12년	15년
월 150만 원	4년	7년	9년	14년
월 300만 원	2년	4년	5년	9년

이는 대략적인 추정치다. 실제 결과는 주가 변동, 환율, 세율 변화, 수수료, 월별 배당 타이밍 등에 따라 달라질 수 있다. 여기서는 단순화를 위해 배당률 연 9.15%, 배당성장률 0%, 배당소득세 15%, 실질 수령 배당률

7.78%로 가정하고, 가격 변동 없이 매월 배당을 받아 그대로 재투자한다고 가정했다(월 수익률 약 0.65% 가정).

- 월 50만 원 배당 → 연간 600만 원 배당 필요

- 월 100만 원 배당 → 연간 1,200만 원 배당 필요

- 월 150만 원 배당 → 연간 1,800만 원 배당 필요

- 월 300만 원 배당 → 연간 3,600만 원 배당 필요

필요 원금 계산(세후 실질배당률 약 7.78%)
- 월 50만 원: 연 600만 원÷0.0778= 약 7,712만 원 필요

- 월 100만 원: 연 1,200만 원÷0.0778= 약 1억 5,420만 원 필요

- 월 150만 원: 연 1,800만 원÷0.0778= 약 2억 3,140만 원 필요

- 월 300만 원: 연 3,600만 원÷0.0778= 약 4억 6,300만 원 필요

JEPQ의 배당률이 높다 보니 SCHD에 비해 확실하게 기간이 짧아졌다. 월 300만 원을 투자해 300만 원을 수령하는 시기는 9년이다. 그러나 월 50만 원을 투자해 300만 원을 수령하는 시기는 25년이다. SCHD의 28년에 비해 고작 3년밖에 차이가 나지 않는다. '그래도 3년 빨라졌으니 JEPQ가 유리한 거 아니야?'라고 생각할 수 있지만, 표에서는 드러나지 않는 '지속력'이 다르다. 특히 노후에는 배당금을 받아 생활비로 써야 하기 때문에 배당 재투자를 하지 못한다. 즉, SCHD와 JEPQ 원금의 배당성장만

나는 월급쟁이 배당 부자가 되었다

믿고 노후를 대비해야 하는데, JEPQ는 배당성장이 없으니 원금을 까먹기 시작한다. 물론 주가가 상승하는 시기라면 JEPQ도 좋지만, 주가가 하락하는 시기라면 곤란할 수 있다. SCHD는 지속적으로 배당성장을 해왔고, 앞으로도 배당성장을 하면 월 50만 원을 투자해도 노후에 돈 걱정 없이 살 수 있다.

정리하면, SCHD는 적은 적립식 투자금과 시간을 투자한 복리로 미래를 더욱 잘 대비할 수 있는 반면, JEPQ는 짧은 시간 내에 거치식 투자로 원하는 목표를 달성할 수 있다.

너무 많은 배당은
오히려 독이다

최근 월배당·초고배당 ETF가 쏟아지고 있고, 커버드콜 전략이 유행하고 있다. 월배당을 지급하고, 적은 원금으로 월 50만 원, 월 100만 원의 패시브인컴을 만든다는 이야기는 아주 매력적이다. 배당투자의 목적이 패시브인컴이니까. 해외 증권사 일드맥스가 출시한 CONY, TSLY 등이 대표적인 예다. 우리는 이런 ETF가 많이 출시되는 이유를 알아야 한다. 즉, 고배당주의 함정을 주의해야 한다. 하나씩 차근차근 설명하도록 하겠다.

첫째, 고배당주는 수수료가 비싸다. 커버드콜 혹은 펀드 매니저가 액티브 운용하는 고배당주는 수수료가 올라간다. 예컨대 S&P500 지수 추종 ETF인 VOO의 수수료는 0.03%, SCHD의 수수료는 0.06%다. 이 정도면 매우 저렴한 축에 속한다. 반면 JEPI의 수수료는 0.35%, QYLD의 수수료는 0.61%, CONY의 수수료는 1.01%다. 퍼센트로 계산하면 감이 오지 않을 수도 있으니 지불해야 하는 비용으로 설명하도록 하겠다. 1억 원을 투자했을 때의 수수료는 다음과 같다.

- VOO: 약 3만 원
- SCHD: 약 6만 원
- JEPI: 약 35만 원
- QYLD: 약 61만 원
- CONY: 약 101만 원

투자자 입장에서는 VOO에서 CONY로 바꾸면 수수료가 3만 원에서 101만 원까지 증가한다. 투자자가 지불한 98만 원은 누가 가져가는 걸까? 증권사 입장에서는 이런 유행이 찾아왔을 때 투자자들이 원하는 월배당·초고배당 ETF(수수료가 비싼 ETF)를 만든다면 좋은 수익을 얻을 수 있다. 따라서 증권사 입장에서는 높은 수수료가 반가울 수 있다.

ETF와 지수 추종 ETF가 나온 뒤 투자 트렌드가 간접투자에서 직접투자로, 펀드에서 ETF 투자로 바뀌면서 증권사에서 떼는 수수료가 적어졌다. 그런데 지금은 많은 사람이 월배당과 고배당을 원한다. 증권사는 고배당주를 만들고, 일반 ETF보다 더 많은 수익을 낸다. 만약 우리가 CONY에 1억 원을 넣고 2년 동안 보유한다면, 약 202만 원의 운용수수료를 내야 한다. 결코 적은 금액이 아니다. (다만, 수수료는 우리가 따로 지급하지 않는다. 주가수익률에 녹아 있으며, 하루씩 계산되어 차감되는 형태다.)

둘째, 출시된 지 얼마 되지 않았고, 하락장에서 힘들 수 있다. 올라갈 때는 느리지만, 내려갈 때는 곧바로 추락하는 커버드콜 특성을 가지고 있다. 하지만 하락장을 만나지 않은 신생 ETF들은 위험성이 다소 축소되어 있다.

셋째, 기초기수에 따라 편차가 크다. 초고배당주에 투자하는 사람들은 이렇게 말한다.

"변동성이 큰 것은 알고 있다. 초고배당으로 원금만큼 받는다면, 그 배당으로 다른 곳에 투자할 것이다."

문제는 기초지수가 떨어지기 때문에 종목마다 원금 회수 기간이 다르고, 상승장, 하락장에 따라 전혀 다른 결과를 얻을 수 있다는 것이다. 강세장에서는 나스닥 2배, 3배 레버리지를 이용하는 사람이 굉장한 수익률을 얻어 주식의 신처럼 보이지만, 반대로 약세장에서는 언제 원금을 회수할 수 있을지 몰라 난감해하는 모습을 보일 것이다.

또한 사람들은 수익률이 높은 종목만 이야기한다. 하지만 수익률이 낮은 초고배당주도 있다. 일드맥스에서 출시한 AMZY는 아마존 옵션 인컴 전략을 사용한다. 그러나 아무도 거론하고 있지 않다.

사람들은 마이크로스트래티지(MSTR)가 크게 오른 덕에 엄청나게 상승한 MSTY(연초 대비 누적 실적 기준 248.77%)를 자주 언급한다. 그러나 2024년 말에 큰 폭으로 상승한 테슬라 옵션 인컴 전략인 TSLY(28.14%)와 CONY(32.01%), AMZY(34%)의 TR은 낮은 축에 속하며, 기초지수에 따라 변동성이 크다 보니 원금만 회수하고 발을 빼겠다는 투자자가 많다. 즉, 출시될 때는 어떤 주식이 기초지수가 올라갈지 모르기 때문에 변동성을 감안하고 투자해야 한다.

넷째, 인플레이션 헷지가 안 된다. 초고배당주는 기초자산 등락에 따라 배당도 출렁이고, 커버드콜이라는 특성상 배당률도 설정한 것 이상으로 주지 못한다. 이미 배당률이 높고, 해가 갈수록 배당성장이 없기 때문에 투자자들이 매력을 느끼는 시기도 다소 제한적임을 짐작할 수 있다. 개인적으로 순자산 유입이 없는 ETF에서는 밝은 미래가 쉽게 그려지지 않는다.

그렇다면 안전한 접근 방식은 없을까? 다음 3가지를 확인하면 조금 더 안전한 투자가 가능하다.

첫째, 반드시 기초지수를 확인해야 한다. 당장 70%, 100% 배당을 주는 것에 매력을 느껴 투자하고 싶은 마음이 들겠지만, 우선 해당 티커가 어떤 기초지수를 추종하는지 확인해야 한다. 확인해보니 해당 ETF의 미래가 유망하다면 투자 후 하락하거나 배당이 적어지더라도 인내심을 가질 수 있다.

둘째, 증권사에서는 일단 여러 가지 ETF를 내놓고, 잘된 ETF는 보존하고, 그렇지 않은 ETF는 상장폐지한다. 따라서 매력적인 초고배당주를 발견했다 해도 1년 정도 추이를 지켜본 뒤에 투자하는 것이 좋다.

셋째, ROC를 확인해야 한다. 사실 이것도 쉽지 않다. 증권사가 숨기는 경우가 많아 시트를 보고 역산해야 하는데, 주식 초보자에게는 결코 쉬운 일이 아니다. 하지만 ROC의 위험성을 이해해야 투자하는 데 도움이 된다.

ROC란, 자본을 줄여 투자자에게 배당금을 지급하는 것을 말한다. 쉽게 말해, 회사가 주주에게 배당금을 줄 때 그 돈이 회사의 수익에서 나오는 것이 아니라 회사의 가치가 줄어든 부분에서 나올 수 있다는 뜻이다. 즉, 내가 투자한 원금 중 일부를 되돌려받는다는 의미다. 만약 ROC가 계속된다면, 배당금을 줄 수 있는 능력이 떨어질 수 있다. 그러면 배당금이 줄어들거나 아예 없어질 위험도 있다.

배당투자를 할 때 배당률이 높은 것이 꼭 좋은 투자라고 할 수는 없다. 실제로는 손실을 보고 있을 수도 있다. 즉, 배당률이 70%라 해도, 그 속에 ROC가 높은 비중으로 포함되어 있다면 조삼모사인 것이다.

만약 빠른 원금 회수를 목표로 한다면 ROC를 감수할 수 있지만, 장기적인 자산가치를 생각한다면 신중해야 한다. 기초자산이 꾸준히 상승하면 ROC가 있어도 괜찮을 수 있지만, 반대로 투자금이 더 이상 유입되지 않고 순유출이 많아질 수도 있다. 그러면 주가가 더 빠르게 하락하고 원금 손실 확률이 커지는 수순으로 이어질 가능성이 크다.

이런 이유로 여러분이 특수 목적을 가지고 있다면, 초고배당주는 3~4년 용으로 단기적으로 활용하길 권한다.

연령별
배당투자 전략

20대와 30대, 40대의 투자 목표와 금액이 같을 수는 없다. 연령별로 어떤 점을 주의해야 하는지, 어떤 방향으로 투자 계획을 세워야 하는지 하나하나 알아보자.

20대의 투자: 인생에서 가장 중요한 시기

20대의 현금 흐름은 예측하기 어렵다. 안정적으로 소득을 얻는 사람도 있지만, 그렇지 않을 가능성이 크다. 따라서 연금저축펀드, IRP, ISA 같은 계좌를 활용하되, 과도한 최적화는 피하는 것이 좋다. 인터넷을 보면 '직장인이 따라야 하는 연금투자 순서'가 많이 떠돌아 다닌다. 물론 20대에도 연금저축펀드, IRP, ISA에 투자할 수 있지만, 그 시기에는 결혼, 취업,

독립 등 인생 이벤트가 많기 때문에 연금으로 노년 때까지 묶이는 돈과 묶이지 않는 돈의 구분이 필요하다. 따라서 SNS에서 말하는 이론이 아니라 현실적인 투자 접근 방식이 필요하다.

특히 20대의 투자는 인생 이벤트의 초기이기에 단기, 중기, 장기로 나누어 현금 흐름과 자산 성장을 계획하는 것이 좋다.

- 단기(1년 이내): 유동성을 확보해 긴급 상황에 대비
- 중기(3~5년): 결혼, 독립과 같은 이벤트 대비 → ISA
- 장기(10년 이상): 은퇴 자금, 노후 대비 투자 → 연금저축펀드, IRP

연금저축펀드와 IRP는 55세 이후에 인출 가능하므로 장기 목표에 어울리고, ISA는 3년이 만기이므로 결혼이나 이사 같은 중기 목표에 어울린다.

20대가 직면한 현실

지금의 20대는 '국가가 버린 세대'라는 말이 나올 정도로 많은 도전에 직면해 있다. 취업이 어려워 많은 이들이 아르바이트로 생계를 이어가고 있다. 안정적이고 적당한 소득이 보장되는 일자리를 찾기 쉽지 않은 시대다.

그럼에도 20대는 디지털에 익숙하고 정보 활용 능력이 뛰어나다. 어려운 상황에서도 기회를 찾으려 노력하며 경제적 독립이라는 중요한 목표

를 이루려 노력하고 있다. 성인이 되어 부모로부터 신체적·정서적 독립을 이루었다면, 이제는 재정적 독립을 향해 달려가야 한다.

다만 취업이 어렵다 보니, 본업 대신 아르바이트로 생계를 이어가는 '프리터족'이나 한곳에 얽매이지 않는 '디지털노마드' 형태의 생활이 확산되고 있다.

15~34세 젊은층이 이런 생활 방식을 택하며, 안정적인 직장을 구하기보다는 유연한 근무 환경을 통해 자유로운 생활을 추구하는 경우가 많다. 하지만 정규직과 비교했을 때 사회보험, 퇴직금, 보너스 혜택 등이 적거나 아예 없어 장기적으로 경제적 안정성이 낮다. 이 때문에 결혼, 출산, 내 집 마련 등 인생 이벤트를 미루거나 포기하는 경우가 많다.

프리터족의 장점은 삶이 유연하다는 것이다. 자유롭게 시간을 쓰고, 하고 싶은 일에 몰두할 수 있다. 취미나 예술활동, 여행 등으로 자기만의 라이프 스타일을 구축하는 데 유리하고, 한 직장에 묶이지 않고 여러 업종, 다양한 환경에서 경험을 쌓아 넓은 시야나 자산(네트워크, 경험치)을 얻을 수 있다. 이는 새로운 비즈니스로 연결될 수도 있다.

아직 우리나라에서는 '프리터족'이라는 용어가 흔하게 사용되고 있지 않다. 하지만 비슷한 생활 방식으로 아르바이트를 하며 생활하는 청년들이 있다. 투잡, 쓰리잡을 하는 경우도 많다. 고정 월급 대신 유튜브, SNS, 블로그, 디지털 콘텐츠 판매 등에 기반한 디지털노마드형 창작자로 살아가는 경우도 어렵지 않게 찾아볼 수 있다.

위험 부담이 있지만, 그들을 나쁘게 바라볼 필요는 없다. 오히려 경제

IQ가 높은 상태라면 직장인보다 스트레스를 덜 받고 하고 싶은 일을 하며 노후를 준비할 수 있다고 생각한다. 분명한 건 20대에는 어떤 식으로든 경제 IQ를 확실히 높여야 한다는 것이다.

20대는 투자할 돈이 없다고 생각할 수 있다. 맞는 말이다. 하지만 오히려 이때가 투자를 실천할 최적의 기회다. 지금부터 그 이유를 설명하도록 하겠다.

20대가 당장 투자를 시작해야 하는 이유

20대의 월 50만 원은 30대의 월 150만 원, 40대의 월 300만 원보다 힘이 있다. 복리 효과 때문이다. 단순한 비유가 아니다. 자산은 투자 기간이 길수록 기하급수적으로 커진다.

예를 들어, 장기적으로 평균 10% 연 환산 수익률을 가정해보면 다음과 같은 평가금을 얻을 수 있다. VOO로 바꿔도 비슷하다.

- 20대: 30년간 월 50만 원 투자 → 약 11억 3,000만 원
- 30대: 20년간 월 150만 원 투자 → 약 11억 4,000만 원
- 40대: 10년간 월 300만 원 투자 → 약 6억 1,000만 원

다음은 20대, 30대, 40대의 투자 그래프다. 하나씩 살펴보기 바란다.

20대의 투자 그래프(30년간 50만 원씩 투자할 경우)

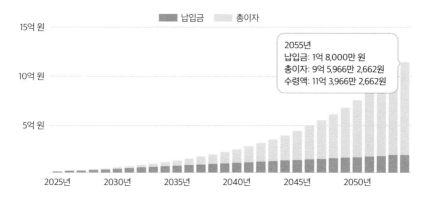

2055년
납입금: 1억 8,000만 원
총이자: 9억 5,966만 2,662원
수령액: 11억 3,966만 2,662원

30대의 투자 그래프(20년간 150만 원씩 투자할 경우)

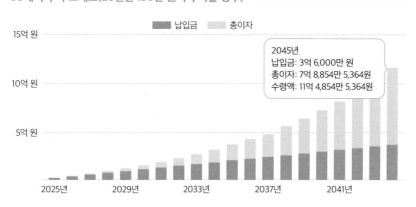

2045년
납입금: 3억 6,000만 원
총이자: 7억 8,854만 5,364원
수령액: 11억 4,854만 5,364원

40대의 투자 그래프(10년간 300만 원씩 투자할 경우)

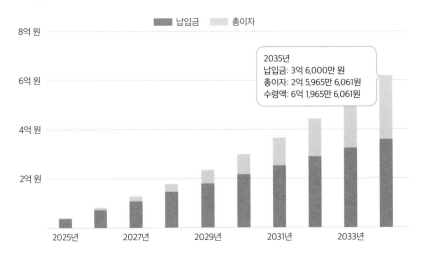

2035년
납입금: 3억 6,000만 원
총이자: 2억 5,965만 6,061원
수령액: 6억 1,965만 6,061원

20~40대 투자 시기별 평가금

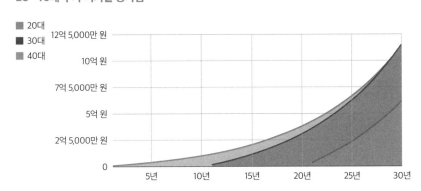

　　원금과 배당금 영역의 비중이 크게 차이가 난다. 20대는 시간의 복리
로 원금 대비 수익 비중(이자)이 월등해진다. 즉, 노동소득보다 자본소득

나는 월급쟁이 배당 부자가 되었다

의 혜택을 많이 받는다는 뜻이다. 게다가 20대는 혼자만 신경 쓰면 된다. 30대, 40대는 결혼하면 집, 배우자, 자녀까지 책임져야 한다. 즉, 20대에 매월 50만 원조차 투자할 수 없다면, 30대 150만 원, 40대 300만 원 투자는 더욱 어렵다. 20대의 허들은 50만 원이다. 그리고 나이가 들수록 허들의 높이는 점점 높아진다.

20대의 허들을 넘지도 못하고 30~40대가 되면 무작정 나아질 거라 생각하지 마라. 다시 말하지만, 20대의 월 50만 원은 30대의 월 150만 원, 40대의 월 300만 원보다 힘이 있다.

복리 계산 공식은 다음과 같다.

$A = P(1+r)^n$

- A: 최종 금액
- P: 초기 원금
- r: 연이자율(소수로 표현, 예: 5% = 0.05)
- n: 투자 기간(년)

이 중 가장 중요한 요소는 투자 기간(n)이다. 복리는 이자에 대한 이자를 발생시켜 시간이 지날수록 자산이 기하급수적으로 증가하게 만든다. 이는 단순한 산술적 증가가 아닌, 지수적 성장을 의미한다. 20대는 이 시간을 가장 길게 누릴 수 있다.

20대의 투자 전략 1. 연금저축펀드와 IRP에 투자하기

연금저축펀드와 IRP는 55세까지 묶인다는 점을 고려해야 한다. 연금저축펀드, IRP에 투자하면 세액공제로 10% 이상의 수익률을 추가 확보하는 효과를 볼 수 있다. 30년 동안 최대로 세액공제를 받으면, '148만 5,000원×30년' 혹은 '118만 8,000원×30년'의 복리 효과도 누릴 수 있다. 9,000만 원에서 1억 1,200만 원 정도의 세액공제+복리 효과가 생기는 것이다.

연금저축과 IRP 세액공제 한도

총급여액 (종합소득금액)	세액공제 대상 납입 한도 (연금저축 납입 한도)	세액공제율	최대 환급세액
5,500만 원 이하 (4,500만 원 이하)	900만 원(600만 원)	16.5%	148만 5,000원 (99만 원)
5,500만 원 초과 (4,500만 원 초과)		13.2%	118만 8,000원 (79만 2,000원)

다만, 2025년에 연금에 큰 이슈가 하나 있었다. 배당소득세를 부과하는 방식으로 세금이 변경되어 배당 ETF보다는 지수 추종 ETF나, 배당이 아니라 옵션 프리미엄으로 분배금을 지급하는 커버드콜 ETF가 나은 선택일 수 있다.

20대는 부디 직접투자보다는 연금저축펀드나 IRP에 투자하기 바란다. 이 두 상품은 10년 이상 장기투자에 적합하다. 납입한 원금에 따라 13.2~16.5%가 세액공제된다. 연봉이 5,500만 원 이상인지 이하인지에 따라 13.2%, 16.5%로 나뉜다. 또한 연금을 수령할 때까지 세금이 없다. 연금을 수령해도 연금소득세가 월등히 낮다. 5.5%부터 시작하며, 수령 시기를 늦추면 3.3%까지도 낮출 수 있다.

한 번쯤 '퇴직연금 계좌 위험자산 투자 한도 70%를 초과하였습니다'라는 안내 문자를 받은 적이 있거나, 분명 퇴직연금이나 IRP에 돈이 있는데 투자할 수 없다는 문구를 본 적이 있을 것이다. 위험자산이 70%가 넘어 안전자산 30% 내에서 투자해야 한다는 의미다.

안전자산 30%룰은 DC형(확정기여형) 퇴직연금이나 IRP(개인형 퇴직연금) 계좌에서 자산을 운용할 때, '최소 30%는 안전자산에 투자해야 한다'라는 규정을 말한다. 이 규정은 노후 자금의 안정성을 보장하기 위해 만들어졌다.

퇴직연금은 은퇴 후에 생활비로 쓰이는 중요한 자금이다. 주식 같은 위험자산에만 투자하면 시장이 폭락했을 때 큰 손실을 볼 수 있고, 은퇴 시기에 폭락장을 당한다면 불행한 노후를 맞이할 수도 있다. 그렇기에 일부는 안전한 자산에 넣어 손실 위험을 줄이자는 취지로 만들어진 규정이다.

안전자산은 원금 손실 위험이 낮거나 보장되는 자산을 뜻한다. 은행 예적금, 국공채, 우량 회사채 같은 채권, 주식 비중이 40% 이하인 채권혼합형 펀드나 ETF, 원금보장형 ELB(주가연계파생결합사채) 등을 의미한다. 반대로 위험자산은 주식, 주식형 펀드, 주식 비중이 40% 초과인 ETF, 하이일드 채권 등 가격 변동이 큰 자산이다. DC형 퇴직연금이나 IRP에서는 이런 자산은 최대 70%까지만 투자할 수 있다.

예를 들어, 당신의 퇴직연금 계좌에 1,000만 원이 있다고 가정해보자. 최소 300만 원(30%)은 예금이나 채권 같은 안전자산에 넣고, 나머지 700만 원(70%)은 주식, ETF 같은 위험자산에 투자할 수 있다.

다만, 안전자산 30%를 꼭 예금이나 채권에 넣을 필요는 없다. ETF 중에는 주식+채권혼합형 ETF가 있다. 예를 들어, 주식 30~40%+채권 60~70%로 구성된 채권혼합형 ETF를 활용하면 안전자산 30%룰에 포함되면서 퇴직연금이나 IRP에서 주식 비중을 조금 더 높일 수 있다. (예: ACE TDF2050, KODEX TDF2050액티브, TIGER TDF2045)

20대의 투자 전략 2. ISA 활용하기

ISA 계좌는 3년 만기 이후 자금을 자유롭게 인출할 수 있어 결혼, 이사 같은 중기 목표를 충족할 수 있다. ISA(개인종합자산관리계좌)는 '만능 통장'이라 불린다. 이는 전 국민의 재산 형성을 지원하기 위해 2016년에 도입되었는데, 개인적으로 20대에 개설할 것을 적극 추천한다.

ISA의 종류로는 중개형, 신탁형, 일임형이 있다. 이 중에서 스스로 투자를 선택할 수 있는 중개형을 추천한다.

핵심만 간단하게 말하면, 만기는 10년 이상 무조건 길게 하는 것이 좋다. 만기를 10년씩 길게 해도 3년 이후에 만기 해지가 가능하다. 1년에 2,000만 원, 5년 동안 1억 원까지 납입할 수 있다. 비과세 한도는 일반형은 200만 원, 서민형이나 농어민형은 400만 원이다. 만기가 되었을 때

30일 이내에 매도 후 현금화하지 않으면 세제 혜택을 받지 못할 수도 있다. 만기 때 ISA 계좌의 자금을 연금저축펀드나 IRP에 넣어 연금 계좌로 전환할 수 있다. 전환 시 이체 금액의 10%를 추가로 세액공제해준다(최대 300만 원까지). 예를 들어, 3,000만 원을 이전하면 300만 원의 세액공제를 받을 수 있다.

20대의 투자 전략 3. 저축 습관 들이기

종잣돈을 모으는 것이 가장 중요하다. 저축 습관 들이기는 그냥 하는 말이 아니다. 20대는 종잣돈이 적기 때문에 많은 수익을 내도 손에 쥘 수 있는 금액이 적다. 전체 시드를 불려야만 좋은 성적을 기대할 수 있다. 생각해보라. 1만 원으로 100% 수익을 내봤자 2만 원이다. 하지만 100만 원으로 10% 수익을 내면 10만 원이다. 따라서 저축 습관을 들여 시드를 불리는 것이 투자에 가장 도움이 되는 방법이다.

지금까지 알아본 것이 20대 투자의 본질이다. 20대는 사실 경제 공부를 조금 덜 해도 된다. 이 시기에는 저축을 많이 할수록 수익률을 앞지르는 시드를 가질 수 있다. 그리고 지금 당장은 그 시드가 크지 않아도 된다. 이 책을 읽고 있는 여러분이 20대라면 가장 큰 무기인 시간을 활용하기 바란다. 나는 월급의 50%는 저축할 것을 권한다. 상황이 여의치 않다면 최소 50만 원에서 시작해 150만 원까지 늘리는 것을 목표로 삼기 바란다. 최소가 50만 원이다. 매달 실행하면 반드시 부자가 될 것이다.

30대의 투자: 천천히 노후를 준비해야 하는 시기

이제는 30대의 현실을 보자. 일반 직장인의 종잣돈은 2,000만 원에서 5,000만 원 수준이다. 종잣돈은 돈을 더 불리는 데 사용해야 한다. 그러나 대부분의 사람은 종잣돈을 키우는 것이 아니라, 조금 수익이 나면 수익을 실현해 써버리고, 손실이 나면 물타기를 해 마이너스 통장이나 대출에서 돈을 끌어온다. 그래서 항상 종잣돈이 2,000만 원에서 5,000만 원으로 유지된다. 상황이 이러하면 자산은 늘 제자리걸음만 한다. 더 안 좋은 점은 본인은 장기투자를 하고 있다고 굳게 믿는다는 것이다. 이렇게 2년, 5년, 10년을 반복한다.

수익을 실현해 사치품을 사거나 생활비로 써버리면 그 시점부터는 스노우볼이 더 이상 굴러가지 않는다. 잘 굴러가던 눈덩이에서 한 귀퉁이를 떼어내는 셈이어서 오히려 눈덩이가 바스러지는 경우도 생긴다. 이런 방식으로는 복리 효과가 일어나지 않는다. 이건 장기투자도 아니고 복리 효과도 매우 미미하다. 이런 시간이 지속되면 투자에 대한 부정적인 감정이 쌓인다. 그러다 '나는 투자에 소질이 없구나. 지금 굴리는 이 5,000만 원도 의미가 없네'라는 생각에 다른 곳에 돈을 써버리기도 한다.

그런데 2~3년 뒤에 다음 상승장이 오면 누군가 주식으로 재미를 봤다는 소식을 듣고 2,000~5,000만 원을 만들어 다시 원점에서 시작한다. 그러는 사이 30대의 소중한 10년이 훌쩍 지나가버린다. 앞서 언급했듯, 시기가 지나면 더 많은 돈이 필요해진다.

결혼을 준비하고 있거나 이미 결혼을 했다면 자녀 양육까지 맡아야 한다. 월급은 퇴사하지 않을 정도로만 오르고, 대출은 이미 최대로 받은 상황일 가능성이 크다. 게다가 생활비는 인플레이션으로 점점 부족해지는 느낌이다. 그래서 30대에는 분명하고 구체적인 재무 목표가 없으면 위험하다.

20대 때는 나만 고려하면 되지만, 30대에는 내 집 마련, 결혼, 이사, 자녀 양육 등 다양한 요소가 얽혀 있다. 이런 것들을 구체적으로 계산하고, 우리 가족이 벌어들이는 수익을 합리적으로 따져본 뒤 분명한 목표와 미래를 설계하는 일이 무엇보다 중요하다.

30대의 투자 전략 1. 매달의 투자 목표 세우고 실행하기

30대라면 매달 150만 원 투자를 목표로 세워보기 바란다. 이 시기에는 자산 중 주식 비중을 높이는 것이 좋다. 꼭 주식이 아니어도 상관없지만, 보통 재테크 수단으로 부동산과 주식을 많이 고려한다. 30대에 '5년 동안 1억 원 만들기'와 같은 구체적인 목표를 정하고 달성 여부를 확인하는 일은 평생 부의 크기를 좌우한다. 티끌 모아 태산을 이루느냐, 티끌 모아 티끌로 남느냐는 결국 생각과 행동 패턴에 달려 있기 때문이다.

3년 안에 쓸 돈은 직접투자가 가능한 상품이나 예적금 혹은 RP투자로 운용할 것을 추천한다. 3년 이후에 쓸 돈은 ISA 계좌를 활용하고, 노후 대비는 연금저축펀드와 IRP를 활용하는 것이 좋다. 예를 들어, 매달 150만 원을 투자할 계획이라면 연금저축펀드에 50만 원, IRP에 25만 원씩 넣어라. 1인당 75만 원이니, 부부가 함께하면 월 150만 원이 된다. 그러면 부부가 세액공제 혜택을 최대한 누릴 수 있다. 1년에 300만 원 가까운 세액공제(1인 기준 약 148만 5,000원 가정×2인)를 받을 수 있고, 이는 5년이면 1,500만 원 정도의 추가 투자금을 얻는 것과 같다. 세액공제로 절약된 금액을 재투자하면 더 빠르게 복리 효과를 누릴 수 있다.

30대의 투자 전략 2. 부부와 자녀의 복리 효과 이용하기

30대는 부부와 자녀의 복리 효과를 중요하게 생각해야 한다. 30대는 여전히 복리 효과를 누릴 수 있는 나이다. VOO나 SPLG, QQQ 같은 지수 추종 ETF에 투자해 시장수익률을 쫓아가는 전략을 쓰거나, SCHD 같은 배당성장주에 투자하며 포트폴리오에 안정성과 성장성을 함께 고려하는 것이 좋다. 예를 들어, SCHD에 투자할 때는 8:2 비율로 SCHD와 QQQ를 섞는 전략도 꽤 유효하다. 지금까지 이야기한 건 직접투자에 대한 것이고, 연금 계좌에서는 S&P500이나 나스닥100으로 검색하면 다양한 증권사에서 출시한 ETF가 있으니 살펴보기 바란다.

30세부터 월 150만 원씩 지수 추종 ETF(VOO, SPY, SPLG)에 20년간 투자하면, 약 11억 4,000만 원이 된다. 이것을 모두 매도해 배당 ETF를 매수한다고 가정해보자. 수익금은 7억 8,854만 5,364원이고, 22% 양도소득세를 내면 9억 7,506만 5,383원이 남는다.

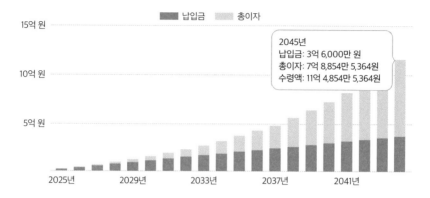

그 금액을 SCHD에 투자해 3.5%의 배당금을 받는다면, 연간 3,412만 원, 월 284만 3,940원을 받을 수 있다(부부가 나눠 받는다고 가정, 금융소득종합과세 제외).

자녀의 복리 효과도 고려해야 한다. 여유가 된다면 자녀가 태어났을 때 주식 2,000만 원어치를 증여하는 방법을 고민해보기 바란다. 미성년 자녀에게는 2,000만 원까지 무상으로 증여가 가능하다. 자산은 복리로 계속 커지기 때문에 일찍 증여하면 그만큼 큰 액수를 물려주게 되는 효과가 있다. 출산 후에 바로 증여했을 때 연평균 시장수익률을 7%로 가정하면 자산이 얼마나 커질지 확인해보자.

- 증여 시점: 아이가 태어난 직후
- 증여 금액: 2,000만 원

- 투자 기간: 30년
- 계산
  - 복리 공식: 원금×(1+연평균 수익률)^투자 기간=최종 금액
  - 최종 금액=2,000만 원×(1+0.07)^30=1억 5,224만 원
- 수익: 1억 3,224만 원

여기에 VOO의 배당률 1.23%를 세후 적용해 배당을 재투자하면 수익은 더 증가한다.

- 배당 포함 최종 금액: 약 2억 799만 원
- 배당 포함 순수익: 약 1억 8,799만 원
- 배당 재투자 추가 수익: 약 5,575만 원

즉, 단순 시장수익률로만 계산했을 때보다 배당 재투자를 통해 약 5,575만 원의 추가 수익을 얻을 수 있다.

인플레이션이 걱정될 수도 있지만, 사실 이 계산은 꽤 보수적으로 한 편이다. VOO의 평균 TR수익률은 13.39% 수준이며, CPI-U로 인플레이션을 반영하면 실제 수익률은 10.69% 정도다. 원금 2,000만 원을 연 10%로 30년간 투자한다면 다음과 같은 결과를 기대할 수 있다.

최종 금액: 약 3억 4,899만 원

나는 월급쟁이 배당 부자가 되었다

순수익: 약 3억 2,899만 원

즉, VOO에 30년간 투자했다면 현재 가치로 약 3억 2,899만 원을 자녀에게 줄 수 있다는 뜻이다. 나는 2,000만 원을 증여했지만, 아이는 30년 뒤에 3억 5,000만 원에 달하는 증여를 받는 셈이다.

마지막으로, 매달 150만 원씩 투자하기 어렵다면 부업을 고려해보기 바란다. 30대면 부업을 시작하기에 전혀 늦지 않았다. 본업에서 몸값을 높이거나 부업으로 추가 소득을 올리는 방법 중 하나를 선택해보라. 30대는 자신의 의지에 따라 노후 자금을 충분히 늘릴 수 있는 시기다.

40대의 투자: 자식과 부모를 살펴야 하는 시기

40대는 '등골이 휜다'라는 말이 현실로 다가오는 나이로, 돈이 무서워지는 시기다. 아이들이 초등학생, 중학생이 되면서 학비, 식비, 생활비가 크게 늘어난다. 맞벌이든, 외벌이든 사정은 비슷하다. 40대라면 부모님은 60~70대가 될 것이다. 이전까지는 부모님이 나를 챙겨주었다면, 이제는 자신이 부모님을 도와드려야 하는 상황으로 바뀐다. 부모님 부양이 가정의 화두로 떠오른다. 간병 문제도 생길 수 있다. 40대는 아래로는 아이들을 보살피고, 위로는 부모님을 살펴야 하는 시기인 것이다.

게다가 은퇴 압박감이 커지는 시기다. 2021년 하나은행 하나금융연구소가 발표한 〈생애 금융 보고서〉 '대한민국 40대가 사는 법'을 보면, 40대에게 가장 중요한 과제는 은퇴자산 마련(42%)이었다. 많은 40대가 주거 안정(36%), 자녀 교육(16%), 자기 계발(6%)보다 은퇴자산 마련을 더 중요하게 생각한다는 것을 알 수 있다.

40대가 '은퇴 후'를 떠올려야 하는 이유는 은퇴가 코앞으로 다가왔기 때문이다. 2024년 9월 경제협력개발기구(OECD)가 발표한 보고서에 따르면, 많은 근로자가 50세 즈음에 명예퇴직으로 주된 일자리를 떠난다고 한다. 또한 한국 통계청의 자료에 따르면, 주된 일자리를 떠난 퇴직자들의 나이는 평균 49.3세, 근속 기간은 평균 12.8년이었으며, 그중 41%는 자의가 아닌 타의로 일을 그만둔다고 한다. 2명 중 1명이 자신의 의지와 상관없이 일을 그만두는 것이다.

게다가 40대 고용률은 갈수록 나빠지는 추세다. 한국경제인협회의 자료를 보면, 지난 5년간 40대 비중이 컸던 도소매, 제조, 건설업 등이 부진해 많은 40대가 타격을 받았다. 구조조정 바람으로 40대의 일자리는 큰 위협을 받았고, 고용경직성 탓에 재취업도 쉽지 않았다. 실제로 한국 40대 고용률은 OECD 38개국 중 31위로 하위권이다. 무상교육이나 건강보험 같은 공공 서비스를 가장 많이 이용하는 동시에 가장 많은 지출이 발생하는 세대가 바로 40대다.

마지막으로 40~50대는 자산 규모가 가장 크지만 부채도 상당하다. 국회 기획재정위원회 소속 차규근 조국혁신당 의원이 한국은행으로부터 받은 자료에도 40대가 소득 대비 부채 부담이 가장 큰 것으로 나타났다. 40대는 전 연령대 중 유일하게 대출이 연간 소득의 2.5배를 넘어서는데,

주택담보대출을 포함해 '영끌'로 집을 산 사람이 늘어났기 때문이다.

40대는 '내가 무너지면 가족이 무너진다'라는 생각에 출근하는 발걸음이 그리 가볍지 않을 것이다.

40대의 투자 전략 1. 분산, 지수 추종, 배당투자 주목하기

이 시기에는 투자 포트폴리오에서 배당주 비중을 적극적으로 늘리고, 자산을 좀 더 분산해 운용할 필요가 있다. 지금까지 성장주나 지수 추종 ETF에 몰두했다면 월 50만 원 정도 배당을 받겠다는 목표를 세워보기 바란다.

내가 40대에게 배당투자를 추천하는 이유가 있다. 많은 사람이 자신의 경험 내에서 미래를 꿈꾼다. 성장주에 투자하면 배당이 나오지 않는다. 성장주를 팔아야 돈이 된다. 그런데 한창 잘 상승하고 있는 성장주는 팔기가 아깝고, 반대로 하락하고 있는 성장주는 원금 생각에 매도 버튼을 누르기가 쉽지 않다. 그러다 보니 미래 계획에 '배당을 통한 현금 흐름'이 포함되지 않는다. 배당을 받아본 경험이 있어야 '배당이라는 현금 흐름'으로 노후를 준비할 수 있다.

성장주투자만 하다 보면 배당은 인지하지만, 정작 미래 계획에는 효과적으로 대응하지 못하는 안타까운 경우가 발생한다. 성장주투자자와 배당투자자의 차이를 간단히 정리하면 이렇다.

- 성장주투자자는 주가가 오르면 좋아하고, 주가가 내려가면 싫어한다.

- 배당투자자는 주가가 오르면 자산 상승으로 즐거워하고, 주가가 내려가면 해당 주식 수량을 같은 값에 더 늘릴 수 있어 좋아한다.
- 성장주투자자에게 상승장은 축제이지만, 하락장은 지옥이다.
- 배당투자자는 상승장에는 자산이 상승해 기쁘지만, 한편으론 아직 배당금 규모를 충분히 늘리지 못해 아쉬워한다.
- 성장주투자자는 하락장에서 빨리 벗어나기를 기도한다. 하지만 배당투자자는 하락장에 배당을 늘려 자신의 은퇴 시기를 앞당길 수 있으리라 생각하고 배당주를 긁어모을 생각에 즐겁다.

따라서 40대가 되었다면, 자산 중 일부를 배당주에 담아 월 10만 원, 20만 원 정도라도 배당금을 직접 받아보는 것이 좋다. 노후에는 월 50만 원이 없어 힘들 수도 있다. 다시 한번 이야기하지만, 이해와 경험은 큰 차이가 있다. 배당은 이해하지 말고 일단 한 번 경험해보는 것이 좋다.

현재 배당률을 기준으로

- 1억 원을 SCHD에 넣고 6년을 기다리면, 배당성장으로 월 50만 원(세전)을 받을 수 있다.
- 1억 원을 JEPI에 넣으면 월 59만 원(세전)을 받는다.
- 1억 원을 JEPQ에 넣으면 월 78만 원(세전)을 받는다.

단, JEPI와 JEPQ는 인플레이션 헷지가 되지 않는다. 월 50만 원 목표를 달성했다면, 월 100만 원 배당받기에 도전해보기 바란다.

SCHD로 조금 더 자세히 계산해보자. 40세에 SCHD에 5,000만 원을 거치식으로 투자한다고 가정하자. 배당률은 3.5%, 배당성장은 10%, 매년 주가 상승은 6%로 가정하고, 배당금은 연말에 전액 재투자한다. 5년마다 받는 월배당과 연배당을 계산하면 다음과 같다(금융소득종합과세 제외).

나이	월배당	연배당(세후)
40세	12만 3,958원	148만 7,500원
45세(5년 차)	20만 8,414원	250만 965원
50세(10년 차)	41만 588원	492만 7,056원
55세(15년 차)	84만 3,180원	1,011만 8,160원
60세(20년 차)	180만 7,472원	2,168만 9,664원
65세(25년 차)	413만 6,857원	4,964만 2,287원

개인연금이 시작되는 55세 때 배당 재투자를 멈추고 생활비로 일부 사용해도 좋고, 약 300만 원의 월배당이 나올 때부터 배당 재투자를 멈추고 생활비로 사용해도 좋다. (단, SCHD는 분기배당이다.) 거의 5년마다 2배가 된다.

72의 법칙(복리의 이율로 어떤 금액의 가치가 2배로 증가하기까지 걸리는 시간을 간단히 구할 수 있는 마법의 법칙)에 따르면, '순수하게 10%씩 배당성장하는 종목'이라면 72를 10으로 나눈 7.2년이 맞다. 그런데 왜 5년마다 2배라는 결과가 나온 것일까? '단순히 배당금이 10%씩 느는' 상황만 본 것이 아니라, 배당이 10%씩 성장하고 주가(6% 상승 가정)도 오르니 배당 재투자 시 추가 매수가 가능하고, 새로 매수한 주식에서도 배당이 나오니 그런 결과가 도출된 것이다. 복리 효과가 복합적으로 겹친 결과다.

40대의 투자 전략 2. 활발한 투자 자세 갖기+안정적인 배당 받기

안정적인 고배당주에도 시선을 돌려볼 것을 추천한다. 예를 들어, JEPI, JEPQ 같은 종목을 추가하면 배당현금 흐름이 강해진다. 다만, 은퇴까지 10년 정도의 시간이 있으니 지수 추종 ETF를 큰 비중으로 가져갈 것을 권한다. 참고로 SPY, VOO, QQQ는 S&P500지수를 추종하는 것으로, 이후 배당주로 바꿀 때 양도소득세 22%를 생각해야 하고, SCHD는 최소 10년 이상 투자해야 빛을 볼 수 있다.

지금 다니고 있는 직장이 정년이 보장된다면, 40대에도 SCHD는 훌륭한 선택이 될 수 있다. 직업적으로 은퇴 시기가 불특정하거나 자금이 부족할 때는 커버드콜, 월배당 ETF를 함께 고려하는 편이 나을 수 있다.

다만, 포트폴리오에서 커버드콜 비중이 10~20% 이상 넘지 않게 하는 것이 좋다. 비중을 적게 가져가는 이유가 있다. 최근 커버드콜을 포함한 월배당 ETF들은 상승장만 경험했기 때문에 좋은 성과를 기록하고 있는 것일 수도 있다. 가장 인기 있는 JEPQ나 JEPI도 여기에서 자유롭지 않다. 대세 하락장에서는 얼마나 견딜지 두고 봐야 한다.

자녀 지원에 관해서는 명확하게 판단하고 선을 긋는 태도가 필요하다. 물론 충분한 여유가 있다면 너무나 좋겠지만, 노후 준비가 제대로 되지 않은 상태라면 자녀에게 성인이 되었을 때 어느 정도 경제적 지원을 해

줄 건지 혹은 하지 않을 건지 미리 알리는 것이 좋다. 그런 다음 자신의 노후 자금 준비 계획을 세워야 한다. 물론 자녀를 전혀 모른 척할 수는 없으니 비교적 적은 금액을 여러 번 나누어 주는 방식도 좋다.

나는 자녀에게 무상으로 증여할 수 있는 한도를 적극적으로 이용할 것을 추천한다. 미성년 자녀에게 2,000만 원까지 세금을 내지 않고 증여할 수 있으니 출생 시점에 맞춰 2,000만 원어치 주식을 물려주는 것도 좋은 방법이다. 예를 들어, 0세에 2,000만 원, 11세에 2,000만 원, 20세에 성인 자녀 증여 5,000만 원을 합치면 총 9,000만 원을 증여하는 셈인데, 그 사이 복리로 자산이 훨씬 커질 수 있어 더 큰 금액을 물려주는 효과가 생긴다. 더 구체적인 계산 방식은 30대의 무상 증여 계산을 참고하기 바란다.

40대는 자녀뿐 아니라 60대, 70대가 되신 부모님을 위한 재정적 안전판도 마련해야 한다. 주변에서 부모님 부양에 관한 이야기가 많이 들려올 것이다. 우선 부모님 명의로 된 연금, 예적금, 보험상품을 정리해보기 바란다. 자산과 부채, 월수입, 지출, 앞으로 예상되는 연금수령액 등을 확인해야 한다.

부모님이 편하게 노후를 보내시려면 일정한 현금 흐름이 필요하다. 나이에 따라 연금 혜택이 다르고, 정부에서 지원받는 금액 차이도 발생하기 때문이다. 국민연금 추가 납입 여부, 개인연금 수령 시점을 꼼꼼히 살펴보고, 부모님이 주택을 보유하고 계시다면 주택연금으로 전환할 수 있는지도 알아보기 바란다.

또한 부모님께 용돈은 월 소득의 몇 퍼센트를 드릴 것인지 명절이나 생신, 어버이날 용돈까지 고려해 연간 계획을 세우는 것이 좋다. 형제자매가 있다면 가족 공동기금을 만드는 방법도 있고, 각자 형편에 맞게 기여하면서 질병이나 상해 등 돌발 상황에 대비하는 방법도 있다.

40대라면 활발한 투자 자세를 유지하면서, 당장 쓸 수 있는 안정적인 배당도 생각해야 한다. 이 시기에는 부동산 리얼티인컴 같은 안전한 배당 자산이나 오랜 기간 증명된 배당 기업에도 관심을 두는 것이 좋다. 프록터앤갬블, 존슨앤존슨, 코카콜라, 펩시코, 알트리아 등이 대표적이다.

가장 먼저 이야기했던 생활비 측면으로 월 10만 원 배당 받기부터 실천해보기 바란다. 다음은 개별 종목에 100만 원 투자했을 때 받을 수 있는 월배당금과 연배당금을 정리한 표다. 이 표를 바탕으로 월 50만 원을 받으려면 어떤 종목을 공부해야 하는지, 어느 정도의 금액이 필요한지 금방 계산할 수 있다.

100만 원 투자 시 받을 수 있는 배당금

종목명	배당률	월배당금(세후)	연배당금(세후)
AAPL	0.44%	312원	3,740원
COST	0.5%	354원	4,250원
V	0.77%	545원	6,545원
DPZ	1.39%	985원	1만 1,815원
NKE	1.96%	1,388원	1만 6,660원
HD	2.22%	1,573원	1만 8,870원
SBUX	2.46%	1,743원	2만 910원

나는 월급쟁이 배당 부자가 되었다

KO	3.1%	2,196원	2만 6,350원
PEP	3.28%	2,323원	2만 7,880원
ABBV	3.87%	2,741원	3만 2,898원
O	5.64%	3,995원	4만 7,940원

노후에는 부동산 관리가 쉽지 않으니 부동산보다는 리츠에 투자하는 편이 좋다. 부동산 세입자는 생각보다 예측하기 어렵고, 불편한 상황이 벌어질 수 있기 때문이다.

50대의 투자: 현실적으로 은퇴를 받아들여야 하는 시기

50대에게 퇴사는 현실이다. 전문성을 살릴 기회도 부쩍 줄어들고, 20년 넘게 쌓아온 노하우와 커리어가 서서히 빛을 잃는 시기다. 퇴사를 하면 그동안 하던 일과 무관한 곳에서 돈을 벌어야 할 수도 있다. 자존감과 건강도 슬슬 걱정이 된다. 이때는 자산이 크게 성장하기 어렵지만, 은퇴 시점을 대비해 꾸준하고 안정된 현금 흐름이 반드시 필요하다.

가장 중요한 재무 목표는 안정적이고 꾸준한 현금 흐름 마련이다. 지수 추종 ETF보다 배당 ETF 비중을 더 높이는 것을 추천한다. 또한 리스크를 최소화하면서 인플레이션을 방어할 수 있는 자산을 준비해야 한다. 점차 공격적인 투자에서 안정적인 배당투자로 비중을 옮겨가는 것이 좋다. 65세까지는 기존 자산을 보존하는 데 집중하고, 3~4년의 단기투자 위주로 고민하는 것이 바람직하다. 리스크가 적은 금융자산에 투자하고, 소유한 주택이 있다면 주택연금 등에 대해서도 공부해 플랜 B를 마련해놓을 필요가 있다. 한국인의 자산 중 부동산 자산 비중이 70%에 육박한다. 60~70대에는 현금 흐름이 부족할 수도 있으니, 미리 부동산을 처분하거나 다운사이징해 현금 흐름으로 전환하는 방안도 검토해보아야 한다.

20년 정도 일했던 곳에서 월급을 500만 원 정도 받아왔다면, 이제는 여러 곳에서 50만 원씩 받는 계획을 세워야 한다. 수입의 다각화가 필요하다. 통계청이 2024년 12월에 발표한 '2024년 가계금융복지조사 결과'에 따르면, 부부 평균 336만 원의 은퇴 자금이 필요하다고 한다. 이는 2023년 324만 원보다 12만 원 증가한 금액이다. 다만, 은퇴 자금은 하루아침에 생기는 것도, 누군가가 대신 만들어주는 것도 아니다. 따라서 스스로 투자와 재테크를 공부하는 수밖에 없다.

많은 사람이 50대에 자격증 공부를 시도하는데, 결코 쉽지 않다. 누구나 떠올리는 자격증은 경쟁도 치열하다. 그동안 쌓아온 전문성도 살리지 못하는 상황에서 갓 딴 자격증으로 좋은 직장에 들어가는 일은 장원급제만큼이나 어렵다.

매달 투자하고, 절약하기 위해 노력해야 한다. 비싼 커피보다는 저가 커피를 마시는 등의 방식으로 조금씩 돈을 아껴야 한다. 짠돌이가 거지보다 낫다.

월 300만 원을 한 군데에서만 마련하려 애쓰지 말고, 2~3군데에서 50만 원씩 마련할 수 있도록 고민하고 또 고민해야 한다. 매달 얼마나 받을 수 있는지, 패시브 수입을 어떻게 늘릴지 구체적으로 계획을 세워보기 바란다.

월 300만 원의 수입을 만들 수 있도록 다음과 같이 단계별로 계획을 세워보자.

50대의 월 300만 원 수입 만들기

50대에게는 국민연금이 아주 중요한 자산이다. 따라서 국민연금 추가 납입을 권한다. 물가가 오르면 국민연금 수령액도 오르므로 인플레이션을 어느 정도 방어할 수 있다. 2023년 1월에는 5.1%, 2024년 1월에는 3.3%, 2025년 1월에는 2.3% 인상되었다. 2030세대가 훗날 얼마나 혜택을 볼지는 불확실하지만, 5060세대는 기초연금, 개인연금, 퇴직연금보다 국민연금을 더 많이 받는 편이 가성비가 크다.

개인연금을 납입해왔다면 55세 때 연금을 개시할 수 있다. 생활비로 쓰고 남은 돈은 다시 투자금으로 활용하는 것이 좋고, 퇴직금은 퇴직연금으로 수령하면 세금을 아낄 수 있다.

만약 회사에서 은퇴를 종용하거나, 자신이 간절히 퇴사를 원해 배당만으로 생활하고 싶다면 자본이 얼마나 필요할까? 참고로 2025년 최저임금은 시급 1만 30원이며, 주 5일 근무 시 월 209만 2,640원을 받을 수 있다.

다음은 최저임금만큼 배당금(세후)을 받으려면 원금이 얼마나 필요한지 대표 종목을 예로 들어 정리한 그래프다.

배당률에 따른 필요 자본 비교

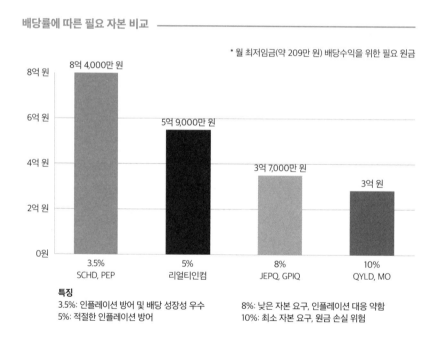

* 월 최저임금(약 209만 원) 배당수익을 위한 필요 원금

특징
3.5%: 인플레이션 방어 및 배당 성장성 우수
5%: 적절한 인플레이션 방어

8%: 낮은 자본 요구, 인플레이션 대응 약함
10%: 최소 자본 요구, 원금 손실 위험

나는 월급쟁이 배당 부자가 되었다

이렇게 매달 최저임금 수준의 배당금을 받고 싶다면 배당률과 원금을 단순 계산해보기 바란다. 그럼 대략적인 규모를 알 수 있다. 다만, 배당률이 높아질수록 위험도 커진다는 점을 고려해야 한다. 인플레이션과 원금 손실 위험이 따르기 때문이다. 특별한 목적이 없다면 7% 이상의 고배당 상품은 권하지 않는다. 할 수 있다면, 물가상승률만큼 수익을 낼 수 있는 자산에 투자하며 인플레이션을 따라잡아야 한다. 100세 시대이기에 앞으로 50년 이상 어떻게 살아갈지 끊임없이 고민해야 한다.

60대의 투자: 소득 없이 자산을 관리하며 생활해야 하는 시기

노인 빈곤 문제와 사회적 고독이 사회적 이슈로 떠올랐다. 60대는 소득 없이 자산을 관리하며 생활해야 하는 시기다. 연금소득을 최대로 활용하며, 자산을 효율적으로 운영해나가야 한다. 이때부터는 국민연금과 기초연금을 중심으로 현금 흐름을 관리해야 한다. 위험자산은 줄이고 안정적인 소득자산에 집중하는 것이 좋다. 이 시기에는 인플레이션을 방어하는 것만큼 중요한 목표는 없다. 생활비를 커버할 수 있도록 연금자산을 철저히 계획하기 바란다.

또한 배당주나 고배당주를 적극적으로 이용해야 한다. 배당 재투자를 하기보다는 배당금을 꺼내 써야 하는 시기다. 배당 ETF로는 JEPI를 추천한다. 7%대의 높은 배당률과 월배당으로 매월 꺼내 쓰기 편하다는 점,

일부 주가 상승이 있는 점, 하락장에도 가격 방어가 잘된다는 점, 유동성이 풍부하다는 점이 참으로 매력적이다. 비록 다른 지수 추종 ETF에 비해 주가 상승을 많이 따라가진 못하지만, 매우 안정적이다.

GPIX도 추천한다. JEPI에 비해 주가 상승 폭이 크다는 점, 매월 지급하는 배당금의 편차가 크지 않다는 점이 매력적이다. 다만, 하락장에서는 JEPI에 비해 방어력이 약하다는 단점이 있다.

조금 더 주가 상승분을 얻고 싶다면, JEPQ나 GPIQ도 포트폴리오에 20% 내외로 가져갈 것을 추천한다.

60대도 50대와 동일한 목표를 가지고 단계별로 시나리오를 구성해보았다.

60대의 월 300만 원 수입 만들기

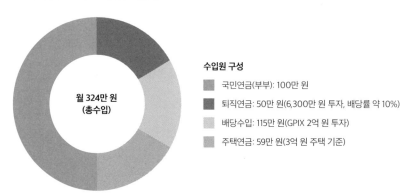

수입원 구성
- 국민연금(부부): 100만 원
- 퇴직연금: 50만 원(6,300만 원 투자, 배당률 약 10%)
- 배당수입: 115만 원(GPIX 2억 원 투자)
- 주택연금: 59만 원(3억 원 주택 기준)

월 324만 원
(총수입)

자산 활용 시나리오
평균 순자산 5억 1,922만 원 중
 - 주택자산 3억 원: 주택연금으로 활용(월 59만 원)
 - 금융자산 2억 원: GPIX 배당투자(월 115만 원)
 - 연금자산 6,300만 원: 고배당 ETF 투자(월 50만 원)

고배당 ETF 옵션
- TIGER 미국배당다우존스: 10.11%
- TIGER 미국나스닥100: 10.94%
- KODEX 미국배당: 8.58%
- SOL 미국30년국채: 12.76%

1단계: 국민연금 수령하기

국민연금이 50만 원 안팎이고, 부부면 월 100만 원이 해결된다.

2단계: (퇴직금) 연금 수입, 임대 수입 수령하기

이를 통해 월 50만 원이 해결된다. TIGER 미국배당다우존스타겟커버드콜2호의 배당수익률은 10.11%다. 연금소득세 5.5%를 감안했을 때 대략 6,300만 원이 연금에 들어가 있다면 월 50만 원씩 연금배당을 받을 수 있다. (TIGER 미국나스닥100커버드콜[합성]의 배당률은 10.94%, KODEX 미국배당커버드콜액티브의 배당률은 8.58%, SOL 미국30년국채커버드콜[합성]의 배당률은 12.76%다. 각각 추종하는 기초자산, 운용사, 운용수수료, 수익률이 다르기에 투자할 때 꼼꼼하게 확인할 필요가 있다.)

3단계: 배당 수입 수령하기

앞서 이야기한 GPIX에 5,000만 원을 투자하면 월 28만 8,292원, 1억 원을 투자하면 월 57만 6,583원, 1억 5,000만 원을 투자하면 월 86만 4,875원, 2억 원을 투자하면 월 115만 3,167원을 받을 수 있다. 다만, 투자 시기의 환율에 따라 받는 배당금은 차이가 날 수 있다.

4단계: 60대 평균 순자산 계산하기, 주택연금으로 환원하기

2024년 기준 60대의 평균 순자산 보유액은 5억 1,922만 원이다. 이 중 3억 원 정도를 주택순자산분이라고 가정하면, 60세(연소자, 부부 중 나이가 어린 사람 기준)에 59만 원 정도의 주택연금을 지급받을 수 있다. (일반주택, 종신 지급 방식, 정액형 기준이며, 가입 시기마다 시세가 달라지기 때문에 실제 가입 때와 차이가 날 수 있으니 참고용으로만 활용하기 바란다.)

순자산 5억 원 중에서 3억 원 정도가 주택이면, 2억 원은 배당투자를 고민할 수 있을 것이다. GPIX에 2억 원, 연금에 6,300만 원을 투자한다고 가정하자. 그러면 국민연금 2명분 100만 원, 연금수입 50만 원, GPIX 배당투자 115만 원, 주택연금 59만 원을 더하면 월 324만 원을 수령할 수 있다.

절세 전략

투자를 할 때는 수익률뿐 아니라 세금에 대한 부분도 꼼꼼히 확인해야 한다. 주식투자를 할 때 세금이 얼마 안 될 거라 생각할 수 있는데, 투자금이 커지면 세금도 늘어 부담으로 다가올 수 있다.

주식투자 시 절세를 하려면 세금이 부과되는 구조를 알아야 한다. 미국 주식투자에는 직접투자와 간접투자가 있다. 먼저 직접투자를 할 때의 세금 구조를 알아보자. 주식투자를 할 때 내야 하는 세금은 양도소득세와 배당소득세가 있다. 배당소득세가 많이 나온다면 금융소득종합과세와 건강보험료가 추가된다.

주식에 부과되는 세금 이해가 먼저

양도소득세

미국 주식에서 양도소득세는 개인당 연간 250만 원의 수익에 한해 기본공제가 된다. 그 이상 수익이 나면 다음 해 5월에 22%의 양도소득세를 내야 한다. 예를 들어, 2025년 수익금이 240만 원이면 세금은 0원이고, 신고 의무가 없다. 하지만 2025년 수익금이 1,000만 원이면, 750만 원(1,000만 원-250만 원)이 양도소득세 대상이 되어 2026년 5월에 165만 원(750만 원×22%)의 양도소득세를 내야 한다. 국내 주식은 양도소득세가 없다.

배당소득세(원천징수)

미국 주식에서 배당을 받으면, 15%가 원천징수된 금액이 계좌에 입금된다. 예를 들어, 100원의 배당을 받는다면 15%인 15원이 원천징수되어 85원만 입금된다(국내 주식에서 배당을 받는다면 14%+1.4%[지방소득세]가 합쳐져 15.4%의 세금을 납부해야 한다). 그리고 연간 세전 2,000만 원 이상을 받으면, 금융소득종합과세자가 된다. 종합과세 대상 소득에 합산되어 6~45%의 세율이 적용될 수 있다. 다만, 금융소득만 있다면 배당으로 연간 8,400만 원까지 받아도 추가로 내는 세금은 없다.

건강보험료

건강보험료는 조금 더 신경 써야 한다. 자동차에 부과되던 건강보험료가 폐지되고, 재산에 부과되던 것도 기본공제금액이 5,000만 원에서 1억 원으로 상향되어 건강보험료 부담이 낮아지긴 했지만, 그럼에도 주의가 필요하다.

금융소득이 연 1,000만 원이 넘으면 피부양자 자격을 잃고 지역가입자로 전환되어 건강보험료를 부담해야 한다. 건강보험공단 홈페이지(nhis. or.kr)에 있는 '보험료 계산기'를 이용해 미리 건강보험료를 계산해볼 수 있다. '민원서비스→ 모의계산→ 보험료 모의계산→ 지역보험료 모의계산'을 선택한 뒤 필요한 정보를 입력하면 된다(직장이 있다면 '직장보험료 모의계산'을 선택한다).

사업소득 입력란에 '사업+기타+이자+배당' 등을 입력한다. 연금소득, 근로소득, 분리과세 주택임대소득과 재산금액을 입력하고, 주택금융부채를 입력하면 예상 보험료가 나온다.

직장가입자 건강보험료 계산은 단순하다. 세전 월배당금에 8%를 곱하면 건강보험료(7.09%)와 장기요양보험료(0.9182%)가 나온다. 여기서 배당소득세 15%를 더하면 23%가 된다. 이 23%는 정부가 가져가고, 투자자는 77%를 가져가게 된다.

구분	기준액	보험료율	보험료 부담률	
건강보험료	보수월액	7.09%	근로자 50%	사업주 50%
장기요양보험료	건강보험료	0.9182%		

▶ 직장가입자 본인 부담분 계산식(2025년 기준)
 - 건강보험료 = 보수월액 x 건강보험료율(7.09%) x 보험료 부담률(50%) (원 단위 절사)
 - 장기요양보험료 = 건강보험료 x (장기요양보험료율(0.9182%))/(건강보험료율(7.09%))(원 단위 절사)
▶ 예) 보수월액이 2,000,000원인 경우
 - 건강보험료: 2,000,000 x 7.09% x 50% = 70,900원
 - 장기요양보험료: 70,900 x ((0.9182%)/(7.09%)) = 9,180원
 ⇒ 직장가입자 본인 부담분: 70,900 + 9,180 = 80,080원
 ⇒ 사업장에서 납부할 보험료: 근로자 부담금(80,080) + 사용자 부담금(80,080) = 160,160원
 ※ [참고] 보험료 부담률: 근로자,사업주 각각 보험료액의 50%씩 부담

건강보험료 산정기준 알아보기	건강보험료(지역,직장,임의계속) 계산하기(상세)	최근 5년간 보험료율

만약 다른 소득은 없고, 배당소득만 있다면 건강보험료는 얼마나 나올까? (부동산, 국민연금 등 기타 소득은 제외, 배당금은 세전으로 계산)

배당금 월 100만 원(연간 1,200만 원) → 월 8만 80원

배당금 월 200만 원(연간 2,400만 원) → 월 16만 160원

배당금 월 300만 원(연간 3,600만 원) → 월 24만 240원

배당금 월 400만 원(연간 4,800만 원) → 월 32만 320원

배당금 월 500만 원(연간 6,000만 원) → 월 40만 410원

배당금 월 600만 원(연간 7,200만 원) → 월 48만 490원

배당금 월 700만 원(연간 8,400만 원) → 월 56만 570원

배당금 월 800만 원(연간 9,600만 원) → 월 64만 650원

배당금 월 900만 원(연간 1억 800만 원) → 월 72만 730원

배당금 월 1,000만 원(연간 1억 2,000만 원) → 월 80만 820원

부동산, 연금소득, 사업소득, 분리과세 주택임대소득, 재산 등의 계산이 더해지면 건강보험료는 더 커진다. 월 1,000만 원의 배당금을 받을 때 월 80만 원의 건강보험료가 크다고 생각할 수 있다. 그러나 그 전에 월 1,000만 원의 배당금을 받기 위한 투자 원금은 얼마가 되어야 할까? SCHD의 배당률을 3.5%라고 가정하면 약 34억 원이, JEPQ의 배당률을 10%라고 가정하면 약 12억 원이 필요하다. 절반인 월 500만 원이라면, 각각 17억 원, 6억 원이 있어야 한다. 무시 못할 금액이다. 그렇기 때문에 주식 수량부터 모으는 것이 우선이다. 그리고 연금 계좌에는 '아직' 건강보험료를 부과하지 않기 때문에 이후 설명할 연금 계좌에 대해서도 알아둘 필요가 있다.

미국 주식투자 시 꼭 알아야 할 5가지 절세 방법

지금부터는 미국 주식투자 시 절세 방법을 알아보자. 크게 5가지 방법이 있다.

첫 번째, 연간 기본공제를 활용하는 것이다. 양도소득세 연간 250만 원의 기본공제를 활용하면, 매년 일정 금액의 주식을 매도해 세금을 줄일 수 있다. 예를 들어, 내가 투자한 엔비디아의 주가가 올라 1,000만 원의 평가액이 되었다고 하자. 장기투자를 생각한다면 팔지 않겠다고 생각할 수 있지만, 연간 기본공제 250만 원어치를 팔고, 다시 매수한다면 세금 부담을 줄일 수 있다. 그리고 내년, 내후년에도 지속적으로 기본공제를 활용하면 나중에 한 번에 팔아 양도소득세를 내는 것보다 절세할 수 있다.

두 번째, 같은 해에 손실과 이득 상쇄가 가능하다. 같은 해에 손실이 있는 주식을 매도하면 이익과 상쇄하여 세금을 줄일 수 있다. 예를 들어, 300만 원의 이익과 50만 원의 손실이 있으면 순이익이 250만 원이 되어 기본공제 범위 내에 들어갈 수 있다.

세 번째, 가족 증여를 활용하는 것이다. 배우자나 자녀에게 주식을 증여하면 취득가액이 재평가되어 나중에 매도할 때 세금을 줄일 수 있다. 2025년부터는 증여받은 사람이 주식을 1년 이상 보유한 뒤 매도해야 혜택을 받을 수 있다.

현금, 부동산, 주식 등의 자산은 10년마다 각 대상에게 각기 다른 금액으로 증여세 면제가 가능하다. 배우자에게 6억 원까지 무상 증여가 가능하고, 미성년 자녀에게 2,000만 원까지, 성인 자녀에게 5,000만 원까지 증여가 가능하다.

네 번째, 연말에 매도 시기를 조정하는 것이다. 결제일이 같은 해에 포함되도록 하면 세금을 일부 절세할 수 있다. 반대로 결제일이 12월 말이고 250만 원 비과세를 다 썼다면, 매도 시점을 연초로 바꿔 다음 해에 250만 원 비과세를 이용할 수 있다. 미국 주식은 T+2 결제일이므로 주의가 필요하다.

다섯 번째, 연금 계좌를 활용하는 것이다. IRP나 ISA 계좌를 통해 미국 ETF에 투자하면 세제 혜택을 받을 수 있다. IRP는 55세 이후 낮은 세율로, ISA는 3년 동안 200~400만 원까지 비과세 혜택이 있다.

- IRP: 55세 이후 인출 시 3.3~5.5%의 세율이 적용되며, 연간 소득공제 13.2~16.5% 혜택이 있다.
- ISA: 200만 원까지 비과세, 초과분은 9.9%의 낮은 세율이 적용된다. 납입 한도와 보유 기간이 정해져 있으므로, 관련 규정을 확인해야 한다.

이 책에서 이야기한 투자는 대부분 직접투자이며, ISA, IRP, 연금저축펀드와 같은 퇴직연금은 간접투자에 해당한다. 많은 사람이 직접투자가 아닌 간접투자를 하는 이유는 세금을 아끼기 위해서다. 세금을 아끼면 그만큼 수익률이 높아진다. 또한 IRP와 연금저축펀드는 세액공제 혜택도 있어 복리 효과가 빠르게 늘어난다는 장점도 가지고 있다. 장기투자 계획이 있는 경우, 직접투자보다 IRP, 연금저축펀드 계좌를 활용하면 세금 부담을 줄일 수 있다.

연금 계좌 제대로 이해하기

1. 연금저축 계좌: 노후를 위한 안정적인 선택

연금저축 계좌는 개인이 은퇴 후를 대비해 자금을 저축하고 투자할 수 있도록 설계된 것이다. 소득이 있는 사람이라면 누구나 활용할 수 있으며, 세액공제 혜택이 가장 큰 장점이다.

항목	내용
가입 조건	• 소득이 있는 개인(근로자, 자영업자 등) • 나이 제한 없음
납입 한도	• 연간 최대: 1,800만 원 • 세액공제 한도: 최대 900만 원(IRP와 합산)
세제 혜택	• 세액공제: 납입액의 13.2~16.5%(소득 수준에 따라 다름) • 연금 수령 시: 55세 이후 10년 이상 분할 수령하면 세율 3.3~5.5% 적용
투자 가능 상품	• 펀드, ETF(인버스/레버리지 제외) • 채권, 예금, ELS/DLS 등 안정적인 상품 • 해외 주식이나 부동산은 제외. 국내 증권사에서 출시한 국내상장 해외 ETF로 미국 주식에 간접투자할 수 있음
의무 보유 기간	• 계좌 개설 후 최소 5년 유지 • 55세 이후부터 연금 수령 가능
장단점	• 장점: 높은 세액공제 혜택, 안정적인 노후 준비 가능 • 단점: 중도 해지 시 세제 혜택 손실, 투자상품 선택 폭이 좁음

2. IRP(개인형퇴직연금): 퇴직금을 위한 준비

IRP는 퇴직 후 자산을 관리하고 연금을 준비하기 위한 계좌다. 퇴직금을 운용하거나 추가 납입을 통해 노후 자금을 늘릴 수 있다.

항목	내용
가입 조건	• 근로자, 퇴직금 수령자 • 개인 자금 납입 가능
납입 한도	• 연간 최대: 1,800만 원 • 세액공제 한도: 최대 900만 원(연금저축 계좌와 합산), 보통 연금저축 계좌에 600만 원, IRP에 300만 원을 넣음. 연금저축 계좌는 안전자산 30% 룰이 없기 때문에 보다 공격적인 주식투자 가능
세제 혜택	• 세액공제: 납입액의 13.2~16.5%(총급여액이 5,500만 원 이하 혹은 종합소득금액이 4,500만 원 이하일 경우 16.5%, 5,500만 원 초과일 경우 13.2%) • 연금 수령 시: 55세 이후 낮은 세율 적용(3.3~5.5%)
투자 가능 상품	• 펀드, ETF(인버스/레버리지 포함) • 예금, 채권, 파생상품 • 해외 주식은 직접투자 불가, 연금저축펀드와 마찬가지로 국내 증권사에서 출시한 국내상장 해외 ETF로 미국 주식에 간접투자할 수 있음
의무 보유 기간	• 최소 5년 • 55세 이후 연금 수령 가능
장단점	• 장점: 퇴직금 활용 가능, 세제 혜택 우수 • 단점: 가입 조건 제한, 투자 유연성 부족, 안전자산 30%룰

만약 1년 동안 연금저축 계좌에 600만 원을, IRP에 300만 원을 넣는다면(총 900만 원 투자), 다음 해 2월 연말정산 때 납입액의 13.2~16.5%의 세금을 돌려받을 수 있다. 금액으로 환산하면 118만 8,000~148만 5,000원을 돌려받을 수 있는 셈이다.

3. ISA(개인종합자산관리계좌): 3~5년 자금운용 시 활용도 굿!

ISA는 다양한 금융상품에 투자하며 자산을 관리할 수 있는 계좌로, 비과세 혜택과 3년 만기가 가능한 유연성이 특징이다. 일반형과 서민형이 있다.

항목	내용
가입 조건	• 19세 이상(소득 있는 15~19세도 가능) • 거주자 대상
납입 한도	• 연간 최대: 2,000만 원(이월 가능) • 총한도: 1억 원
세제 혜택	• 비과세: 200만 원까지 수익 비과세(서민형일 경우 400만 원까지 수익 비과세 가능) • 초과 수익: 9.9% 분리과세(미국 양도소득세는 22%이며, 배당소득세는 15%이므로 그에 비하면 저렴한 편임)
투자 가능 상품	• 국내 주식, ETF, 펀드 • 해외 주식 직접투자 불가. 그렇기에 국내상장 해외ETF로 간접투자 가능
의무 보유 기간	• 최소 3년(세제 혜택 유지 조건)
장단점	• 장점: 투자상품 다양, 유연한 자금 활용, 3년 만에 만기 해지 가능, 연금 이전 시 추가 세액공제 10% • 단점: 세제 혜택이 연금 계좌보다 적음

절세 계좌를 활용하고 싶다면, 간단한 것부터 기억하자. ISA는 3년 이후에 꺼내 쓸 돈을 투자하는 단기투자용이다. 연금저축펀드와 IRP 계좌는 55세 이후에 꺼내 쓸 돈을 투자하는 장기투자용이다. 그럼 3년 이내에 꺼내 쓸 돈은 어떻게 하는 것이 좋을까? 예금이나 적금 형태로 가지고 있는 것이 좋다. 주식은 변동성이 있기 때문에 꺼낼 시점에 손실 구간과 맞

닥뜨릴 수도 있기 때문이다.

절세 계좌에 납입하는 순서는 사람마다 다르다. 최대한 절세하고, 세액 공제를 받고 싶다면 매년 연금저축펀드에 600만 원, IRP에 300만 원, 총 900만 원을 넣어라. 이후 납입은 투자자 은퇴 시기마다 조금 달라진다. 55세 이전에 은퇴할 계획이라면 ISA와 직접투자 계좌에 넣고, 직장이 정년까지 보장이 되어 있다면 두 번째 연금저축펀드 계좌를 만들어 900만 원을 납입하는 것이 좋다(연금저축펀드의 연간 최대 납입 한도는 1,800만 원이다).

실제로 해보면 납입 한도를 채우기가 쉽지 않다. 매년 최대 세액공제 금액인 900만 원을 납입하려면 월 75만 원을 납입해야 하고, 배우자가 있다면 2배인 150만 원씩 납입해야 한도를 채울 수 있다. 여기에 ISA, 두 번째 연금저축펀드 계좌 그리고 직접투자까지 고려한다면 보다 많은 투자금이 필요하다. 핵심은 매월 가용 투자금액과 은퇴 시기를 정하는 것이다. 그런 다음 절세 계좌를 선택할지, 직접투자를 선택할지 결정해야 한다.

자녀 계좌·증여 전략

자녀의 계좌에 증여하는 방식으로는 적립 증여 방식(유기정기금증여), 단계별 무상 증여 방식, 일괄 증여 방식이 있으며, 각각 장단점이 있다. 먼저 3가지를 알아두자.

첫 번째, 자녀의 계좌에 증여를 했다면 증여세 신고를 하는 것이 좋다. 자금이 부모에게서 자녀에게 넘어왔으니 당연한 수순이다. 그리고 증여할 때는 미성년 자녀에게는 10년 동안 2,000만 원까지 비과세 증여가 가능하다.

꼭 증여세 신고를 하지 않아도 되지만, 주식가치 상승분에 대한 증여세 과세 유무가 달라질 수 있다. 예를 들어, 자녀 계좌에 입금한 날을 증여 시기로 증여세 신고를 하면, 주가상승분에 대해 증여세를 낼 필요가 없다. 증여세를 신고하지 않았다면 자녀 계좌에서 자금을 인출한 시점에 증여세가 과세된다. 그 전에 주식가치가 많이 올랐다면 상승분만큼을 증여세로 내야 한다.

두 번째, 자녀 계좌의 차익이 100만 원 이상일 경우 연말정산 인적공제에서 자녀가 제외된다. 인적공제 대상자에서 제외되면 1인당 150만 원의 기본공제를 적용받을 수 없으며, 신용카드 소득공제, 보험료, 교육비 세액공제에서도 빠지기 때문에 유의해야 한다.

그렇다면 자녀 계좌로 연간 100만 원 이상의 배당금을 받으면 어떻게 될까? 아무런 문제가 없다. 양도소득과 배당소득은 따로 떼 생각해야 한다. 금융소득이 연간 2,000만 원 이하이면 분리과세이기 때문에 계속 인적공제를 받을 수 있다.

세 번째, 자녀 계좌로는 잦은 거래를 하지 않는 것이 좋다. 자녀 계좌에서 거래가 빈번하게 이루어지면 국세청에서 부모의 대리투자로 간주한다. 그래서 부모가 세금을 내야 하는 상황이 생길 수도 있다.

두 번째, 세 번째 이유로 자녀 계좌로는 장기투자 종목에 투자하는 것이 바람직하다.

적립 증여 방식(유기정기금 증여)

한 번에 2,000만 원을 증여하면 편하고 좋겠지만, 목돈이 없는 경우 '유기정기금' 증여를 통해 적립식으로 증여하고 한 번에 신고할 수 있다. 신고는 홈택스 홈페이지(hometax.go.kr)에서 할 수 있으며, 할인율 3%가 적용되어 총액 기준으로 2,000만 원 이상으로 더 많이 증여가 가능하다. 매달 18만 9,693원을 증여하면 10년간 누적된 원금은 2,276만 3,160원이지만, 할인율을 적용하면 1,999만 9,960원으로 2,000만 원이 넘지 않는다. 다만, 증여세 신고를 한 후에 실제 증여를 하지 않아도 중간에 취소가 되진 않는다.

이렇게 꾸준하게 적립식 투자를 하면 시장변동성이 분산되어 안전성이 증가된다. 매달 18만 9,693원씩 투자해 10년간 누적된 원금이 2,276만 3,160원이고 30년간 투자한다고 가정하자. 즉, 10년은 적립식, 나머지 20년은 거치식 투자가 된다. 연 7% 수익률로 계산하면 30년 후에 다음과 같이 수익이 난다.

총자산: 약 1억 2,705만 원

총투자수익: 약 1억 428만 원

2,000만 원을 증여해 1억 2,705만 원을 증여하는 효과를 낳는다. 증여후 10년이 넘었다면, 다시 무상 증여가 가능하다.

단계별 무상 증여 방식

자녀에게 무상으로 증여할 수 있는 한도를 적극 이용하는 방식이다. 비과세 증여 한도를 최대한 활용해 세금 부담을 최소화하면서 시차를 두고 증여하므로 복리 효과와 세금 절세 효과를 최적화할 수 있다. 다만, 각 증여 시점마다 신고와 계획적 증여가 필요하다. 미성년 자녀에게는 2,000만 원까지, 성인 자녀에게는 5,000만 원까지 무상 증여가 가능하다.

예를 들어 0세에 2,000만 원, 11세에 2,000만 원, 20세에 성인 자녀 증여 5,000만 원을 합치면 총 9,000만 원을 증여하는 셈인데, 그 사이 투자 자산이 복리로 훨씬 커질 수 있기 때문에 더 큰 금액을 물려주는 효과가 생긴다.

이를 바탕으로 계산해보자. 자녀에게 증여 후 평균 시장수익률이 연 7%라면, 3번의 증여로 자산이 얼마나 성장할 수 있을까? 9,000만 원을 증여했지만, 3억 1,649만 원을 증여한 효과를 낸다.

항목	1차	2차	3차	전체 결과
증여 시점	출생 시	11세	20세	
증여 금액	2,000만 원	2,000만 원	5,000만 원	9,000 만 원
투자 기간	30년	19년	9년	
계산	2,000 만 원×(1+0.07)^30	2,000만 원×(1+0.07)^19	5,000만 원×(1+0.07)^9	
최종 금액	1억 5,224만 원	약 7,233만 원	약 9,192만 원	약 3억 1,649 만 원
수익	1억 3,224만 원 (원금 2,000만 원 제외한 수익)	5,233만 원 (원금 2,000만 원 제외한 수익)	4,192만 원 (원금 5,000만 원 제외한 수익)	약 2억 2,649 만 원

일괄 증여 방식

초기에 큰 자금이 필요하지만, 긴 투자 기간을 확보해 복리 효과를 극대화한 증여 방식이다. 증여세를 내야 하지만 미국 주식시장의 장기투자 수익을 믿고 투자하는 방식이다. 미성년자에게 1억 원을 증여하면 증여세가 776만 원가량 나온다. 증여세를 제외한 약 9,224만 원을 연평균 수익률 7%로 30년간 투자하면, 총자산은 약 7억 215만 원이 된다.

배당투자, 왜 안 하나요

무척이나 열정적인 20대 후반의 N잡러를 만난 적이 있다. 대화는 자연스럽게 주식투자에 대한 이야기로 이어졌다. 그에게 주식투자를 하느냐고 묻자 그는 단호하게 "아니요"라고 대답했다. 부동산과 재테크에 관심이 많아 보여 주식투자도 병행하면 좋겠다고 이야기하자 그는 이번에도 단호한 목소리로 이렇게 말했다.

"그렇게 좋은 거면 왜 다들 안 해요?"

생각해보니 나도 같은 질문을 한 적이 있다. 배당투자를 처음 접했을 때 머릿속에 이런 생각이 떠올랐다.

'이렇게 좋고 안정적인데, 왜 배당투자를 하는 사람이 많지 않은 거지?'

곰곰이 생각해보니 이유가 있었다. 사람들이 배당투자를 하지 않는 이유는 4가지로 정리된다.

첫째, 몰라서다. 본업이 바쁘고, 육아에 치이고, 주어진 일에 몰두하다 보면 재테크나 주식에 대한 정보를 접할 기회가 없다. 그래서 모르기 때문에 시작조차 하지 않는 경우가 많다.

둘째, 이전 세대의 투자 패턴에 갇혀 있어서다. 이전 세대는 기업 정보도 부족했고, 단타나 테마주에 투자했다가 큰 손실을 본 경우가 많았다. 그래서 '주식투자를 하면 망한다'라는 인식이 강하다. 그러나 지금은 다르다. ETF나 우량 배당주처럼 안정적인 투자 방법이 존재한다. 여전히 이전 세대의 잘못된 투자로 '주식투자는 하면 안 되는 것'으로 인식하는 사람이 많은 게 문제일 뿐이다.

셋째, '예적금은 안전자산이다'라는 말에 현혹되어서다. 많은 사람이 여전히 예적금이 안전하다고 믿는다. 정말 그럴까? 물가가 오르면 예적금의 실질 가치는 떨어진다. 하지만 배당투자는 장기적으로 예적금 이상의 안정성을 제공한다. 그런데도 여전히 '주식은 위험하다'라는 편견을 가지고 있는 사람이 많다. 정부가 5,000만 원까지 보장해주니 예적금이 안전하다고 생각한다. 정부가 보장하는 5,000만 원은 명목금액이다. 5,000만 원의 구매력이 아니다.

넷째, 인플레이션을 간과해서다. 돈을 벌면 그냥 파킹 통장에 넣어두고, 본인만 열심히 일하는 경우가 많다. 그러나 돈도 일을 해야 한다. 물가는 오르는데 내 돈은 가만히 있으면 결국 구매력이 줄어든다. 정부가 보장하는 그 5,000만 원은 서서히 밑 빠진 독에서 물이 새고 있는 것과 같다. 내가 좋아하는 맥도날드는 작년에 이어 올해도 햄버거 가격을 인상한다고 한다.

SCHD는 3.5%의 배당을 지급한다. 사람들은 이 수치를 보고 차라리 안전한 예적금이 낫다고 생각한다. 하지만 이는 배당률과 배당성장률이 다르다는 사실을 간과해서다. 인플레이션을 헷지하는 배당성장률이 있다. SCHD는 배당성장률이 매년 10% 이상 올랐다. 3~4%의 인플레이션은 가볍게 헷지할 정도의 성장률이다. 이걸 모르니 많은 사람이 기존의 생각을 고수하는 것이다. 물론 예적금도 필요하다. 3년 이내에 쓸 돈은 안전하게 예적금에 두는 것이 좋다. 그러나 인플레이션을 간과한다면 자산 성장은 더딜 수밖에 없다.

정리하면, '몰라서', '잘못 알고 있어서', '예적금이 안전하다고 착각해서', '인플레이션을 간과해서' 배당투자를 하지 않는다. '몰라서' 안 하는 건 차라리 괜찮다. 그러나 '잘못 알아서'는 조금 다르다. 옆에서 아무리 설명해도 기존 인식을 바꾸기 어렵다. 뇌가 '난 이미 알고 있어'라고 생각하면 새로운 정보를 받아들이지 않는다.

나는 앞서 소개한 20대 후반의 N잡러에게 주식을 딱 하나만 사보라고 이야기했다. 그러자 그는 한참을 고민하더니 이렇게 말했다.

"딱 하나만 산다면 어떤 걸 사면 될까요?"

나는 월배당의 힘을 경험해보라고 특정 종목을 추천해주었다. 그는 실행력이 있는 사람이기에 분명 행동으로 옮길 것이다. 실제로 그는 1년 전에 누군가에게 부동산투자를 해보라는 말을 듣고 바로 움직여 서울에 등기까지 마쳤다고 한다.

누군가는 부동산 책을 읽고 100일 만에 도시형 생활주택을 산다. 누군가는 아파트를 사라는 지인의 추천에 1년 만에 작은 평수의 아파트를 산다. 그 결과가 어떻든 중요한 건 경험이다. 시도하지 않은 100명보다 한 번 경험한 사람이 훨씬 빠르게 부자가 되는 길에 올라설 수 있다. 여러분도 이 책을 모두 읽으면 거기서 끝내는 것이 아니라 배당주를 딱 하나만 사보기 바란다.

내가 가장 두려워하는 것이 있다. 주저하다가 인생이 흘러가는 것이다. 우리는 1년에 12번 월급을 받는다. 20년 동안 직장생활을 하면 240번의 월급을 받고, 월급이 300만 원이라고 가정하면 총 7억 2,000만 원을 받는다. 이 많은 월급 중에서 딱 10만 원만 배당주에 넣어보면 어떨까? 7억 2,000만 원 중 10만 원은 0.0139%다.

이 정도 금액만 투자해보면, 배당투자가 사기인지 아닌지 바로 알 수 있다. 나도 그렇게 시작했다. 의심 많은 눈으로 배당주를 딱 하나 사봤고, 배당금을 받았다. 그리고 5년이 지난 지금, 내 연간 예상 배당금은 4,000만 원이 넘었다. 그럼에도 유튜브에 이런 댓글이 달린다.

'여러분, 이런 거 다 사기입니다. 이론대로 다 되면 피라미드 다단계가 왜 사기겠습니까?'

미국 주식이 나를 상대로 5년째 다단계를 하고 있는 걸까? 미국 주식이 전 세계를 상대로 사기를 치고 있는 걸까? 주변을 둘러보면 오히려 자신의 똑똑함에 갇혀 있는 사람이 있다. 논리를 내세워 스스로를 설득하고 기회를 놓친다. 하지만 돈에서 자유로워지려면 자본주의 시스템을 이해해야 한다.

배당투자를 하는 사람들은 이런 말을 자주 한다.

"5년만 더 일찍 배당투자를 알았더라면 참 좋았을 텐데…."

배당주를 딱 하나만 사보아라. 분명 미래가 달라질 것이다. 여러분의 인생 우상향을 진심으로 응원한다.

7장

배당투자 전략과 자동화 시스템 만들기

배당울타리 전략:
성장주와 배당주의 균형 맞추기

주식은 꿈과 숫자가 전부다

주식은 성장에 대한 기대감과 실적을 바탕으로 가치가 결정된다. 예를 들어, 코카콜라 같은 종목은 실적과 PER 등을 활용해 현재 매출과 비교하며 적정 주가를 평가한다. 이런 유형은 실적이 주가를 상당 부분 좌우하기 때문에 투자가 그리 복잡하지 않다. 특히 주가가 많이 떨어져 배당수익률이 올라갔다면, 과거 배당을 높게 주었던 때와 비교해 투자를 검토하는 방식을 택할 수도 있다.

그러나 테슬라 같은 종목은 가격이 전혀 다른 기준으로 정해지기도 한다. 로보택시나 휴머노이드 로봇(옵티머스), 자율주행 FSD 같은 기술이 아직 완성 단계는 아니지만, CEO의 비전과 기업의 발전 가능성 그리고 그 과정을 종합적으로 판단하며 '꿈'을 주가에 반영한다. 그래서 현재 주가가 적정 기대감을 반영하는지 아니면 거품인지 경계선이 모호하다. 아직 기대감을 수치화하는 공식은 없으므로, 하락 시점에서 MDD를 보고 투자하거나, RSI 지표를 활용해 과매수나 과매도 구간을 노려 진입하기도 한다.

해당 주식이 내가 감당할 수 있는 위험 수준이나 언더워터기간보다 더 큰 리스크를 안고 있다면, 그 주식은 매수하지 않는 것이 좋다. 투자 경험상 -30% MDD를 1년 6개월 정도 견디다 손절했다면, 그 이상 요동치는 종목은 멀리해야 한다. 그것이 현재 유망한 종목이라 해도 마찬가지다. 많은 사람이 유망한 종목과 유명한 종목을 혼동한다.

모두가 사는 종목은 대부분 유명한 종목이다. 유명한 종목 중 일부는 유망할 수 있지만, 모두 그런 건 아니다. 진정한 유망주는 일부 시장의 평가와 나의 주관적 판단을 함께 곁들여야 나온다.

그렇다면 주관적 판단은 어떻게 해야 할까? 유망주에 투자하고 싶다면, 그 기업이 꿈과 기대를 동반하면서도 어느 정도 실적과 이슈를 만들어내는지 살펴보는 작업이 필요하다. 또한 CEO나 파운더 그룹이 꾸준히 화제를 일으켜 해당 기업에 시선과 투자금이 몰리게 하는지도 체크해야 한다. 이슈는 보통 기사 게재 빈도나 거래량 증가 같은 형태로 드러난다. 실제로 유망하기만 하면 생각보다 긴 싸움에 들어가야 할 수도 있다. 따라서 이 시점에 기업을 직접 평가해보아야 한다.

더 마음 편한 투자는 없을까

마음고생을 덜하며 투자하고 싶다면 먼저 마음가짐부터 정비해야 한다. 주식시장에서 시장 평균 수익률은 인플레이션을 반영하면 7% 수준이다. 이 7%만 따라가도 상위권(상위 10%)에 해당한다. 다시 말해, 한 해 수익률을 100% 노리고 주식시장에 뛰어든다는 생각은 버려야 한다. 수익률이 높아지면 그만큼 감수해야 하는 위험도 커진다. 이 점을 명확히 이해해야 한다.

위험 대비 수익률을 보는 관점을 길러라. 시장수익률 7%를 늘 염두에 두고, 내 연간 목표 수익률을 얼마로 잡을지 정하라. 나는 7%면 만족스럽다고 여기고, 여기에 배당으로 5% 정도의 성장을 목표로 삼고 있다.

환상감자의 목표

(전체 금융자산 기준) 시장수익률 7%+배당성장 5%

내 기준으로 시장수익률 7%는 편안한 목표치다. VOO, SPY, SPLG 등 지수 추종 ETF만 꾸준히 매수해도 얻을 수 있는 결과라는 점을 인정하고, 큰 욕심을 부리지 않는 것을 기본으로 삼았기 때문에 어느 해에 10% 이상 오르면 감사한 마음부터 갖는다. 기대 심리를 크게 낮추는 거다. 누구도 나 대신 기대치를 낮춰주지 않으니 스스로 낮춰야 한다.

또한 배당금도 일정하게 받으며, 인플레이션이 헷지되는 수준으로 성장하길 원했다. VIG, DGRO 등의 배당성장 ETF가 있었지만, 3.5% 수준의 배당률과 매년 배당성장한 종목은 SCHD였다.

SCHD의 배당성장률은 12% 가까이 되지만, 나는 전체 자산을 SCHD 하나에 몰지 않는다. 다만, 금융자산 전체로 볼 때 약 5% 이상의 배당성장을 지향한다. 이처럼 위험 노출 범위도 내 선에서 감당할 수 있는 수준으로 줄여놓았다. 나의 경우, 전체 금융자산의 10~20% 정도만 -50%까지 떨어질 수 있는 위험자산으로 설정했다.

무엇보다 단순한 방법이 최고다. 주식시장에 발을 들이고 조금씩 경험이 쌓이면 복잡한 주식평가법, 투자법 등을 공부하며 서서히 지식과 비례해 수익을 얻을 것이라는 믿음이 쌓인다. 그런데 지식이 쌓일수록 수익률이 아닌 자만감이 쌓이는 경우도 있다.

120일 평균선, 무한매수법, PER이 적정 수준 이하일 때 안전마진을 확보하는 방법 등을 알아도 실제로 투자를 하다 보면 이론과 다른 경우가 많다. 이럴 때는 자만감을 내세우기보다 자신이 감당할 수 있는 방법인지 스스로 테스트해보아야 한다. 그래서 나는 몇 가지 기준을 세웠다.

1. 은퇴하기 전 월 300만 원의 배당금 확보하기

2. 월 300만 원 배당금을 안정적으로 구축하기

3. 포트폴리오 설계로 위험 회피하기

4. (전체 금융자산 기준) 시장수익률 7%+배당성장 5%

5. 개별주는 10~20% 수준에서, 레버리지 투자는 1~5% 수준(개별주 안에 레버리지

투자 포함)에서 담기

왜 이런 기준을 세웠는지는 이후에 하나씩 설명하도록 하겠다.

나는 시장 타이밍을 잘 맞추지 못한다. 내게는 미래를 보여주는 수정 구슬이 없다. 그래서 대부분의 직장인처럼 월급이 들어올 때마다 적립식으로 운용한다. 목돈이 생긴 경우에는 절반은 거치식, 절반은 적립식으로 투자한다. 이유는 단순하다. 상승장일 때는 거치식이 유리하고, 하락장일 때는 적립식이 평단을 낮추는 데 좋기 때문이다.

하지만 미래를 알 수 없으니, 거치식과 적립식을 둘 다 쓰고 싶은 마음이 들 수도 있다. 그래서 상여금이나 보너스 등 목돈이 생기면 절반만 한 번에 투자하고, 나머지는 몇 개월에 걸쳐 매일 혹은 매주 자동 매수를 걸어둔다.

나는 나만의 투자 방법을 3~4년에 걸쳐 찾았고, 지금은 편안하게 투자하고 있다. 이렇듯 투자자 스스로 자신이 편한 방법을 찾아야 한다.

- 목돈 투자 방법(거치식과 적립식 반반)
- 연간 기대수익률
- 투자 목표와 우선순위
- 포트폴리오로 위험자산 비중 조절

나는 어떠한 종목이 유망(혹은 유명)하다고 소문났다 해도 전체 포트폴리오 중 10~20% 정도만 투자해보는 식으로 위험 노출 범위를 설정하길 권한다. 이유는 간단하다. 테슬라나 팔란티어에 전 재산을 넣어놓고 편히 잠들 수 있는 사람이 얼마나 될까? 테슬라와 팔란티어는 너무나 '유명'해졌으니, 잘 모르는 다른 종목을 예로 들어보도록 하겠다.

예를 들어, JOBI라는 회사에 전 재산 5억 원을 전부 쏟아붓고 편안한 일상을 보낼 수 있을까? 하루에도 몇 번씩 본 장, 데이마켓, 애프터마켓 시세를 들여다보고, 인터넷 토론방을 헤매게 될 것이다. 그러니 아무리 전망이 좋아 보이더라도, 전체 자산 중 1~10% 수준으로 '포트폴리오 관점'에서 접근하는 것이 좋다.

마지막으로 하락장이 왔을 때 대처할 플랜 B가 있는지 확인해야 한다. 상승장에서는 누구나 자신이 워런 버핏처럼 느껴지지만, 하락장에선 버티기가 쉽지 않다. 그래서 상승장용 계획과 하락장용 계획을 따로 만들어두면 하락장은 패닉셀(공포에 의한 매도)이 아니라, 매수 기회로 변한다.

다음은 현금을 보유한 상태에서의 하락장 플랜이다. 한 예로 참고만 하기 바란다.

- 플랜 A: 하락장에서는 10% 비중으로 TQQQ에 투자한다. QQQ가 10% 떨어졌을 때 가진 현금의 10%를 투자한다. 20% 떨어졌을 때는 가진 현금의 20%를, 30%가 떨어졌을 때는 가진 현금의 30%를 투자한다. 30%까지 떨어졌다면, 총 60%를 쓴 것이다. 여전히 40%의 현금은 보유하고 있다. 1년마다 20%씩은 떨어지고, 30%의 하락은 2~3년마다 발생한다. 그리고 50%의 하락이 일어나면 40%를 전

부 투자한다.

- 플랜 B: 60% 떨어졌을 때 돈이 다 떨어진다면, 단기 채권인 SGOV를 헐어서 투자한다.

- 플랜 C: 고배당주, 개별배당주, 리얼티인컴 순으로 일부를 헐어서 투자한다.

- 플랜 D: 상승장 초입이라 판단되면, QQQ 일부를 TQQQ로 변환한다.

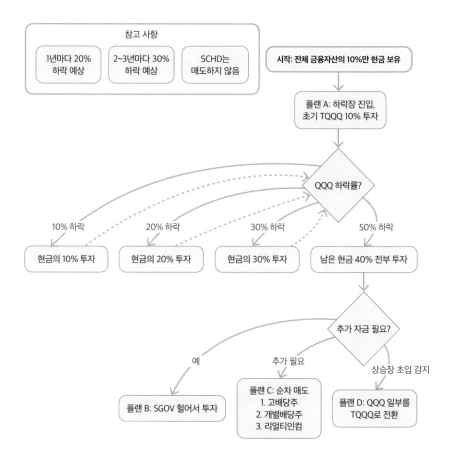

나는 월급쟁이 배당 부자가 되었다

나는 마지막까지 배당을 유지하면서, 이후의 상승장을 위해 TQQQ의 수량을 늘린다. 플랜 D까지 갔다는 건 SCHD+QQQ였던 포트폴리오가 SCHD+QQQ+TQQQ 형태로 확장됐다는 것이다. 강세장은 길고, 하락장은 1년 정도면 끝난다는 과거 데이터를 참고한 플랜이다. 또한 개별주가 아닌 ETF를 선택한 점도 특정 시기에 특정 종목에 투자하기보다 전체 시장 관점으로 접근하기 위한 전략이다.

나는 30대 후반으로, 여전히 현금 흐름이 있고 배당금으로 생활하지 않기 때문에 가능한 플랜일 수도 있다. 이 점을 감안하고 참고하기 바란다. 각자 하락장 플랜이 있어야 한다는 것이 핵심이다.

갑자기 하락장 플랜 이야기를 왜 하는 건지 궁금할 수도 있을 것 같다. 우리는 평시투자와 전시투자를 구분해야 한다. 평시투자는 잔잔한 상황에서 배를 띄우듯 주식시장이 크게 흔들리지 않을 때 종목을 사들이며 배당수익이나 주가 상승을 누리는 것이다.

반면 전시투자는 폭풍우가 몰아치듯 시장이 급락하는 상황에서 말 그대로 위기에 대응하는 모습이다. 평시처럼 그대로 해도 되지만, 수익률을 높이고 싶다면 별도 전략을 마련해두어야 한다.

주식시장은 잔잔한 바람과 태풍이 번갈아 나타난다. 이처럼 평시와 전시로 나누어 미리 대비책을 만들면, 생각지 못한 대형 경제위기나 전쟁 같은 일이 생겨도 허둥대지 않고 대응할 수 있다.

배당울타리 전략이 필수인 이유

평시와 전시에 대해 이야기했는데, 주가는 직선으로 오르지 않는다. 계속 들썩이다 결국 우상향하는 형태이기에 한 번에 계속 위로 가는 것이 아니라 파도를 그리며 조금씩 올라간다. 하루이틀 급락해도 1년 단위로 보면 올라가고 있는 흐름 중 한 부분일 뿐이다.

S&P500 같은 주식 그래프를 보면 위아래로 울퉁불퉁하지만 장기적으로는 상승하는 모양새다. 가까이서 보면 출렁이지만, 길게 보면 조금씩 위로 향한다.

하락부터 경험하면 버티기가 매우 어렵다. 그러나 배당금이 있으면 하방에 대한 두려움을 상당 부분 덜 수 있다. 수익률 외에 배당금이라는 기준이 있기 때문이다.

배당울타리 전략이 필수인 이유

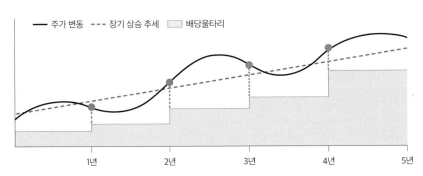

* 단기적 주가 변동에도 안정적으로 배당수익을 확보할 수 있다.

나는 월급쟁이 배당 부자가 되었다

배당울타리 전략
이해하기

배당울타리 전략이란, 총투자금 중 80%로 안전한 배당울타리를 만들고, 나머지 20%로 울타리를 벗어나 사냥하듯 모험하고 돌아오는 전략을 말한다. 좀비 영화나 아포칼립스 영화에 나오는 것처럼 거점을 만들고 점점 영역을 확장하는 모습과 같다.

자신의 투자금을 성장주에 100% 투자했다고 생각해보라. 주가가 피로 물들면 어디에서도 상처를 치료받지 못한다. 반면 배당주에만 넣으면 시장이 환호할 때 놓치는 기회가 많아 FOMO로 정신적 고통이 커진다.

배당울타리 전략은 배당으로 나만의 배당 왕국을 만들고, 사냥을 가는 것이다. 사냥을 떠났다가 별 소득 없이 돌아와도 너무나 안전한 나만의 울타리가 있다. 하락장에도 비를 피할 배당이 있어 마음의 고통을 덜 수 있다.

주식 초보자는 주가 등락을 쫓아가는 것이 아니라, 내가 생존할 안전 구역부터 만들어야 한다. 결국 주식시장에서 승리하려면 장기투자가 필요하고, 그러려면 오래 살아남아야 한다. 오래 살아남는 사람이 승자다. 배당울타리 전략은 미국의 경제학자 나심 니콜라스 탈레브가 말한 '바벨 전략'과도 비슷하다.

그의 저서 《안티프래질》을 보면 회계사를 예로 들었다. 회계사는 100% 회계사로 사는 것이 아니라 90%는 회계사로, 10%는 록스타로 살아야 경제적 헷지를 이룰 수 있다. 이것을 바벨 전략이라고 부른다. 여기서 록스타는 대박을 터뜨릴 기회를 의미한다. 안정적인 직업을 확보해둔 상태에서 대박을 터뜨릴 가능성이 있고, 언제나 수익의 기회를 잡기 위해 노력해야 한다.

나의 주식에서 90% 회계사는 배당주다. 그리고 나머지 10% 락스타는 개별주와 레버리지다. 즉, 배당주라는 기반을 마련한 뒤 더 위험한 투자를 진행한다. 이 방식은 주식뿐 아니라 삶 전체에도 통용된다.

내가 배당울타리 전략을 선택한 이유

나는 주식시장에서 3년 동안 방황한 끝에 배당울타리 전략이 내 생존에 최적이라고 결론 내렸다. 인생 우상향을 위해선 배당울타리 전략이 필요하다. 인생은 선택으로 만들어진다. 어제의 선택이 오늘의 나를 만든다. 늦은 시간에 라면을 먹으면 뱃살이 늘어난다. 우리는 야식이 나쁘다는 사실을 잘 알지만 순간적인 유혹에 넘어가버리고 만다. 이렇듯 인간은 종종 비합리적이다. 그래서 투자를 할 때도 나쁜 선택을 하더라도 회복 가능한 시스템이 필요하다.

성장주부터 무리하게 담지 않는 이유는 간단하다. 내 MDD는 여러 번 50%에 달했다. 중국 주식, 카카오, 네이버 등에 투자했다가 2번 정도 50% 하락을 겪었다. 언더워터기간이 2년쯤 되면 지쳐서 포기하고 싶은 마음이 절로 든다. 그때 배당이라는 중간 보상이 없으면 견디기가 더욱 어렵다.

게다가 성장주는 '남들이 아직 모르는 진짜 좋은 주식'을 발굴하거나, 이미 알려졌어도 시장에서 가치가 저평가된 시점을 찾아내야 하는 특성이 있고, 회사 실적뿐 아니라 동종업계의 상황까지 살펴봐야 한다. 단순히 투자서를 몇 권 읽는 것으로 투자 초보가 단숨에 투자 고수가 되지 않는다. 직장인에겐 절대 쉽지 않은 도전이다.

나는 투자의 세계에 발을 들여놓은 이후 조기 은퇴를 희망했다. 조기 은퇴에는 2가지 선결 조건이 있었다. 그것은 바로 충분한 자산과 현금 흐름 확보였다. 나는 조기 은퇴로 돈에 휘둘리지 않고 결정하는 힘을 얻고 싶었다.

경제적 자유 관점에서는 안정된 현금 흐름이 정말 중요하다. 부업이나 사업은 수익이 들쭉날쭉하고, 배당보다 안전하다고 보기 어렵다. 또 주식투자에 실패했을 때 가족에게 피해가 가는 걸 극도로 싫어하는 내 성향도 배당울타리 전략을 구축하는 데 한몫했다.

성장주는 언제 수익이 날지 모른다. 하지만 배당투자는 성장주투자에 비해 명확한 미래 설계가 가능하다. 배당투자는 '투입금액 대비 배당금액'이 나온다. 5년 뒤에 은퇴할 예정이라면, 현재 필요 자금과 종목에 따른 배당률, 배당성장률이 배당 히스토리에 있기 때문에 구체적인 은퇴 플랜을 확보할 수 있다. 은퇴 플랜에 따라 필요금액을 보고 지레 겁이 날 수도 있다. 하지만 은퇴 필요금액을 미리 알면 더 빨리 준비할 수 있고, 덕분에 더 나은 미래를 계획할 수 있다. 조금 높은 요구 조건은 스스로를 더 움직이게 하는 원동력이 된다.

또 하나, 배당투자부터 하면 '현금 비중'을 확보해두는 셈이다. 많은 투자자가 '하락장에 대비해 현금을 모아둬야 한다'라는 조언을 듣지만, 막상 평상시에 쌓아둔 현금을 강세장에서 지켜내기가 쉽지 않다. 현금 자체는 내적 갈등을 유발한다. '이 돈을 지금 당장 투자해야 수익을 더 낼 수 있는데…'라는 마음이 FOMO를 일으키기 때문이다.

나도 상승장에서는 현금을 가지고 있을수록 바보가 되는 느낌을 받았고, 하락장에서는 너무 빠르게 현금을 소진하는 내 모습을 확인했다. 그렇게 상승장에서 현금을 전부 투자해 막상 조정장과 하락장에서 수중에 쓸 수 있는 돈이 없어 손가락만 빨았던 기간이 꽤 있었다.

또한 역사적으로 강세장은 하락장보다 훨씬 길고 강하게 이어진다. 그렇다면 굳이 현금을 따로 쌓아둘 필요가 있을까? 매월, 매분기 들어오는 배당금만으로도 충분히 하락장을 대비할 수 있다. 이 배당금을 현금비중으로 세팅해두면, 시장이 흔들릴 때도 유연하게 대응할 수 있다.

배당울타리 전략 중 20%를 남겨둔 이유는 개인적으로 개별주에 관심이 매우 많기 때문이다. ETF가 효율적인 건 알지만, 개별주에 관한 관심은 본능이다. 그래서 배당 80%를 안전하게 깔아두고, 20% 정도만 액티브하게 운용하며 1~2% 알파 수익을 얻고자 했다. 물론 이 방식이 의도대로 작동하지 않을 수도 있다. 만약 1~2% 알파 수익이 아니라 손실이 난다면, 액티브하게 다루는 비중을 20%에서 10%로 줄이면 된다. 즉, 포트폴리오의 80:20 비중을 90:10 비중으로 줄이는 방식으로 조정 가능하다. 이렇게 배당울타리 밖의 20%에서는 단타나 어닝플레이, 레버리지 투자도 병행한다.

배당울타리 전략의 핵심은 '장기투자'와 '점진적 성장'이다. 장기투자라면 언제 시작하든 결국 수익을 낼 수 있다는 점에서 누구에게나 유리하다. 배당을 받으며 시장의 큰 변동에 흔들리지 않고, 오랫동안 포지션을 유지할 수 있다는 것도 큰 강점이다. 천천히 투자 실력을 쌓아 개별주 비중을 늘리거나 줄이는 식으로 유연하게 조정해나가면 된다. 안전과 성장의 균형이 잘 맞춰진 전략이며, 누구에게나 효과가 있다.

배당울타리를 구성하는 종목들

종목보다 중요한 건 포트폴리오에서 각 종목의 비중을 어떻게 조절하느냐다.

80%	20%
• 주로 ETF 투자 • SCHD, VIG, QQQM, JEPI, JEPQ, GPIX, GPIQ, SGOV, BIL, 리얼티인컴 등을 단계별로 조합(리얼티인컴은 부동산투자로 임대수익을 노리는 사람들이 대신하기 좋은 배당투자처)	• 개별주와 레버리지 투자 • 10배 오를 것 같은 기업이나 모멘텀에 맞춰 단기간 수익을 노린 종목도 해당 • 레버리지 상품(SOXL, TQQQ, QLD 등)이나 모멘텀 ETF(SPMO) 등이 해당

5단계
배당울타리 전략

지금부터는 나만의 5단계 배당울타리 전략을 간단히 소개하도록 하겠다. 전체 목표는 '배당금 확보 → 안전 지향 → 성장 지향' 순으로 바뀐다.

1단계: 고배당주로 목표 금액 달성하기

2단계: 포트폴리오에 배당성장주 섞기

3단계: 적정 주식 섞기

4단계: 고배당주 비중 줄이기

5단계: 20% 발전시키기

순서를 왜 이렇게 짰는지 궁금하지 않은가? 먼저 월 생활비를 배당금으로 충당해 '기본 생존 울타리'를 치고, 그다음에 인플레이션 방어와 주가 상승을 감안한 종목으로 옮겨가는 전략적 선택이다.

또한 많은 사람이 유튜브 등을 통해 '고배당주로 월 100만 원 만들기'나 '배당성장주로 노후 준비하기'와 같은 이야기를 주워듣는데, 정작 자신의 내재적 성장 가능성을 간과하는 경우가 많다. 나는 배당으로 경제적 자유를 얻어야 개인의 잠재 성장력을 펼칠 수 있다고 본다.

나는 월 300만 원의 배당을 손에 쥐게 되자 돈에 얽매일 일이 없어 직장을 다닐 필요가 사라졌다. 그 순간 숨 막히던 인생의 문이 활짝 열리며 오랫동안 꿈꿔왔던 일들을 마음껏 펼칠 수 있는 자유로운 시야가 펼쳐졌다. 그리고 지금의 직장은 매우 만족스럽게 스트레스 없이 다니고 있다. 넉넉한 배당이 이런 삶을 갖게 해주었고, 경제적 자유를 넘어 내 삶을 '선택'할 수 있게 해주었다. 나는 배당으로 어느 정도 경제적 자유를 달성하면, 주식시장에서의 성과를 넘어 자기 자신을 객관적으로 돌아볼 시간과 여유가 생긴다고 믿는다.

따라서 종합적으로 내가 돈을 많이 벌 때와 그렇지 못할 때를 대비한 뒤 단계별 성장 스텝을 구상해야 흔들림 없이 투자를 지속해나갈 수 있다. 누차 강조하지만 주식시장에서의 승자는 수익률이 높은 사람이 아니라 오래 살아남는 사람이다.

준비 단계도 있다. 이 단계에서는 본인이 평생 모아갈 1~2개 종목을 고르는 작업부터 해야 한다. 평생 모아갈 반려 종목을 선정하는 것이다. 나의 반려 종목은 SCHD+QQQ였다. 앞서 이야기했듯, 나는 시장수익률 7%에 배당성장 5%를 희망하기 때문이다. 시장수익률만 원한다면 VOO

를 기준으로 삼아도 좋고, 위험을 감수할 수 있다면 QQQ만 기준으로 삼아도 좋다. 준비 단계에서 고른 종목의 비중은 1~5단계를 거치면서 점점 커지게 된다.

1단계. 고배당주로 목표 금액 달성하기

월 100만 원, 월 200만 원, 월 300만 원 등 원하는 배당금을 정한 뒤 고배당주를 활용해 목표를 달성하자. 예를 들어, 월 100만 원의 배당금을 목표로 잡았다고 가정하자. 이를 위해 어떤 종목을 선택할지 고민해보면 JEPI나 JEPQ처럼 누구나 한 번쯤 들어봤을 법한 커버드콜 ETF가 먼저 떠오를 것이다. 최근 이름이 오르내리는 GPIX, GPIQ 그리고 알트리아(MO) 같은 전통 고배당주도 함께 고려하면 투자 아이디어가 넓어진다.

종목명	JEPI (JP Morgan Equity Premium Income)	JEPQ (JP Morgan Nasdaq Equity Premium Income)
특징	미국 대형주(주로 S&P500) 기반+커버드콜 전략을 활용해 매월 배당 지급	나스닥 주요 빅테크 위주+커버드콜 전략을 활용해 매월 배당 지급
배당률	6.5%	8.58%
장점	• 대형 우량주 중심이라 상대적으로 주가가 안정감이 있다. 횡보장일 때 크게 도움이 된다. • 커버드콜 프리미엄 덕분에 비교적 꾸준히 높은 분배금(배당금)을 노릴 수 있다. • 월 단위 배당이라 현금 흐름 관리가 편리하다. • 6~7%의 높은 배당을 지급한다.	• 빅테크 성장성을 누리면서도 일정 수준의 배당을 챙길 수 있다. • 시장이 횡보하거나 소폭 하락해도 커버드콜 프리미엄이 보완해준다. • 월배당으로 현금 흐름을 확보할 수 있다.

| 단점 | • 커버드콜 전략 특성상 주가 급등 시 상승 이익이 제한된다.
• 경기 급등 시 성장주의 이익을 온전히 누리기 어렵다.
• 금리나 시장 상황에 따라 분배금이 달라질 수 있다. | • 테크주가 폭락하면 배당 이상으로 주가 손실이 클 수 있다. 그럼에도 커버드콜 구조이기에 TR(배당 재투자 총수익률)은 나스닥만큼 빠지지 않고 일부 방어가 된다.
• 변동성이 커 장기 보유 시 멘탈 관리가 필수다. |

JEPI 대신 GPIX(배당률 7.29%)를, JEPQ 대신 GPIQ(배당률 8.93%)를 고려해도 좋다. 수수료가 조금 더 낮고, 일정한 월배당을 지급한다. 배당금도 약간 더 많지만, 아직 널리 알려지지 않아 유동성이 조금 부족하다.

월 100만 원 배당금 만들기 예시

GPIQ 종목을 예로 들어 설명하도록 하겠다. 환율 등은 일정 수치로 가정한다.

종목명: GPIQ
연배당 수익률: 8.93%
주가: 50.42달러
환율: 1,400원
배당소득세: 15%

이 조건에서 세후 기준 월 100만 원(연 1,200만 원)의 배당금을 받으려면 다음 과정을 거쳐 투자금액을 계산할 수 있다. 일단 세후 1,200만 원을 세전금액으로 환산한다.

배당소득세 15% → 1,200만 원/(1-0.15)=1,411만 8,000원

그리고 1,411만 8,000원을 달러로 환산하면 약 10,084달러다.
이제 GPIQ 한 주당 연간 배당금을 계산한다.

주가(50.42달러)×배당률(8.93%)=약 4.50달러(세전)
약 4.50달러(세전)-세금 15%=약 3,825달러(세후)

목표 세전 배당소득(1만 84달러)÷주당 세후 배당금(3.825달러)=약 2,641주
2,641주×50.42달러=약 13만 3,160달러

원화: 1억 8,642만 원

정리하면, 월 100만 원을 받으려면 GPIQ로 약 1억 8,000만 원의 투자금이 필요하다는 계산이 나온다. 실제로는 주가와 배당률, 환율은 계속 변하므로 단지 예시일 뿐이다.

이 같은 고배당 종목을 조합해 월 100만 원 목표를 세울 수 있다. 예를 들어, JEPI와 JEPQ 2가지를 섞으면 비교적 안정적으로 월분배금 흐름이 생길 수 있고, 리얼티인컴(O), 알트리아(MO) 같은 전통 기업을 추가해 지속적인 현금 흐름을 노릴 수도 있다. GPIX, GPIQ 등을 편입하면 좀 더 적극적으로 목표에 닿을 수도 있지만, 그만큼 변동성도 감수해야 한다.

결국 배당투자는 '얼마나 꾸준히, 감당 가능한 위험 범위 안에서, 목표를 이루느냐'가 핵심이다. MDD와 언더워터기간을 버틸 자신이 있어야 한다. 월배당 100만 원을 계산해봤으니 월 200만 원을 원한다면 2배로, 월 300만 원을 원한다면 3배로 계산하면 된다(금융소득종합과세 제외). 우선 본인의 자산 규모와 투자 성향, 시장 상황을 종합적으로 따져보아야 한다.

장점만 가지고 있는 종목은 없다. 따라서 여러 종목을 적절히 섞고 분산투자하는 것이 좋다. 그다음에는 커버드콜 같은 옵션 전략을 이해하고, 배당이 월 단위로 지급되는지, 분기 단위로 지급되는지 체크해보아야 한다.

고배당투자는 '좋은 파트너'를 찾는 여정에 가깝다. 서로 스타일이 맞아야 오래 간다. 수익률도 중요하지만, 배당울타리 전략의 첫 번째 단계에서 더 중요한 건 안정적인 배당금과 주가변동성이다. 조금씩 시도하며 흐름을 확인한 뒤, 월 100만 원이든 200만 원이든 300만 원이든 단계별로 맞춰가는 방식을 권한다. 배당투자는 길게 보면 공격보다는 수비가 중요한 게임이다. 튼튼한 미드필더(횡보장에서 힘을 내주는 JEPI, JPEQ)와 수비수(SCHD, VIG, DRGO)를 두고, 안정적인 공격수(나중에 소개할 성장주)를 배치해야 한다. 이런 조합을 통해 어렵지 않게 좋은 포트폴리오를 구성할 수 있다.

앞서 이야기했듯, 주식투자를 할 때는 현금 흐름이 있어야 한다. 직장인이나 사업자로서 월급이나 사업 이익이 있어야 주가가 오르든 내리든 흔들리지 않고 주식을 모아갈 수 있다. 주가가 떨어지면 똑같은 돈으로 더 많은 주식을 담을 수 있어 목표에 빨리 도달할 수 있고, 주가가 오르면 자산이 불어나니 그 역시 좋다. 주가 상승도 좋고 주가 하락도 좋은 것이 바로 배당이다.

2단계. 포트폴리오에 배당성장주 섞기

2단계에서 중요한 건 인플레이션 헷지다. 1단계에서 만든 배당은 고배당이다. 고배당은 인플레이션에 취약해 1~2년이 지나도 비슷한 규모의 배당금을 지급한다. 하지만 우리의 인생은 길고 인플레이션은 무섭게 쫓아온다. 그래서 인플레이션을 방어할 수 있는 배당성장주를 포트폴리오에 섞어야 한다.

고배당주+SCHD(슈드) 식으로 조합해 '고슈드'라고 부르겠다. 예를 들어, 1단계에서 JEPI, JEPQ 같은 고배당주 비중을 크게 뒀다면, 2단계부터는 SCHD처럼 배당성장 가능성이 큰 상품을 추가해 인플레이션에 대응해야 한다. SCHD의 배당률은 약 3.5%이므로, 고배당주 대비 절반 수준일 때도 있다. 그러다 보니 필요한 원금이 2배쯤 늘어날 수 있지만, SCHD를 모으는 이유는 시간이라는 우군이 있기 때문이다.

SCHD의 무기는 강력한 배당성장이다. SCHD는 5년 사이에 매년 10% 이상 배당을 올렸고, 2024년에는 12.23% 상승했다. 그러니 SCHD에 5년 정도 묻어두면 리얼티인컴의 5% 정도 배당을 따라잡을 수 있고, 7~8년 후면 JEPI와 맞먹는 배당을 얻을 수 있다.

개인적으로는 JEPQ+SCHD를 9:1, 8:2, 7:3으로 점차 비중을 늘려나가는 것을 추천한다. 이때 비중은 바뀌어도 월마다 받는 배당은 동일해야 한다. 1단계에서 JEPQ로 받는 월배당이 200만 원이었다면, 2단계에서는 JEPQ 일부를 SCHD로 변경하고, SCHD의 추가 수량만 늘리면서도 월배당 200만 원을 계속 받을 수 있게 유지하는 것이다. 받는 배당금은 단단하게 유지하면서 SCHD의 배당성장으로 인플레이션 헷지가 가능하다.

더구나 JEPQ는 나스닥을 기반으로 하기 때문에 SCHD와 겹치는 종목이 거의 없으며, JEPQ의 TR수익률도 꽤나 훌륭하다. 2022년 하락장일 때 JEPQ의 수익률은 -12.89%였지만, SPY는 -18.18%, QQQ는 -32.58%의 하락이 있었다. 상승장이었던 2023년에는 36.27%, 2024년에는 24.9%를 기록해 SPY보다 나았고, QQQ와 비슷한(25.58%) 수익률을 기록했다.

각 종목의 연간수익률(TR 기준: 배당재투자 포함)

년도	SCHD	SPY	QQQ	JEPQ
2025년(YTD)	-6.56%	-8.62%	-10.98%	-9.73%
2024년	11.66%	24.89%	25.58%	24.89%
2023년	4.54%	26.18%	54.86%	36.26%
2022년	-3.26%	-18.18%	-32.58%	-12.89%

출처: 토털리얼리턴즈

즉, JEPQ로 배당도 얻고 시장상승분도 기대할 수 있다. JEPQ에서 나오는 배당과 월급으로 SCHD를 매수하고, SCHD에서 나오는 배당으로 SCHD를 추가로 매수한다면 SCHD를 빠르게 모아갈 수 있다. JEPQ 대신 GPIQ도 좋은 선택지다.

다만, 배당률이 낮은 종목으로 옮기는 순간, 배당금도 줄어든다. 따라서 3가지 패턴으로 변경해야 한다.

1. 기존 고배당주의 원금은 가급적 유지하고, 새로운 투자금은 SCHD에 투입해 월배당 수준을 유지하는 방식

2. 고배당주를 100% 매도하는 것이 아니라, 10~20%씩 단계적으로 옮기는 스플릿 방식(매년 10%씩 옮겨 5~10년에 걸쳐 서서히 배당성장주로 이동하면, 월배당도 서서히 줄어들기 때문에 충격이 작아진다.)

3. 배당금이 약간 줄더라도 2~3년 이내에 배당성장률과 새 투자금으로 복구하는 유예 기간 방식

3단계. 적정 주식 섞기

이제 2단계까지 만들었던 비중에 QQQ를 추가한다. 이때 QQQM이면 더 좋다. (같은 지수를 추종하고, 주가가 더 낮으며, 수수료가 저렴하다. QQQ의 동생이라 생각하면 편하다.) 즉, 2단계에서 고슈드로 만들어진 포트폴리오에 고배당+SCHD(슈드)+QQQ를 만드는 것이다. 편의상 '고슈큐'라고 부르겠다. 3단계에서 중요한 점은 주가 성장과 FOMO 방지다. 이 단계에서는 주가 상승으로 인한 수익도 노려보고, FOMO를 줄여보는 것이 좋다. 고배당이나 SCHD 같은 배당 ETF는 하방 방어를 해주지만, 주가가 크게 솟구칠 때는 따라가기 어렵다.

포트폴리오를 만드는 동안 발생하는 2가지 문제가 있다. 노후 문제와 FOMO가 바로 그것이다. 배당울타리 전략은 나의 노후와 가족을 위한 것이다. 내가 직장에 다닐 수 없을 때 나 대신 현금 흐름을 만들어주는 배당 현금 흐름 확보가 목적이다. 1단계와 2단계를 거치면서 나의 투자금이 늘어나고, 그에 따라 배당금이 점차 늘어난다.

그런데 시간이 지나고 내 투자금이 늘어나면 생기는 고민도 있다. 바로 주가 상승에 대한 고민이다. 사람 마음이 참 간사하다. 처음에는 노후 대비를 목적으로 배당투자를 시작한다. 그런데 노후 문제가 점차 해결되면 FOMO에 직면하게 된다. 남들이 가지고 있는 주식은 다 오르는데 내 주식만 부진해 보인다. 옆집 강아지는 배변도 잘하고 애교도 많고 귀여운데, 우리 집 강아지는 배변도 잘하고 귀엽지만 애교가 없는 것과 같다. 한 가지가 늘 아쉽다.

투자를 하다 보면 주가상승분이 부족해 보이는 시기가 분명히 찾아온다. 어느 정도 배당금이 모이면 욕심이 생기는 것이 사람 심리다. 그럴 때는 QQQ를 섞는 것이 좋은 선택이다. SCHD는 테크가 차지하는 비중이 10% 정도밖에 되지 않는 반면, QQQ는 기술주 비중이 많은 나스닥100에 투자한다. SCHD와 QQQ가 겹치는 종목은 6% 수준으로, 중복적으로 투자하는 비율도 낮다. SCHD와 QQQ의 조합은 QQQ에만 투자할 때보다 변동성이 낮다. 언더워터기간이 깊고 오래가더라도 배당은 물론이고, 배당성장도 있기에 버틸 수 있다.

QQQ에 투자하는 이유는 이뿐만이 아니다. 기술 패권이 중요하기 때문이다. 정치, 경제, 문화는 기술에 따라 변해왔으며, AI의 상승 속도를 보면 그 격차는 비교할 수 없을 만큼 더욱더 커질 것이다. 특히나 지금처럼 강대국들의 기술 견제가 심해지는 때는 중요성이 한층 더 부각될 것이다.

또한 배당금을 너무 무리해서 늘리지 않는 것이 좋다. 세금 문제 때문이다. 배당금으로(배당금, 예적금이자, 채권이자도 포함) 연간 2,000만 원(세전)을 받으면 금융소득종합과세자가 되어 세금을 더 내야 하고, ISA 계좌 개설이 3년 동안 금지되는 등 불이익이 있다.

그래서 비중을 조금씩 변경해야 한다. 1단계 고배당주에서 시작해 2단계 고슈드(고배당주+SCHD), 3단계 고슈큐(고배당주+SCHD+QQQ)와 같이 말이다. 첫 번째 배당울타리를 나무로 지었다면, 두 번째 배당울타리는 진흙, 세 번째 배당울타리는 벽돌로 쌓아 더 튼튼하게 만들어야 한다.

이렇게 비중을 변경하는 이유는 단순하다. 인플레이션은 5년 뒤부터 우리의 인생에 서서히 영향을 미치기 시작한다. 심지어 기초지수는 5년 뒤에 100% 이상의 수익을 보이는데, 내가 투자한 고배당주가 크게 오르지 않으면 회의감이나 후회가 몰려올 수도 있다.

이때 '1단계는 건너뛰고 2단계나 3단계를 바로 실행하면 되는 거 아닌가'라고 생각하는 사람이 있을 수 있다. 그런데 2가지 고려해야 할 점이 있다.

첫 번째는 금액적으로 진입장벽이 크다는 것이다. 우리의 목표는 안정감 있는 자산 성장과 현금 흐름이다. 그런데 2단계, 3단계부터 실행한다면 3.5% 수준 혹은 5% 이하의 배당률을 가진 주식에 투자하는 것이다. 단순하게 배당률 5%, 배당소득세 15%로 월 200만 원을 얻으려면 5억 6,000만 원 정도가 필요하다. 지금 수중에 그 정도의 돈이 있다면 2단계, 3단계부터 실행해도 무방하다. 그러나 이제 노후 준비를 시작하는 사람에게는 그런 목돈이 없을 것이다.

두 번째는 고배당주로 매월 월급만큼 배당금을 받으면 심리적 안정감과 더불어 얻는 또 하나의 놀라운 혜택이 있다는 것이다. 그것은 바로 월급 노예에서 탈출했을 때의 폭발적인 자아 성장이다. 월급만큼 배당금을 받게 되면 그 전에는 가지지 못했던 자신감을 갖게 된다. 회사에서 더 당당하게 자신의 목소리를 내고, 회사 밖에서는 패시브인컴을 만들었다는 자신감과 과거의 내가 미래의 나를 도와줬다는 고마움을 느낀다.

그러면서 점차 자신의 삶의 방향성을 찾기 시작한다. '돈을 위해 일한다'라는 과거 방식에서 벗어나 '나를 위해 일하는 방식'을 찾게 된다. 다른 일을 찾을 수도 있고, 본업이 만족스럽다면 본업에 집중해 승진 기회 등을 노릴 수도 있다. 이처럼 고배당주로 여유가 생기면 투자 복리가 아니라 인생 복리로 생각과 행동이 확장되어 궁극적으로 인생 확장을 경험할 수 있다.

계좌에 입금되는 배당금이 점차 늘어나면 과거와는 사뭇 다른 마음가짐이 생긴다. 월배당으로 100만 원을 받으면 10만 원을 받았을 때와는 느낌이 완전히 다르다. 그렇기에 나는 1단계부터 차근차근 밟아나갈 것을 강력하게 추천한다.

4단계. 고배당주 비중 줄이기

4단계에서는 고배당주 비중을 줄이는 것이 좋다. 월 목표액이 200만 원이었다면 고배당주를 조금씩 매도하고, SCHD와 QQQ의 비중을 늘려나가는 것이 좋다. 월 200만 원의 배당을 받는 것은 유지하면서 말이다. 기간이 오래 걸릴 수도 있지만, 유의미한 작업이다. SCHD를 통해 배당 성장으로 인플레이션을 헷지하고, QQQ로 기술 변화의 수혜를 누릴 수 있게 만드는 것이다. 또한 배당금을 내 생활비만큼 유지하는 것도 장기 투자에 매우 좋은 방식이다.

주식은 우상향한다. 돈은 계속 많아지고, 기술의 발전으로 생산성이 증가한다. 생산성이 증가한 기업들의 수익성은 당연히 좋아지고, 자연스럽게 주가가 오른다. 그러나 단기적으로는 오르기도 하고, 내려가기도 한다. 그래프를 보면 파동을 그린다. MDD와 언더워터기간이 길수록 주식의 하락을 견디기가 쉽지 않다. 그럴 때 배당투자자는 다른 잣대를 사용할 수 있다.

주식의 등락은 주식수익률 때문에 신경이 쓰이지만, 우리의 잣대는 수익률은 물론이고 배당금을 많이 받는 데 있다. 주가가 하락해도 배당금이 생활비만큼 나오면 주식의 등락에 목을 맬 필요가 없다. 생존에 아무런 위협이 없어야 비로소 제대로 된 미래를 설계할 수 있다. 주가가 하락해도 안전망이 있으니 하락장에서 패닉셀을 하지 않고, 배당 수량에 집중하거나 주가가 많이 떨어진 성장주를 찾는 기회로 활용할 수 있다.

주가의 등락

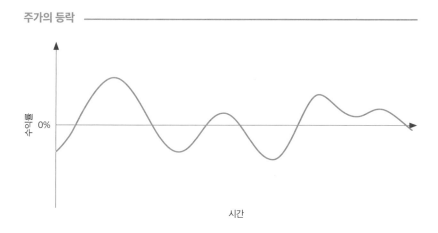

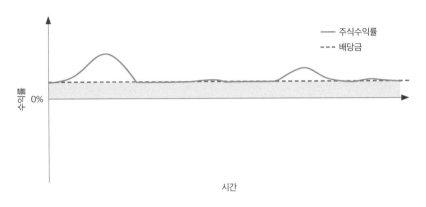

배당금으로 만회되는 주식수익률

가능하다면 월 300만 원의 배당금을 목표로 삼아보기 바란다. 2025년 기준 2인 가족의 적정 생활비는 약 300만 원이다. 자신과 배우자의 명의로 각각 141만 원(세후)씩 받는다면 282만 원이다. 나머지 18만 원은 연금에서 모아도 좋다. 55세까지 은퇴하지 않을 것이라면 반대로 연금에서 월 150만 원씩 300만 원을 모아가도 괜찮다.

포트폴리오에서 SCHD 비중이 너무 높을 필요는 없다. 월 1,000만 원씩 배당을 받는 것보다, 생활비에 맞춰 안정적으로 받고 나머지는 성장형 ETF로 자산을 불리는 편이 더 효율적이다.

4단계까지 배당울타리 전략을 실행했다면, 더 이상 신경 쓰지 않아도 배당금이 알아서 자란다. 80%의 배당성장과 20%의 개별주, 성장주의 성장이 적절하게 조화되었기 때문이다. 1단계부터 4단계는 단기간에 끝나지 않는다. 수년 혹은 수십 년에 걸쳐 지속되며, 그 기간 동안 서서히 자

나는 월급쟁이 배당 부자가 되었다

신만의 패턴을 찾아갈 것이다. 배당은 배당성장의 시간을 먹고 자라기 때문에 더 높은 수준의 배당을 쫓기보다는 울타리를 벗어나 추가 수익률을 노려야 한다.

5단계. 20% 발전시키기

포트폴리오에서 나머지 20%는 개별주, 레버리지, 모멘텀투자의 영역이다. 주식투자에 입문한 지 얼마 되지 않은 사람은 80% 영역의 울타리 만들기에 집중하는 것이 좋다. 다만, 4단계까지 진행했다면 5단계를 진행해도 되고, 나처럼 본능적으로 개별주에 투자하고 싶다면 3단계, 4단계부터 80%는 배당/지수 추종 ETF에, 나머지 20%는 개별주에 투자하는

배당울타리 전략 따라하기

방법을 추천한다.

이때는 ROE와 매출이 지속적으로 성장하는지, 모멘텀을 가지고 있는지 등을 파악하고, 경제적 해자와 경영진을 확인한 뒤 개별주를 매수해야 한다.

내가 이 20% 영역에서 투자할 때 사용하는 투자 방식이 있다. 나는 보통 1등 기업에 투자한다. 그래서 애플, 마이크로소프트, 엔비디아 등에 투자했다. 주가가 떨어지면 더 모아가기 좋고, 내가 산 주가보다 많이 오르거나 시장보다 더 오르면 '배당 부스팅 방식'을 이용한다.

배당 부스팅 방식이란, 포트폴리오의 20%에 담았던 성장주를 리스크와 수익률의 균형을 맞추기 위해 성장주에서 수익이 난 부분을 일부 매도해 배당주를 사는 식으로 리밸런싱하는 것이다. 마치 배당 나무에 물을 부어주는 것과 같다. 나는 1년에 한두 번 리밸런싱을 한다.

사냥 20% 전략을 짧게 설명하면, 개별주 중에 3분기 연속 매출이 상승한 기업, 흑자 전환한 기업, 기사 빈도가 많은 기업에 주목하고 상승을 예측해 투자를 하는 것이다. 혹은 52주 신저가 및 어닝미스로 인해 2번의 급락이 발생한 주식에 주목하고(저가일 때), 변동성이 큰 종목은 관심 목록에 넣었다가 MDD가 -70%일 경우, -50%부터 분할 매수 전략으로 단타를 해 빠르게 수익을 내는 것이다.

사실 20%는 자연스럽게 투자 공부 습관을 길러준다. 울타리 80%가 안전한 울타리 안쪽이었다면, 사냥 20%는 울타리 바깥 야생이다. 이곳에서 살아남으려면 꾸준히 공부해야 하고, 시장에 민감해야 한다.

배당울타리 전략으로 차근차근 나아가자

배당울타리 전략은 80은 수비(배당과 안정 위주), 20은 공격(개별주, 레버리지)이라는 포트폴리오의 기본 틀을 가지고 있으며, 5단계는 시간 흐름에 따라 변동성과 인플레이션을 헷지한다. 즉, 시간 축의 변화와 현재 시점의 내 자산을 80:20으로 구분해 위험을 관리하는 데 초점을 맞춘다.

내가 생각하는 이상적인 투자는 배당투자와 성장주투자를 따로 하는 것이 아니다. 워런 버핏이 '담배꽁초 투자'에서 '적당한 가격에 좋은 기업의 주식을 사는 투자'로 진화한 것처럼 우리의 투자 스타일도 점차 진화한다. 상방은 열고, 하방은 단단하게 막는 구조로 자신의 투자 시스템을 구축한다.

배당투자는 누구나 성공할 수 있다. 이것이 바로 도전적인 성장주나 지루한 지수 추종보다 난이도가 낮은 배당투자부터 시작하는 이유다. 시간이 흘러 자산이 증가하고 투자 관점이 깊어졌을 때 성장주에 도전하는 것이 좋다.

사실 배당울타리 전략은 1단계만 성공해도 훌륭하다. 현금 흐름을 상당 부분 구축했기 때문이다. 멀리 있는 목표보다 가까이에 있고 분명한 것부터 처리하는 게 중요하다. 생존부터 해결해야 한다. 월급이 없어질 상황부터 대비해야 한다. 그런 다음 한 발짝 더 나아가도 늦지 않다.

배당울타리 전략의 핵심은 첫 단계다. 사실 첫 단계는 '인컴투자자' 되기다. 인컴투자자란, 투자자산에서 발생하는 정기적인 현금 흐름(배당, 이자, 임대료 등)에 초점을 맞춰 투자하는 사람을 의미한다. 즉, 기업의 빠른 성장이나 시세 차익보다는, 꾸준한 배당금이나 이자 수익 등 '인컴(Income)' 창출을 중시하는 투자자 유형이다. 낮은 변동성을 추구하고, 장기투자를 위해 오랫동안 보유하며, 인컴을 재투자해 수익을 누적하는 방법을 사용한다. 여러분도 인컴투자자로서 현금 흐름을 증가시켜 휘둘리지 않는 사람이 되길 바란다. 현금 흐름이 증가한 인컴투자자는 직장에서도, 주식시장에서도 살아남을 수 있다.

이후 2단계, 3단계는 살아남은 투자자가 조금씩 성장하는 단계이며, 4단계, 5단계는 성장주투자자로서 사냥터에 나가는 단계다.

20~30대 사회초년생이라면, 매달 지수 추종 ETF를 매수하는 것이 가장 좋은 방법이다. 주가가 너무 많이 올랐거나 더 안전한 방식을 찾고 있다면 차선책으로 배당울타리 전략을 사용하기 바란다.

30대 중반이고 1단계부터 실행하고 싶다면 JEPQ나 GPIQ를 100% 매수해 빠르게 월급 의존도를 낮추는 것부터 실천하거나, JEPQ는 80% 매수하고, 사냥 20%는 1등 개별주에 투자하는 것도 좋은 방법이다. 매년 수익률을 확인하고 시장수익률보다 못했다면, 지수 추종 ETF의 비중을 늘리거나 80%의 비중을 늘려야 한다.

40대 중후반이라면, 배당울타리 전략에 따라 고배당 비중 60%, SCHD/QQQ 20%, 개별주 20% 식으로 포트폴리오를 구축할 수 있다. 그렇다면 "처음부터 그냥 SPY나 QQQ만 사놓고 쭉 가면 되지 않나요?"라는 질문도 가능하다. 장기투자가 쉬워 보이지만, 실제 10~20년씩 묻어두는 사람은 많지 않다. 생각만 해도 너무 지루하지 않은가? 그래서 우리는 주식을 보는 것이 아니라 생활 패턴과 심리를 살필 필요가 있다.

나도 여러분이 바로 VOO를 사서 평생 보유하면 좋겠다. 그러나 장기 보유는 결코 쉽지 않다. 은퇴할 때를 자신이 미리 정할 수 있을까? 그런 사람은 흔치 않을 것이다. 월급을 대신할 현금 흐름이 없기 때문에 초조함이 생긴다.

지수 추종 ETF에 넣고 주식 공부를 하지 않는다면, 분명 점차 공격적인 성향으로 바뀌어갈 것이다. 지수 추종 ETF로 높은 시장수익률을 얻으면 시장이 쉽게 보인다. 그러나 미스터 마켓은 나를 봐주지 않는다. 오르다가 내리꽂기도 하고, 아무 이유 없이 골탕을 먹이기도 한다. 이런 상황에서 배당은 주식시장에서 오래 버티게 해주는 즐거움이자 미래 예측 도구다. 또한 배당울타리 전략은 가장 먼저 월 생활비만큼 배당을 받아야 하기 때문에 처음엔 수량에 집중할 수밖에 없다.

지금까지 배당울타리 전략에 대해 알아보았다. 이제는 배당울타리 전략을 심화시킬 방법을 알아보자. 배당울타리 전략은 크게 80:20 구도로 나뉜다. (울타리 80, 사냥 20이라고 부르겠다.) 80%는 지속적으로 모아갈 주식, 20%는 개별 투자용 주식이다.

80%에는 고배당주, 배당성장주, 지수 추종 ETF가 있다. JEPI, JEPQ, GPIX, GPIQ, QQQ, QQQM, SCHD, VOO, O, SGOV 등이 해당된다. 이 주식들로 안전울타리를 만들듯 생활비만큼 배당을 만들고 유지하라. 그리고 단계별로 비중을 조절하라. 4단계, 5단계에서는 리츠(리얼티인컴)를

축소하는 것이 좋다. 부동산은 미국 주식에서 ROE가 가장 낮은 축에 속한다.

울타리 80%에서는 배당주가 가격이 낮을 때 적극적으로 매수해 배당주를 겹겹이 쌓아가야 한다. 즉, 가격이 매력적인 상황이 오면 지속적으로 매수해야 한다. 시장의 왜곡이나 오해 혹은 분기별 실적이 좋지 않았을 때 주가가 낮아지면 배당률이 올라간다. 그때 주식을 더 적극적으로 모아 좋은 가격에 배당주의 '수량'을 늘려가야 한다. 우리에게 첫 번째로 중요한 건 바로 수량이다.

좋은 가격에 수량까지 갖춰지면 안정적인 80%의 울타리를 완성할 수 있을 것이다.

배당울타리 전략 완성하기

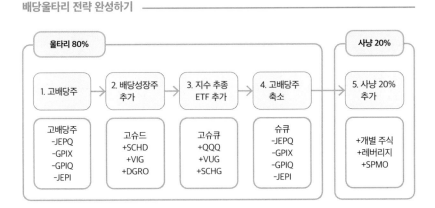

나는 월급쟁이 배당 부자가 되었다

1. 미국 배당 개별주 추천 10선

각 기업의 특징, 배당률, 배당 성장률, 자유현금흐름(FCF), 성장률을 고려해 별점(5점 만점)을 매겨보았다. 구체적인 수치는 최근 공개된 재무제표와 시장 데이터를 기반으로 했으며, 데이터는 2025년 3월 14일 기준 정보를 반영했다.

① 넥스트에라 에너지(NextEra Energy, Inc.)

티커	NEE
특징	재생 가능 에너지와 전통 전력 생산을 결합한 미국 최대 유틸리티 기업
배당률	약 3.12%
배당성장률	연평균 10.4%(지난 5년)
매출성장률	연평균 6~8%
별점	★★★★☆
투자 포인트	29년째 배당 인상으로 안정적인 배당성장과 FCF를 보유하고 있으나, 유틸리티 섹터 특성상 폭발적인 성장률은 제한적이다.

② 코스트코(Costco Wholesale)

티커	COST
특징	회원제 창고형 소매업체로, 안정적인 소비재 판매와 높은 고객 충성도 보유
배당률	약 0.52%(특별 배당 제외)
배당성장률	연평균 12%(정기 배당, 특별 배당 변동성 있음)
매출성장률	연평균 8~10%
별점	★★★★☆
투자 포인트	낮은 배당률은 아쉽지만 강력한 FCF와 지속적인 성장으로 특별 배당 가능성이 높다.

③ 홈디포(The Home Depot, Inc.)

티커	HD
특징	주택 개량 소매업의 선두주자
배당률	약 2.65%
배당성장률	연평균 10.15%(지난 5년)
매출성장률	연평균 5~7%
별점	★★★★☆
투자 포인트	안정적인 배당과 강력한 FCF가 강점이나, 주택 시장 둔화 시 성장률이 영향을 받을 가능성이 있다.

④ 웨이스트매니지먼트(Waste Management)

티커	WM
특징	북미 최대 폐기물 관리 및 재활용 서비스 제공업체
배당률	약 1.48%
배당성장률	연평균 8.11%(지난 5년)
매출성장률	연평균 5~6%
별점	★★★★☆
투자 포인트	안정적인 수익과 배당성장을 제공하나, 배당률과 성장률이 상대적으로 보통 수준이다.

⑤ 블랙록(BlackRock, Inc.)

티커	BLK
특징	세계 최대 자산운용사
배당률	약 2.31%

나는 월급쟁이 배당 부자가 되었다

배당성장률	연평균 8.86%(지난 5년)
매출성장률	연평균 8~10%
별점	★★★★★
투자 포인트	높은 배당성장률, 강력한 FCF, 자산운용 시장 확대에 따른 성장성으로 높은 평가를 받고 있다.

⑥ JP모건체이스(JPMorgan Chase & Co.)

티커	JPM
특징	미국 최대 은행 중 하나
배당률	약 2.22%
배당성장률	연평균 8%(지난 5년)
매출성장률	연평균 5~7%
별점	★★★★☆
투자 포인트	안정적인 배당과 24.32%의 낮은 배당 성향, FCF를 제공하나, 금리 변동성과 규제 리스크가 존재한다.

⑦ 트랙터 서플라이(Tractor Supply Co.)

티커	TSCO
특징	농업 및 시골 생활 용품 소매업체로 틈새시장 강자
배당률	약 1.78%
배당성장률	연평균 26.02%(지난 5년, 급성장 중)
매출성장률	연평균 10~12%
별점	★★★★★
투자 포인트	높은 배당성장률과 틈새시장에서의 지속적인 성장으로 높은 평가를 받고 있지만, FCF 규모는 상대적으로 작다.

⑧ 애브비(AbbVie Inc.)

티커	ABBV
특징	바이오 제약 기업으로, 휴미라 이후 신약 파이프라인에 주목
배당률	약 3.1%
배당성장률	연평균 7.46%(지난 5년)
매출성장률	연평균 4~6%
별점	★★★★★
투자 포인트	휴미라의 매출 감소를 린보크와 스카이리치로 보완했다. 높은 배당률, 강력한 FCF, 안정적인 배당성장으로 높은 평가를 받고 있다.

⑨ MSCI Inc.

티커	MSCI
특징	금융 데이터 및 지수 제공업체, ESG와 분석 서비스 성장 중
배당률	약 1.33%
배당성장률	연평균 20.3%(지난 5년)
매출성장률	연평균 10~12%
별점	★★★★☆
투자 포인트	높은 성장성과 배당성장률이 매력적이지만, 배당률이 낮고 FCF 규모가 제한적이다.

⑩ 프로로지스(Prologis Inc.)

티커	PLD
특징	물류 및 산업용 부동산에 특화된 글로벌 리츠로, 전자상거래 성장의 수혜자
배당률	3.66%

배당성장률	연평균 12.62%
매출성장률	연평균 8~10%(물류 수요 증가)
별점	★★★★★
투자 포인트	배당 성향이 72.1%로, 리츠 중에서도 낮아 배당지속성과 증가 여력이 크다. 강력한 FCF와 전자상거래 확대 수혜로 장기 성장성이 뛰어나다.

2. 목적별 추천 종목

목적	설명	추천 종목
안정 중시 투자	배당률이 높고 안정적인 종목이 적합하며, 성장률이 낮아도 즉각적인 수익이 중요하다. 은퇴자나 고정 수입이 필요한 사람에게 적합하다.	• O(리얼티인컴) • ABBV(애브비)
성장 중시 투자	성장 중시 투자에서는 배당성장률과 매출성장률이 높은 종목이 우선순위가 높다.	• PLD(프로로지스) • TSCO(트랙터 서플라이) • MSCI(MSCI Inc.)
중간 리스크 투자	배당과 성장을 동시에 추구하는 투자자에게 적합하다.	• BLK(블랙록) • NEE(넥스트에라 에너지)

상승장, 하락장, 횡보장
대응 전략

상승장

상승장일 때는 모멘텀투자도 좋다. SPMO ETF는 모멘텀 ETF로, 주로 사냥 20%에서 쓸 수 있다. 즉, 고슈드(80%)+SPMO(20%), 고슈큐(80%)+SPMO(20%) 등으로 활용할 수 있다.

만약 배당울타리 전략을 4단계, 5단계까지 실행했고, 개별주에 대해 공부하고 싶지 않다면 모멘텀투자가 대안이 될 수 있다. SCHD 4+QQQ 4+SPMO 2 포트폴리오는 10년 백테스트를 해보면 배당률은 낮아지지만, 수익률은 조금 더 좋아진다. 연간 16.6%의 수익률을 기록하고, VOO에 비해 2.3% 더 높은 수익을 내며, 표준편차는 15.4%, MDD는 23.5%로 준수하다.

참고로 표준편차는 투자 결과가 얼마나 출렁이는지 알려주는 지표다. 표준편차가 높을수록 '수익률이 불안정할 가능성(즉, 위험도)이 높다'고 볼 수 있다. 높은 표준편차는 수익률이 20~30%까지도 오를 수 있지만, -20% 이상으로 떨어질 수도 있음을 뜻한다. 반면 표준편차가 낮을수록 '수익률이 비교적 안정적으로 형성된다'고 볼 수 있다. 낮은 표준편차는 주로 5~7% 범위 안에서 움직인다.

SCHD, QQQ, SPMO 포트폴리오 ───────────────────

출처: Portfolio Visualizer 분석

하락장

뇌는 위험 신호에 더 예민하게 반응한다. 상상해보라. 당신은 지금 호화로운 호텔 복도에 서 있다. 그런데 갑자기 누군가가 공포에 질린 얼굴로 "불이야!"라고 소리를 지르며 당신 옆을 지나쳐 달려간다. 그 순간 스피커에서 사이렌 소리가 울려 퍼진다. 마치 영화 속 한 장면처럼 긴장감이 순식간에 온몸을 휘감는다. 당황스러워 어쩔 줄 몰라 하고 있는데, 방에서 나온 사람들이 갈팡질팡하다 계단 쪽으로 허둥지둥 달려간다. 나역시 얼른 가족을 챙겨 계단을 향해 달리기 시작한다.

사실 어딘가에서 연기가 새어 나오는 모습을 보지도 못했고, 불 타는 냄새조차 나지 않았다. 하지만 이미 사람들에게 공포가 전염되었다. 전염된 공포는 생각보다 훨씬 강력하다. 주식시장에서도 마찬가지다. 누군가가 던진 경고에 또 다른 누군가의 패닉 섞인 매도가 더해지면 차분함을 유지하기가 쉽지 않다.

문제는 공포가 전이되면 본능대로 움직이게 된다는 것이다. 평소라면 꼼꼼하게 판단하던 일도 위기가 닥치면 평소 습관대로 행동해버린다. 꾸준하게 적립식 투자를 하고 배당울타리 전략으로 훈련한 사람은 하락장이 닥쳐도 비교적 덤덤하게 매수 기회로 삼을 수 있다. 하지만 훈련되지 않은 사람은 본능적으로 몸을 사리며 '더 떨어지기 전에 얼른 팔아야 해'라는 공포에 사로잡혀 매도 버튼을 눌러버리고 만다.

그러니 하락장이 오기 전에 미리 공포의 순간에 대비할 수 있는 시나리오를 짜두어야 한다. 사람에게는 강력한 관성이 있다. 군중심리에 휩쓸리기 시작하면, 함께 움직이는 쪽이 훨씬 편하고 안전해 보인다. 그 흐름을 거슬러 올라가지 않으려면, 평상시에 나만의 투자 패턴과 시나리오를 마련해야 한다. 위기가 닥쳤을 때 시나리오를 짜면 이미 늦는다. 미리 준비해야 혼돈 속에서도 자신의 목소리를 듣고, 자신만의 투자 원칙에 따라 움직일 수 있다.

하락장에선 주가 하락으로 배당률이 높아진다. SCHD의 배당률은 3.5%에서 4%로, 리얼티인컴의 배당률은 5%에서 6%로 올라갈 수 있다. 이때는 같은 금액으로 더 높은 배당률을 얻을 수 있다.

배당투자자들에게 하락장은 축제다. 단, 이것만 조심하자. 하락장에서는 개별주보다는 파산이나 상장폐지 염려가 없는 ETF에 투자하는 것이 좋다. 개별주는 하락장이 발생한 이유에 따라 배당을 삭감하거나 파산할 수도 있기 때문이다.

혹은 역으로 TQQQ 분할 매수 전략을 쓸 수도 있다. 그동안 배당울타리 전략을 적극적으로 이행했다면 80%의 뒷배가 있기 때문에 하락장에서의 사냥 20%는 보다 공격적으로 행동할 수 있다. (TQQQ는 3배 레버리지이기에 매우 위험하다. 장기투자는 추천하지 않으며, 2배 레버리지인 QLD나 1배 레버리지인 QQQ로 대체하는 것이 좋다.) 레버리지는 특히 위험 요소가 많다. 초보 투자자는 공부를 많이 한 뒤에 투자할 것을 권한다.

분할 매수는 여러 번에 걸쳐 일정 금액씩 나누어 사는 방식이다. 예컨대 100만 원을 한 번에 매수하는 것이 아니라 20만 원씩 5번에 걸쳐 사는 식이다. 반대로 분할 매도는 보유 주식을 여러 차례에 나눠 파는 방법을 의미한다.

특히 유념해야 할 것은 하락장에서의 고배당주다. 고배당주는 커버드콜 베이스라 상승장에서는 기초지수보다 덜 올라가고, 하락장에서는 같이 떨어진다. 그렇다면 하락장을 만났을때 고배당주를 일부 매도하고 기초지수에 더 넣는 것이 좋은 전략이 될 수 있다. 이후 상승장이 충분히 진행되었을 때 고배당주에서 기초지수로 종목을 변경했던 것을 다시 배당주로 바꾸면, 고배당주의 주가 손실분 일부를 막고, 배당금을 더 올릴 수 있는 기회로 활용할 수 있다.

나도 보유했던 QYLD 고배당주를 매도할 때 큰 하락장을 이용했다. QYLD의 기초지수는 QQQ다. 갑작스럽게 10%가 빠졌을 때 QYLD를 매도하고, TQQQ를 매수하는 방식으로 추가적인 배당금을 확보할 수 있었다. 이렇듯 하락장 대응책(플랜 A, B, C)을 미리 짜두면, 급락했을 때 덜 흔들리게 된다.

신용대출(이자 부담)과 레버리지 ETF(손실 부담)는 위험의 본질이 다르다. 신용대출을 받아 투자해서는 절대 안 된다. 레버리지 ETF는 전체 자산 중 5~10% 이하로 제한할 것을 권한다.

투자 구루들이 하락장에 대응하는 방법

1. 워런 버핏(Warren Buffett)
워런 버핏은 하락장을 합리적인 가격으로 좋은 회사를 살 기회로 여긴다. 그리고 평소에 상당한 현금을 준비해두고 있다가 기회가 보이면 신속히 움직인다. 2025년 버크셔 해서웨이의 현금보유량은 50%가 넘는다. 그는 "남들이 탐욕스러울 때 두려워하고, 남들이 두려워할 때 탐욕스러워라"라는 유명한 말을 남겼으며, 인내와 장기적 가치 투자를 매우 중시한다.

2. 찰리 멍거(Charlie Munger)
찰스 멍거는 급락장에서도 차분함과 인내심을 가져야 하며, 주가가 크게 떨어져도 허둥대지 말라고 조언한다. 그는 투자에서 큰돈은 매매를 할 때보다 좋은 기회를 기다릴 때 나온다고 여기며, 고품질 기업에 투자해 시장 변동에 상관없이 오래 들고 있으라고 권한다.

나는 월급쟁이 배당 부자가 되었다

3. 피터 린치(Peter Lynch)

피터 린치는 하락장은 투자의 자연스러운 일부이므로 두려워해서는 안 된다고 말한다. 그는 변동성을 기회로 여겼으며, "나는 변동성을 사랑한다"라는 말을 남겼다. 또한 약세장에서도 기존 포지션을 지키고 새 종목을 추가하는 것을 고려해야 한다고 했으며, 시장 타이밍을 예측하려다 잃는 돈이 실제 하락장에서 잃는 돈보다 훨씬 많다는 점을 경고했다.

4. 앙드레 코스톨라니(Andre Kostolany)

앙드레 코스톨라니는 "주식을 사면 20년 동안 수면제를 먹고 신문을 보지 마라"라고 말할 정도로 시장 동향에 일희일비하지 않는 태도를 지향한다. 그는 "투자에서 얻은 돈은 고통을 견딘 위자료다"라는 말을 남기기도 했는데, 두려움이 클 때 사고 탐욕이 클 때 파는 역발상이 핵심이다.

5. 스탠리 드러켄밀러(Stanley Druckenmiller)

스탠리 드러켄밀러는 리스크 관리를 중시하며 확신이 큰 기회에 과감하게 베팅한다. 그는 틀렸을 때는 빠르게 손실을 최소화하는 것이 중요하다고 생각한다. 그래서 "돈 관리는 옳을 때 최대한 많이 벌고, 틀렸을 때 빠르게 손실을 줄이는 것이다"라는 말을 남겼다.

6. 빌 애크먼(Bill Ackman)

빌 애크먼은 이해하기 쉬운 소수의 회사를 집중 공략하며, 시장 변동을 단기적으로 보지 말아야 한다고 강조한다. 코로나19 시기에 2,700만 달러를 26억 달러로 불릴 정도로 하락장에서 역발상 베팅을 잘하는 것으로 유명하다. 실수에서 배우고 필요하면 과감하게 행동하는 태도를 권한다.

7. 조지 소로스(George Soros)

조지 소로스는 시장 인식과 현실 사이의 피드백 루프를 다루는 '반사성 이론'을 활용한다. 하락장에서는 보통 남들은 던질 때 과감하게 매수하고, 손실을 줄이는 리스크 관리와 잘못된 가격 책정을 이용하는 접근법을 강조한다. 그는 "시장은 언제나 불확실성과 변화 속에 있고, 돈은 명백한 것을 할인(discounting)하며 예상치 못한 것에 걸었을 때 생긴다"라는 말을 남겼다.

횡보장

주식이 오르지도 않고, 내리지도 않을 때를 횡보장이라고 한다. 이때는 상대적으로 고배당주가 도움이 된다. 주가 수익은 없더라도 지속적으로 배당이 나와 배당 재투자로 TR수익률이 증가하기 때문이다.

　그래서 배당울타리 전략을 실행할 때 1~3단계까지는 고배당주를 일정 비율 유지할 것을 추천한다. 단, 5년 이상 보유하는 것은 인플레이션을 헷지하기에 좋은 방식이 아니다.

예측이 아닌 대응을 하라

　배당울타리 전략은 나만의 배당 왕국을 짓는 과정이며, 시장 상황에 따라 흔들리는 주식을 애써 뒤쫓아갈 필요가 없다. 주식과 나와의 관계를 재정립해보기 바란다. 단순하게 수량 모으기와 목표 배당금 달성부터 실천하는 사람이 그렇지 않은 사람보다 시장 급락을 더 잘 버틴다. 반면, 성장주는 주가 상승으로만 가치를 판단한다. 심지어 미실현 수익이다.

　배당주는 조금 더 다양한 기준이 있다. 수량, 배당성장, 배당금액, 주가 상승이 바로 그것이다. 이렇게 다양한 기준은 주가와 내 기준을 분리해 생각하게 만들어준다. 주가와 상관없이 내 노후, 내 가정을 위한 현금 흐름을 위해 투자하게 만든다.

　또한 하락장으로 인한 스트레스를 크게 줄여준다. 주가가 떨어져 평가금이 낮아지더라도 수량을 늘리는 재미를 느끼게 해준다. 이는 커다란 장점이다. 그러다 보면 어느새 하락장에서 강세장으로 바뀐다.

　결국 생존해야만 성장할 수 있다. 우리는 노후 대비 차원에서 주식투자를 하는 것이니, 누군가의 예측보다는 자신만의 준비가 훨씬 중요하다.

05

월 300만 원
배당투자 시스템을 완성하라

내가 타고 있는 자동차에 제대로 된 안내 시스템이 있다면, 별 문제 없이 목적지에 도착할 수 있다. 이 책은 많은 부분을 할애해 장기투자를 위한 개인 맞춤 시스템을 구축하는 과정을 다루었다. 내 경험을 비추어볼 때 배당투자는 삶에 큰 도움이 되며, 내가 시도해본 여러 방법 중에서 배당울타리 전략은 가장 큰 효과를 가져다주었다.

주식투자용 행동 습관 만들기

나는 여러분이 월 150만 원씩 투자하길 권한다. 첫 시작은 50만 원도 괜찮다. 20대라면 20만 원도 훌륭하다. 20대의 50만 원은 40대의 300만 원보다 힘이 있다. 그러나 목표점은 150만 원이 되어야 한다. 인플레이

선에서 벗어날 수 있는 속도가 150만 원이기 때문이다. (3장에서 다룬 '맥스큐'를 기억할 거라 믿는다.)

SNS를 보면 하루에 1,000원씩 투자하면서 적립식 투자를 하고 있다고 이야기하는 사람들이 있다. 습관은 쌓일지 모르나 너무 적은 금액은 '잃어도 되는 돈'이라고 생각할 우려가 있다. 또한 그 돈을 잃는다고 삶에 큰 영향을 미치지 않으므로 공부하지 않은 종목에 투자할 가능성도 크다. 따라서 본인에게 적절한 압박을 주는 비중으로 적립식 투자를 하는 것이 더욱 바람직하다.

3개월 만이라도 가계부 쓰기

기업은 이윤활동을 하고, 주주들에게 그 수익을 나누어 주는 것이 주식투자의 본질이다. 많은 사람이 기업의 이윤활동에는 관심을 가지면서 그 기업에 투자할 돈이 확보되는 근원인 내 가정의 이윤활동에는 관심을 갖지 않는다. 지금까지 가계부를 한 번도 써본 적 없다면, 딱 3개월만 써볼 것을 강력하게 추천한다.

3개월 동안의 평균을 내면 내가 투자할 수 있는 가처분소득과 고정지출이 나온다. 그러면 내가 필요한 노후 자금을 계산하는 기틀을 마련할 수 있다.

가처분소득×은퇴까지 받을 수 있는 월급 개월 수=투자 원금×시간=노후 자금

나는 월급쟁이 배당 부자가 되었다

이 계산이 가능하면 진짜 현실이 보인다. 가계부를 쓰는 3개월이 여러분의 평생을 바꿔놓을 수도 있다. 노후 자금이 정해지면 생활비를 절약하게 될 것이고, 아낀 돈으로 배당주를 사면 노후는 더욱 반짝반짝 빛날 것이다.

주식 모으기와 자동 투자로 자동적립식 투자 시스템 만들기

대부분의 증권사는 주식 모으기 서비스를 제공하고 있다. 월급날마다 일정 금액을 자신의 증권사 계좌로 이체시켜라. 그리고 매일 혹은 매주 배당울타리 전략으로 모아갈 주식은 자동 매수를 걸어놓아라. 우량주에 투자하고 지켜보지 않는 것이 훨씬 더 좋은 수익률을 얻을 수 있는 방법이다.

또한 하락장이 닥치면 앱을 삭제하는 것이 좋다. 시시각각 변하는 주식에 마음을 쓰기보다 자신에게 필요한 배당금에 집중하는 것이 장기투자로 가는 좋은 행동 패턴이다.

부업 시도해보기

지금껏 한 번도 부업을 시도해보지 않았다면 이번 기회에 도전해보자. 요즘에는 도보로 배달 알바를 할 수도 있다. 찾아보면 남녀노소 누구나 할 수 있는 부업이 많다. 직접 부업을 해보면 느끼는 게 많을 것이다.

배당투자는 주식투자의 일부이고, 주식투자는 재테크 중 일부다. 재테크는 자산과 현금 흐름을 늘려나가는 방법이다. 마찬가지로 부업도 현금 흐름을 늘리는 재테크 중 하나다.

부업으로 나의 현금 흐름을 늘리는 방식과 배당투자로 나의 현금 흐름을 늘리는 방식을 비교해보면 노동소득과 자본소득을 피부로 느낄 수 있을 것이다. 주말에 배우자와 함께 배당투자를 위한 부업을 해본다면 건강도 지키고, 같은 목적으로 취미활동이 될 수도 있을 것이다. 이때 발생한 수익은 당연히 배당투자금으로 활용해야 한다.

연말연초에 배당투자자가 꼭 해야 할 4가지

배당투자가 아무리 마음 편하게, 많이 신경 쓰지 않아도 되는 투자법이라 해도 일정 시기마다 자신의 투자 포트폴리오를 점검해야 한다. 매달 점검하는 건 어려우니 연말연초에 잊지 말고 점검하자. 이때 배당투자자라면 꼭 해야 하는 4가지를 소개하도록 하겠다.

1. 리밸런싱

배당울타리 전략을 사용했다면 1년에 한 번은 성장주의 비중이 커졌을 때 사냥 20% 비중에서 일부 정리해 배당주에 투자(배당 부스팅 방식)해보자. 보통 11월, 12월에 해외 주식 양도소득세 이슈가 있기 때문에 비과세 250만 원의 손익 통산을 맞추려면 연말에 진행해야 한다.

손익 통산이란, 이익을 본 주식과 손해를 본 주식의 합을 내는 것을 의미한다. 즉, 올해 해외 주식투자에서 매도한 것들의 합계를 내 250만 원 이상이면, 22%를 세금으로 내야 한다. 그래서 연말에 리밸런싱으로 일부러 마이너스 상태인 주식을 팔거나, 수익 구간인 주식을 매도해 손익통산 250만 원 미만으로 낮추기도 한다.

2. 예상 배당금 확인하기

올해 받은 내 배당금이 얼마인지는 물론이고, 내년에 받을 예상 배당금을 확인해야 한다. 그리고 올해 내 투자금을 바탕으로 내년에 투자할 금액을 계산해보면 내년에 받을 추가 예상 배당금도 계산할 수 있다. 이렇게 하는 이유가 있다. 배당주를 많이 모았거나, 배당률이 높은 주식을 매수했다면 배당금이 2,000만 원(세전)이 넘지 않게 조절해야 한다. 배당이나 이자로 받은 금액이 2,000만 원(세전)이 되면 금융소득종합과세자가 된다. 금융소득종합과세자가 되면 몇 가지 불이익이 있다.

우선 다음 해 5월에 종합소득세를 신고·납부해야 하고, ISA 계좌나 비과세종합저축 등의 절세상품 가입에도 제약이 생긴다. 특히 ISA는 계좌의 직전년도 3개 과세기간 중 1회 이상 금융소득종합과세 대상에 해당하면 절세 혜택을 적용받을 수 없다. 또한 직장가입자는 건강보험료를 추가 납부해야 하고, 피부양자는 자격이 상실되고 지역가입자로 전환된다. 50세 이상이라면 추가로 적용받을 수 있는 연금 계좌 세액공제 한도 혜택도 받을 수 없다. 연말정산이나 종합소득세 신고 시 인적공제 기본공제 대상자에서도 제외된다.

3. 주식이 아니라 자산 관점으로 바라보기

주식을 보다 넓은 관점으로 바라보기 바란다. 주식수익률이 20%라 해도 내 자산에서 차지하는 주식 비중이 10%라면 2%의 수익만 얻을 수 있다. 주식이 아니라 내 전체 자산 수익률이 연간 10%가 되게 만들어라. 72의 법칙으로 7년에 2배씩 자산이 증가할 것이다. 월급 외 수익은 무조건 투자하는 것이 좋다. 잉여금이 생겼을 때 배당주에 투자하면 그 배당이 평생 1달러씩 벌어다줄 것이다.

나의 현금 흐름(가계부) 예시

분류1	분류2	분류3	금액	비고
소득	급여	근로소득(월급)		
		부업소득		
		배당소득		
지출	투자	연금저출펀드		
		IRP		
		ISA		
	고정	용돈		
		통신/관리비		
		생활비		
		부모님 용돈		
		보험료		
	변동	주식투자		
		가전/의류비		
		병원비		
	대출	주택담보대출상환		
		신용대출상환		

종목	코드/티커	매수 단가	수량	매수 시점	평가액	투자액	차익	투자 이유	매도 기준	이슈 추적